한눈에 보는
맥체인 요점정리

김홍양 지음

신교횃불

한눈에 보는 맥체인 요점정리

2025년 11월 25일 초판 1쇄 발행

지 은 이 김홍양

발 행 처 선교횃불

디 자 인 디자인이츠

등 록 일 1999년 9월 21일 제54호

등록주소 서울시 송파구 백제고분로 27길 12(삼전동)

전 화 (02) 2203-2739

팩 스 (02) 6455-2798

이 메 일 ccm2you@gmail.com

홈페이지 www.ccm2u.com

한눈에 보는 맥체인 요점정리

● 김홍양 지음

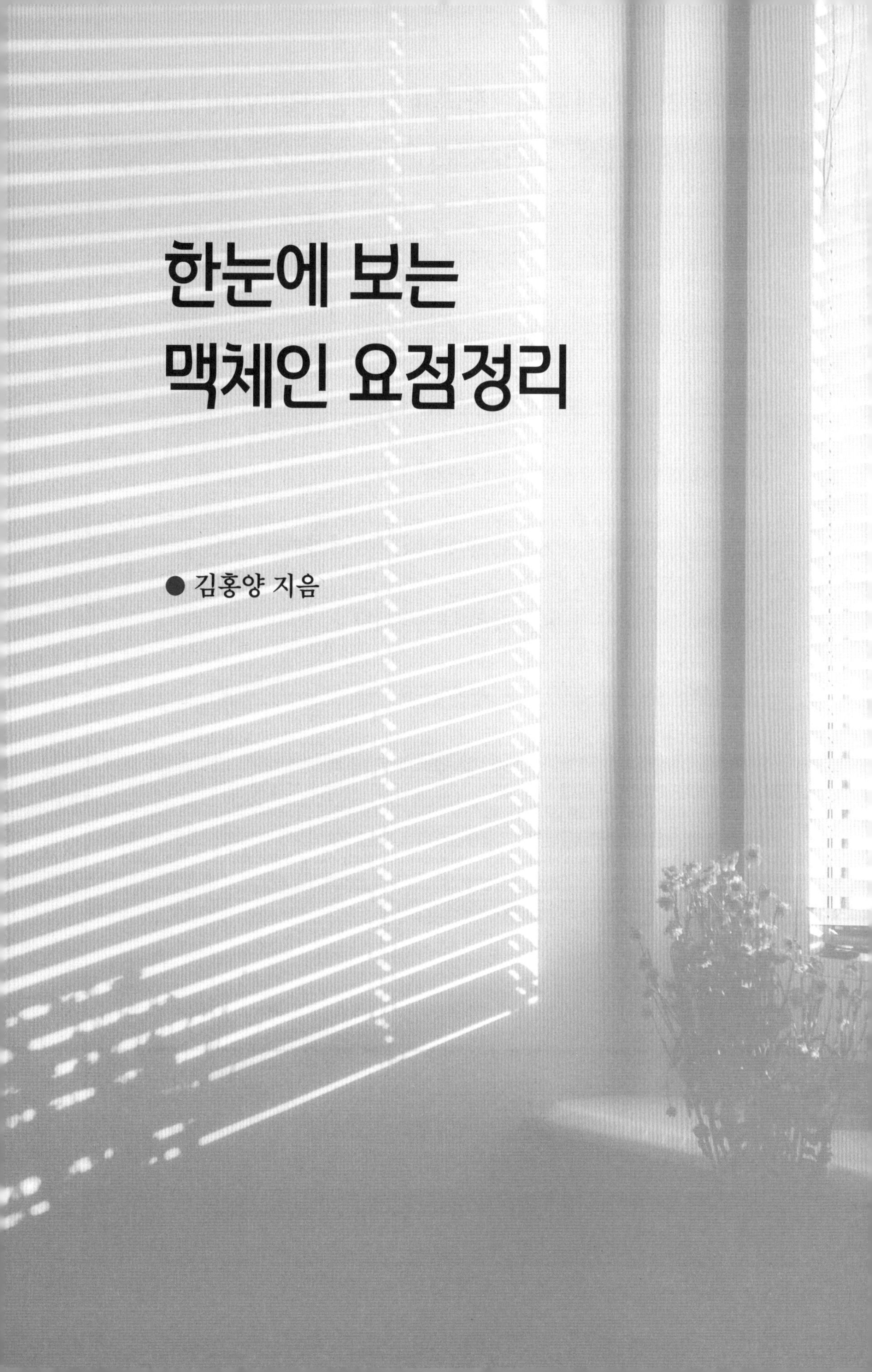

❖ 맥체인성경 2면4책 통일(연합)주제 및 말씀연결(Word Link) ❖

날짜	통일(연합)주제 / 말씀연결(Word Link)	
4 / 1	**허물 (하나님 앞에 저지른 잘못)**	
	레4 / 제사장 회중 족장 평민의 속죄받아야 할 허물	시1-2 / 악인 죄인 오만한 자의 따르지 말아야 할 허물
	잠19 / 미련 거짓 태만 거만한 자의 멸망 당할 허물	골2 / 교묘한 말 헛된 속임수로 성도를 넘어지게 하는 허물
2	**성별 (聖別, 신성한 일과 삶을 위하여 따로 구별함)**	
	레5 / 거짓 증인, 부정, 헛 맹세, 불법으로부터 성별	시3-4 / 대적에 대한 두려움, 주를 향한 의심으로부터 성별
	잠20 / 다툼, 게으름, 거짓된 추, 보복으로부터 성별	골3 / 음란, 부정, 사욕, 정욕, 탐심, 비방, 불만으로부터 성별
3	**관여 (關與, 어떤 일에 관계하여 참여함)**	
	레6 / 여호와는 제사장의 사역과 생계에 관여함	시5-6 / 여호와는 자기 백성의 부르짖음에 관여함
	잠21 / 여호와는 인간의 선악의 삶에 친히 관여함	골4 / 하나님은 사역자의 전도와 기도와 삶에 관여함
4	**성숙 (成熟, 단계를 거쳐서 일반적으로 기대되는 정도에 오름)**	
	레7 / 하나님 앞에 감사의 화목제를 드리는 신앙의 성숙	시7-8 / 하나님 앞에 찬양을 올리는 영혼의 성숙
	잠22 / 하나님 앞에 겸손과 구제를 인정받는 삶의 성숙	살전1 / 환난 중에 말씀을 받아 믿는자들에게 본을 보이는 성숙
5	**반포 (頒布, 어떤 일이나 내용을 널리 퍼뜨려 드러냄)**	
	레8 / 아론과 그의 아들들에게 제사장권이 위임됨을 반포	시9 / 온 백성에게 하나님의 의와 심판과 행사를 반포
	잠23 / 다음세대에게 음식과 술을 탐하는 자의 결말을 반포	살전2 / 데살로니가교회에 참된 복음만 전했음을 글씨로 반포
6	**무장 (武裝, 어떤 일을 하거나 그에 대응할 마음의 자세나 기술 따위를 갖춤)**	
	레9 / 제사를 통해 속죄함을 받고 거룩으로 무장	시10 / 불신자의 박해 속에서 주의 역사를 믿고 기도로 무장
	잠24 / 악인과 사악한 자 속에서 주의 뜻을 알고 의로 무장	살전3 / 궁핍과 환난 속에서 믿음과 사랑으로 무장
7	**원칙 (原則, 많은 경우에 두루 적용되는 기본적인 규칙이나 법칙)**	
	레10 / 제사장이 제사를 집례할 때에 지켜야 할 원칙	시11-12 / 여호와 하나님이 악인과 의인을 다스리는 원칙
	잠25 / 왕과 백성이 인간관계 속에서 지켜야 할 원칙	살전4 / 데살로니가교회의 참된 성도가 지켜야 할 원칙
8	**경계 (境界, 사물이 어떠한 기준에 의하여 나누어지는 한계)**	
	레11-12 / 정결한 것과 부정한 것의 경계	시13-14 / 믿는 자와 믿지 않는 자의 경계
	잠26 / 미련한 자와 지혜로운 자의 경계	살전5 / 빛의 아들과 어둠의 자식의 경계
9	**고백 (告白, 마음속에 숨긴 일이나 믿고 생각한 바를 사실대로 솔직하게 말함)**	
	레13 / 나병환자가 자신의 부정함을 스스로 고백	시15-16 / 다윗이 여호와를 복 산성 소득으로 고백
	잠27 / 솔로몬이 옳은 친구에 대해 경험으로 고백	살후1 / 환난 중에 있는 성도가 주의 공의를 믿음으로 고백
10	**정결 (淨潔, 모든 악한 것으로부터 맑고 깨끗한 상태)**	
	레14 / 나은 후 예식과 제사를 통해 얻는 나병환자의 정결	시17 / 간절한 기도를 드리는 진실무망한 다윗의 정결
	잠28 / 주를 경외하는 자와 율법을 지키는 자의 정결	살후2 / 미혹하는 자로부터 믿음을 지키는 성도의 정결
11	**성실 (誠實, 부지런하고 게으르지 않으며 정성스럽고 참됨)**	
	레15 / 피와 연관된 부정한 자의 회복에 대한 제사장의 성실	시18 / 원수의 대적과 악한 환경을 이겨낸 다윗의 성실
	잠29 / 권세와 거만과 거짓의 유혹에서 이긴 왕과 의인의 성실	살후3 / 재림을 빙자한 이단의 교훈을 물리쳐야 할 성도의 성실
12	**말씀 (하나님께서 전하시는 모든 계시)**	
	레16 / 성소에 들어가는 아론과 제사장의 생사를 위한 말씀	시19 / 믿는 자에게 율법과 교훈과 계명이 된 영원한 말씀
	잠30 / 아굴이 이디엘과 우갈에게 이른 가감할 수 없는 말씀	딤전1 / 죄를 알게 하는 율법과 구원을 이루는 복음인 말씀
13	**금지 (禁止, 어떤 일이나 행동 등을 하지 못하게 막음)**	
	레17 / 이스라엘과 거류민에게 피 먹는 것을 금지	시20-21 / 믿는 자와 왕이 세상의 힘 의지하는 것을 금지
	잠31 / 아들 르무엘 왕에게 포도주 먹는 것을 금지	딤전2 / 여자에게 금 진주 값진 옷 가르치는 것을 금지
14	**근절 (根絶, 어떤 사물이나 현상을 다시는 발생할 수 없도록 그 근원을 없애 버리거나 단절함)**	
	레18 / 이스라엘 자손이 애굽과 가나안의 풍속을 근절	시22 / 다윗이 자신을 죽이려는 악한 개의 세력을 근절
	전1 / 전도자가 해 아래의 모든 헛된 일과 수고를 근절	딤전3 / 감독과 집사가 모든 불경건한 생활과 비방을 근절
15	**순수 (純粹, 마음 속에 사사로운 욕심이나 불순한 생각이 없음)**	
	레19 / 사람과 환경을 대하는 심적 동기의 순수함	시23-24 / 참 목자 되신 주님 앞에 설 자의 심신의 순수함
	전2 / 모든 지혜 소유 낙을 경험한 자의 회고적인 순수함	딤전4 / 미혹의 영 앞에서 복음을 쫓는 경건의 순수함

날짜	통일(연합)주제 / 말씀연결(Word Link)	
16	**제사 (祭祀, 종교에서 신에게 제물을 차려놓고 정성어린 마음을 드리는 의식)**	
	레20 / 이방인이 우상에게 자식을 드리는 인신제사	시25 / 다윗이 곤고와 환난 중에 드리는 기도제사
	전3 / 영원을 사모하는 자가 경외함으로 드리는 제사	딤전5 / 참 과부가 하나님께 항상 드리는 간구제사
17	**자격 (資格, 일정한 신분이나 지위를 가지거나 어떤 역할이나 행동을 하는데 필요한 조건 또는 능력)**	
	레21 / 백성의 어른인 제사장이 여호와께 나갈 자격	시26-2 / 행악자와 원수로부터 구원 받는 자의 자격
	전4 / 상을 얻기 위해 함께 살아갈 자가 갖추어야 할 자격	딤전6 / 믿음의 선한 싸움을 싸우는 하나님의 사람의 자격
18	**속성 (屬性, 어떤 개체의 성질을 세분화하여 묘사한 것으로 기독교에서는 하나님의 고유한 성품을 말함)**	
	레22 / 제사를 받으시는 여호와 하나님의 거룩하신 속성	시28-29 / 기도를 응답하시는 여호와 하나님의 전능하신 속성
	전5 / 예배를 살피시는 여호와 하나님의 진실하신 속성	딤후1 / 바울과 디모데를 부르신 여호와 하나님의 전지하신 속성
19	**안식 (安息, 인간이 하나님의 은혜 안에서 영육간에 편안히 쉼을 얻음)**	
	레23 / 이스라엘백성이 절기를 통해 주 안에서 안식함	시30 / 다윗이 고난 중에서 기도응답을 통해 안식함
	전6 / 솔로몬이 해 아래 있는 거짓된 안식을 소개함	딤후2 / 모든 죄인이 예수 그리스도의 구원 안에서 안식함
20	**지속 (持續, 어떤 상태가 끊이지 않고 오래 계속되거나 유지됨)**	
	레24 / 지속적으로 등잔불을 꺼뜨리지 않는 제사장	시31 / 지속적으로 기도하여 건져내심을 받는 다윗
	전7 / 지속적으로 참된 신앙의 삶을 추구하는 인생	딤후3 / 지속적으로 경건과 말씀을 통해 구원받는 성도
21	**속량 (贖良, 예수가 인간의 죄와 고난을 대신 담당함으로 그를 구원해 주는 것)**	
	레25 / 채무와 빚에서 속량을 받음	시32 / 허물과 죄에서 속량을 받음
	전8 / 불공평한 일에서 속량을 받음	딤후4 / 고난과 해에서 속량을 받음
22	**경외 (敬畏, 하나님을 공경하고 두려워 함)**	
	레26 / 하나님을 경외하는 자가 우상을 만들지 않고 안식일을 지킴	시33 / 하나님을 경외하는 자가 그를 찬양하며 즐거워하고 의지함
	전9 / 하나님을 경외하는 자가 그 손 안에서 복을 받으며 누림	딛1 / 하나님을 경외하는 자가 전도를 하며 일꾼을 세우고 가르치며 꾸짖음
23	**작정 (作定, 일을 어떻게 하기로 마음속으로 단단히 결정함)**	
	레27 / 선민이 예물과 집과 땅으로 서원하여 작정함	시34 / 다윗이 고난 중에 찬송과 기도와 선을 작정함
	전10 / 지혜자가 마음과 말과 행함으로 삶을 작정함	딛2 / 성도는 믿음과 사랑과 신중함으로 일을 작정함
24	**점검 (點檢, 하나하나 상황과 상태를 자세히 검사함)**	
	민1 / 2년2월1일에 싸움에 나갈 자를 계수하여 점검함	시35 / 다윗이 고난 중에 자기신앙을 기도와 찬양으로 점검함
	전11 / 앞날을 모르는 자가 지혜로운 판단으로 자신을 점검함	딛3 / 구원받은 성도는 복음과 바른 행실로 이단을 점검함
25	**위치 (位置, 사람이나 사물이 어떤 특정한 곳에 자리를 정함)**	
	민2 / 12지파가 동남서북으로 진영을 친 위치	시36 / 다윗이 악인과 다르게 영혼의 거처를 둔 위치
	전12 / 청년이 쇠하기 전에 착념해야 할 마음의 위치	몬1 / 오네시모가 빌레몬 앞에서 새롭게 된 위치
26	**소유 (所有, 한 존재가 차지하여 소속되며 전적으로 영향을 받게 되는 관계)**	
	민3 / 레위지파와 첫 것은 하나님의 소유	시37 / 땅은 의인과 온유한 자의 소유
	아1 / 사랑받는 자는 사랑하는 자의 소유	히1 / 모든 피조물은 예수 그리스도의 소유
27	**담당 (擔當, 어떤 일을 책임지고 맡음)**	
	민4 / 고핫 게르손 므라리 자손이 회막의 일을 담당	시38 / 다윗이 고통과 단절로 자신의 죄 값을 담당
	아2 / 사랑함으로 서로 속한 자는 상대의 행복을 담당	히2 / 예수가 모든 사람을 위하여 죽음의 고난을 담당
28	**조심 (操心, 잘못이나 실수가 없도록 말이나 행동에 신경을 씀)**	
	민5 / 이스라엘 자손이 진영에서 나병과 유출증과 범죄를 조심함	시39 / 연약한 다윗이 하나님과 사람 앞에서 말과 행위를 조심함
	아3 / 찾고 찾았던 사랑이 주변으로부터 방해받지 않도록 조심함	히3 / 그리스도와 함께 참여한 자가 하나님께로부터 떨어질까 조심함
29	**각오 (覺悟, 해야 할 일이나 당할 어려움에 대해 마음의 준비를 단단히 함)**	
	민6 / 하나님께 드린바 된 나실인이 세 가지 금지할 행동을 각오	시40-41 / 구원받은 자가 받은 은혜를 타인에게 전할 뜻을 각오
	아4 / 솔로몬이 술람미에게 사랑을 고백하고 축복을 각오	히4 / 신자가 안식에 들어가기 위해 복음에 순종할 것을 각오
30	**헌물 (獻物, 하나님이나 특별히 관계된 자에게 헌신의 마음으로 드리는 물건)**	
	민7 / 이스라엘 지휘관들 감독된 자들이 재물과 가축을 헌물로 드림	시42-43 / 낙심과 불안 중에 있던 다윗이 진심으로 자신을 헌물로 드림
	아5 / 솔로몬이 술람미를 사랑함으로 자신의 것과 마음을 헌물로 줌	히5 / 대제사장과 무식하고 미혹된 자 모두 속죄를 위해 헌물을 드림

날짜	통일(연합)주제 / 말씀연결(Word Link)	
5 / 1	**과정 (過程, 일이나 상태나 관계가 진행하는 경로)**	
	민8 / 이스라엘 자손 중 레위인을 회막 봉사자로 세우시는 과정	시44 / 하나님이 이스라엘을 구원하시고 또 심판하시는 과정
	아6 / 솔로몬과 술람미 여자가 애뜻한 사랑을 표현하는 과정	히6 / 그리스도의 도를 쫓는 자가 타락하거나 소망 중에 구원 얻는 과정
2	**인도 (引導, 정신적, 사상적, 정서적, 환경적으로 잘 지도하여 이끌어 줌)**	
	민9 / 이스라엘자손을 구름과 불로 인도하시는 여호와	시45 / 왕을 진리 온유 공의 공평으로 인도하시는 하나님
	아7 / 사랑하는 술람미를 복된 곳으로 인도하는 솔로몬	히7 / 모든 영혼을 구원으로 인도하시는 대제사장 예수
3	**따름 (앞에서 인도하는 자를 신뢰하고 지시나 행동을 그대로 쫓아감)**	
	민10 / 행진 전쟁 절기 때 두 나팔소리를 듣고 따름	시46-47 / 찬송 받으실 피난처이신 하나님을 따름
	아8 / 행복한 삶으로 인도하는 사랑하는 자를 따름	히8 / 새 언약되신 대제사장 예수 그리스도를 따름
4	**위대 (偉大, 뛰어나고 훌륭함)**	
	민11 / 이스라엘 백성의 원망까지 응답하시는 여호와의 위대하심	시48 / 이스라엘 백성을 죽기까지 인도하시는 여호와의 위대하심
	사1 / 회개하고 돌아오기까지 기다리시는 여호와의 위대하심	히9 / 단번에 제물로 드려 죄를 없이 하신 예수 그리스도의 위대하심
5	**착각 (錯覺, 어떤 사물이나 사실을 실제와 다르게 느끼거나 잘못 지각함)**	
	민12-13 / 열 지파의 수령인 부정적 정탐꾼들의 착각	시49 / 재물이 많고 어리석어 깨닫지 못하는 자들의 착각
	사2 / 교만 거만 자고하고 부패한 야곱 족속의 착각	히10 / 율법과 제사 아래 있는 자와 불신자들의 착각
6	**책임 (責任, 맡아서 행해야 할 의무나 임무)**	
	민14 / 원망하는 백성을 구하기 위한 모세 갈렙 여호수아의 책임	시50 / 제사하는 백성에게 주인되신 하나님을 알리기 위한 아삽의 책임
	사3-4 / 범죄한 백성에게 하나님의 멸망과 회복을 알리기 위한 이사야의 책임	히11 / 각 시대의 한계를 뛰어넘어 응답받은 믿음있는 자들의 책임
7	**죄악 (罪惡, 하나님의 계명이나 윤리에 어긋나거나 반하는 행위)**	
	민15 / 이스라엘 회중과 개인이 부지중에 지은 죄악	시51 / 다윗이 밧세바와 고의적으로 지은 죄악
	사5 / 예루살렘과 유다가 총체적으로 지은 죄악	히12 / 징계를 받을 무거운 죄와 얽매이기 쉬운 죄악
8	**교만 (驕慢, 하나님과 사람 앞에 잘난 체하는 태도로 겸손함이 없이 건방짐)**	
	민16 / 모세를 향한 고라 다단 아비람의 교만	시52-54 / 다윗을 향한 도엑과 어리석은 자의 교만
	사6 / 듣지도 보지도 깨닫지도 못하는 자의 교만	히13 / 말씀을 인도하는 자에게 순종하지 않는 교만
9	**대안 (代案, 어떤 문제에 답이 될 만한 것이나 해결할 만한 방안)**	
	민17-18 / 아론 제사장의 일을 넘보지 못하게 하신 여호와의 대안은 싹이 남	시55 / 원수의 위험에서 구원을 얻는 다윗의 대안은 간절한 탄원기도
	사7 / 아람과 이스라엘의 동맹이 유다를 넘볼 때 주님의 대안은 임마누엘	약1 / 믿는 자들이 시험을 당할 때 승리하는 대안은 인내와 지혜
10	**부정 (不淨, 하나님 앞에서 율법을 어기거나 죄를 범하여 더러워진 상태)**	
	민19 / 시체를 접한 모든 것의 영적 상태적 상황적인 부정	시56-57 / 다윗의 원수들이 행하는 사악한 죄악의 부정
	사8,9:1-7 / 율법과 증거의 말씀을 떠난 백성과 사람들의 부정	약2 / 사람을 차별하고 행동없는 믿음을 보인 신자의 부정
11	**섭리 (攝理, 천지만물을 창조하신 하나님이 세상만물을 다스리는 뜻과 이치)**	
	민20 / 모세와 아론의 운명을 향한 하나님의 섭리	시58-59 / 악을 행하는 자들을 향한 하나님의 섭리
	사9:8-10:4 / 거역하는 이스라엘을 향한 하나님의 섭리	약3 / 마음과 혀의 결과에 권징을 보이시는 하나님의 섭리
12	**전쟁 (戰爭, 나라나 단체 또는 세력 사이에 전략과 무력을 써서 다투는 싸움)**	
	민21 / 아모리왕 시혼과 바산왕 옥에 대한 이스라엘의 전쟁	시60-61 / 이방민족과 대적 원수에 대한 다윗의 전쟁
	사10:5-34 / 경건치 못한 이스라엘에 대한 앗수르의 심판 전쟁	약4 / 세상과 마귀에 대한 성도의 영적인 전쟁
13	**전략 (戰略, 영적 생활이나 사회적 활동을 하는데에 있어서의 방법이나 책략)**	
	민22 / 모압왕 바락이 이스라엘을 저주하기 위해 세운 전략	시62-63 / 다윗의 원수들이 다윗을 넘어뜨리기 위해 세운 전략
	사11-12 / 심판 후에 하나님이 유다를 회복시키기 위해 세우신 전략	약5 / 재림이 가까운 말세에 자신과 교회의 형제를 지키는 전략
14	**음모 (陰謀, 남모르게 나쁜 일을 꾸밈)**	
	민23 / 이스라엘을 저주하려는 발락의 음모	시64-65 / 다윗을 해하려고 악을 꾀하는 자의 음모
	사13 / 심판의 도구인 바벨론과 메대의 음모	벧전1 / 택하신 자를 많은 시험으로 넘어지게 하려는 음모
15	**임재 (臨在, 하나님이 인생 속에 주권을 행사하시기 위해 나타나심)**	
	민24 / 이스라엘을 축복하시기 위해 발람에게 임재하심	시66-67 / 모든 민족과 나라를 통치하시기 위해 임재하심
	사14 / 교만한 바벨론을 멸망시키기 위해 임재하심	벧전2 / 죄인을 구원하고 성도의 본이 되기 위해 임재하심

날짜	통일(연합)주제 / 말씀연결(Word Link)	
16	**진노 (震怒, 엄위한 존재이신 하나님이 몹시 노함)**	
	민25 / 모압 여자들과 신들을 가까이한 이스라엘에 대한 하나님의 진노	시68 / 다윗과 선민을 괴롭히는 원수들과 악인을 향한 하나님의 진노
	사15 / 통곡하며 울부짖는 피난민 모압을 향한 하나님의 진노	벧전3 / 노아 때에 복종하지 않던 자처럼 예수 앞에 악행하는 자를 향한 진노
17	**심판 (審判, 사람이 이 땅에서 행한 일로 하나님에게 잘잘못을 재판받음)**	
	민26 / 시내광야에서 계수된 자들을 심판하심	시69 / 다윗의 기도를 들으시고 대적자를 심판하심
	사16 / 우상을 숭배하며 교만한 모압을 심판하심	벧전4 / 우리 육체의 고난을 담당한 예수를 대신 심판하심
18	**퇴진 (退陣, 관여하던 어떤 일이나 지위, 직책에서 손을 떼고 물러남)**	
	민27 / 약속의 땅을 바라보며 조상에게로 돌아가는 모세의 퇴진	시70-71 / 다윗을 모해하고 상하게 하는 악하고 불의한 자들의 퇴진
	사17-18 / 하나님을 잊어버린 다메섹과 열방과 구스의 퇴진	벧전5 / 신실한 형제들을 우는 사자같이 대적하는 마귀의 퇴진
19	**시기 (時期, 일정한 때)**	
	민28 / 매일 안식일 초하루 유월절 칠칠절의 제사의 시기	시72 / 다윗이 실천한 기도의 시작과 기도의 마침의 시기
	사19-20 / 애굽이 심판받을 때와 여호와께 경배를 드릴 시기	벧후1 / 부르심과 택하심을 권고한 베드로의 임종의 시기
20	**합리 (合理, 어떤 주장이나 행동, 결과 따위가 사리나 실상에 맞음)**	
	민29 / 제사장의 성결과정과 제물의 양의 합리성	시73 / 악한 자의 범죄와 그를 향한 심판의 합리성
	사21 / 바벨론 두마 아라비아의 삶과 멸망의 합리성	벧후2 / 거짓 선지자와 의로운 자의 심판의 합리성
21	**작심 (作心, 마음을 단단히 먹음)**	
	민30 / 하나님께 보여 드리기 위해 자신의 뜻을 작심	시74 / 대적의 악에 대해 멸망을 기도한 아삽의 작심
	사22 / 타락하고 회개하지 않는 유다의 세속적 작심	벧후3 / 말세를 살아가는 성도들의 생활에 대한 작심
22	**사귐 (서로 얼굴을 익히고 가깝게 지냄)**	
	민31 / 승리 후 깨끗케 함과 헌금으로 여호와와 사귐	시75-76 / 살렘과 시온에서 예물로 재판장이신 하나님과 사귐
	사23 / 두로와 시돈이 멸망 후 주가 돌보심으로 다시 사귐	요일1 / 빛 가운데서 듣고 보고 만진바 된 예수와 사귐
23	**기업 (基業, 기반이 되는 사업 또는 대대로 계승되는 사업과 재산)**	
	민32 / 요단 동편은 르우벤과 갓과 므낫세 반 지파의 기업이 됨	시77 / 하나님은 믿고 따르는 모든 자에게 친히 영원한 기업이 되심
	사24 / 율법을 범하고 언약을 깨뜨림으로 땅은 무너진 기업이 됨	요일2 / 의로우신 대언자 예수 그리스도는 믿는 자에게 기업이 되심
24	**사랑 (다른 사람을 아끼고 위하며 소중히 여기는 마음)**	
	민33 / 노정 중에 보여주신 기이한 일과 보호하신 사랑	시78:1-37 / 반복된 죄를 용서하시고 기이한 일을 행하신 사랑
	사25 / 성실함과 진심함으로 가난한 자를 건지신 사랑	요일3 / 희생의 은혜를 입은 자가 말과 혀로만 하지 않는 사랑
25	**자비 (慈悲, 사람들에게 즐거움과 복을 주고 고통과 괴로움을 없게 함)**	
	민34 / 땅의 경계를 알려주시고 차지하게 하신 하나님의 자비	시78:38-72 / 범죄한 백성을 참으시며 끝까지 돌보신 하나님의 자비
	사26 / 유다 땅을 의로운 나라로 회복시키시는 하나님의 자비	요일4 / 독생자를 화목제물로 보내셔서 속죄하신 하나님의 자비
26	**도피 (逃避, 어떤 일이나 상황으로부터 도망하여 몸과 맘을 피함)**	
	민35 / 우발적인 살인자가 레위의 성읍인 도피성으로 도피	시79 / 주의 백성이 이방나라들의 압제로부터 주께로 도피
	사27 / 이스라엘 자손들이 그 날에 포도원지기에게로 도피	요일5 / 사망에 이른 죄인이 영생을 주시는 예수에게로 도피
27	**외침 (자신의 주장이나 억울한 일을 큰 소리로 전함)**	
	민36 / 길르앗 수령들의 기업에 대한 합리적 외침	시80 / 아삽의 이스라엘 민족에 대한 신원적 외침
	사28 / 이사야의 에브라임을 향한 예언적 외침	요이1 / 요한의 택함받은 부녀와 자녀를 향한 권면적 외침
28	**진심 (眞心, 거짓이 없는 참된 마음)**	
	신1 / 이스라엘을 향한 모세의 진심어린 설교	시81-82 / 이스라엘을 향한 아삽의 진심어린 권면
	사29 / 예루살렘을 향한 이사야의 진심어린 탄식	요삼1 / 가이오를 향한 요한의 진심어린 축복기도
29	**정도 (正道, 사람이 행해야 할 바른 도리)**	
	신2 / 정도를 걸어야 할 이스라엘의 광야생활	시83-84 / 정도를 걸어야 할 주의 백성의 신앙생활
	사30 / 정도를 걷지 않는 이스라엘의 세속생활	유1 / 정도를 걷지 않는 거짓교사들의 타락생활
30	**명령 (命令, 윗사람이 아랫사람에게 무엇을 하도록 시킴)**	
	신3 / 여호수아가 모세의 대를 이어 약속의 땅을 얻도록 명령	시85 / 주의 백성이 어리석은 데로 돌아가지 말도록 명령
	사31 / 애굽을 의지하지 말고 여호와를 의지하도록 명령	계1 / 아시아의 일곱 교회에 예언의 말씀을 전하도록 명령
31	**주관 (主管, 어떤 일의 주가 되어 그 일을 책임지고 맡아 다스림)**	
	신4 / 이스라엘의 규례생활과 도피자의 은둔생활을 주관	시86-87 / 다윗의 기도에 대한 응답과 땅에 대한 생성을 주관
	사32 / 이스라엘의 죄에 대한 심판과 복에 대한 회복을 주관	계2 / 일곱 교회의 칭찬과 책망에 대한 결과를 주관

날짜	통일(연합)주제 / 말씀연결(Word Link)	
6 / 1	**중보 (中保, 하나님과 사람의 사이를 화해시키고 교제를 유지하도록 하는 일)**	
	신5 / 하나님의 계명을 백성에게 전달하는 중보	시88 / 이스라엘의 아픔을 하나님께 간구하는 중보
	사33 / 여호와의 이스라엘 회복을 선포하는 중보	계3 / 예수의 계시를 일곱 교회에 대언하는 중보
2	**경청 (傾聽, 남의 말을 귀 기울여 주의 깊게 들음)**	
	신6 / 이스라엘이 여호와의 명령과 규례와 법도를 경청함	시89 / 성도들이 여호와의 언약과 환상 중의 말씀을 경청함
	사34 / 열방이 여호와의 심판과 보복에 대한 경고를 경청함	계4 / 요한이 성령에 감동되어 하늘 보좌의 음성을 경청함
3	**거처 (居處, 일정하게 자리를 잡고 머무는 곳)**	
	신7 / 약속의 땅 가나안은 성민 이스라엘의 새로운 거처	시90 / 유한한 인생을 구원하신 하나님은 영원한 거처
	사35 / 거룩한 길을 통해 들어가는 회복된 시온인 새 거처	계5 / 보좌에 앉으신 이와 어린양이 함께 거하는 천상 거처
4	**마음 (감정이나 생각, 기억 따위가 깃들이거나 생겨나는 곳)**	
	신8 / 이스라엘이 좋은 땅을 차지하도록 인도하시는 사랑의 마음	시91 / 주를 의뢰하는 자를 건지시고 높이시며 영화롭게 하시는 마음
	사36 / 랍사게의 교만한 마음과 엘리아김 셉나 요아의 나약한 마음	계6 / 마지막 때에 구원과 심판을 행한 대로 갚으시는 공의의 마음
5	**기도 (祈禱, 인간이 하나님께 자신의 일거수일투족을 아뢰는 것)**	
	신9 / 이스라엘을 위한 40주40야의 속죄의 기도	시92-93 / 안식일에 성도가 부르는 곡조있는 기도
	사37 / 산헤립과 랍사게의 교만을 상대하는 기도	계7 / 큰 환난에서 나온 흰옷 입은 자들의 찬양과 기도
6	**소외 (疏外, 혐오나 무관심 등으로 주위에서 꺼리며 따돌림)**	
	신10 / 소외된 고아와 과부를 위해 정의를 행하시는 하나님	시94 / 소외된 과부와 고아들을 위해 복수하시는 하나님
	사38 / 병으로 죽게 되어 소외당한 왕을 구원하신 하나님	계8 / 소외당한 성도의 기도로 땅을 심판하시는 하나님
7	**행함 (하나님께서 말씀하신 것을 온전히 따름)**	
	신11 / 하나님이 주신 책무 법도 규례 명령을 행함	시95-96 / 크신 하나님께 노래하며 경배함을 힘써 행함
	사39 / 은혜를 잊고 교만한 왕에게 심판예언을 행함	계9 / 주의 명령을 받은 천사들이 땅에 재앙을 행함
8	**예배 (禮拜, 거룩하신 하나님께 존경과 숭배를 나타내는 의식과 행동)**	
	신12 / 자기 이름을 두시려고 택하신 곳에서 예배	시97-98 / 여호와의 다스림 의 심판 거룩한 이름을 예배
	사40 / 영원하시고 위대하신 여호와를 앙망하는 예배	계10 / 작은 두루마리를 가진 힘센 천사의 순종하는 예배
9	**유일 (有一, 오직 한 분이신 하나님)**	
	신13-14 / 거짓된 우상을 용납지 않는 유일하신 진리의 하나님	시99-101 / 찬송을 받으시기에 합당한 유일하신 거룩의 하나님
	사41 / 모든 신들 위에 뛰어나신 유일하신 창조주 하나님	계11 / 온 세상과 천국의 주시요 유일하신 통치자 하나님
10	**긍휼 (矜恤, 불쌍하고 가엾게 여겨서 도와줌)**	
	신15 / 면제와 자유를 허락하시는 하나님의 긍휼	시102 / 심한 고난에 응답하시는 하나님의 긍휼
	사42 / 흑암에 있는 자를 회복하시는 하나님의 긍휼	계12 / 아이를 낳고 도망한 여자를 보호하시는 하나님의 긍휼
11	**송축 (頌祝, 기쁜 일을 기리고 축하함)**	
	신16 / 절기를 지킬 수 있도록 소산을 주신 주를 송축	시103 / 긍휼과 은혜와 용서가 풍성하신 주를 송축
	사43 / 창조와 구속과 지명하여 부르신 주를 송축	계13 / 신성을 모독하는 짐승을 심판하실 주를 송축
12	**이치 (理致, 사물의 정당하고 당연한 조리와 법)**	
	신17 / 이치에 맞게 삶의 문제를 해결하고 왕을 세움	시104 / 이치에 맞게 모든 만물이 돌아가도록 창조함
	사44 / 이치를 알지 못하고 우상을 만든 자를 심판함	계14 / 이치에 맞는 심판이 여러 천사에 의해 진행됨
13	**대언 (代言, 하나님의 뜻을 말이나 행동으로 대신 전함)**	
	신18 / 한 선지자가 하나님의 말씀을 이스라엘에게 대언함	시105 / 시편 기자가 하나님의 하신 일을 만민에게 대언함
	사45 / 고레스가 하나님의 회복하심을 이스라엘에게 대언함	계15 / 일곱천사가 일곱 대접 재앙을 받아 하나님의 뜻을 대언함
14	**배려 (配慮, 여러 가지로 마음을 써서 보살피고 도와줌)**	
	신19 / 실수로 범죄한 자를 보호하는 도피성 제도의 배려	시106 / 악한 이스라엘을 향해 심판을 중단하신 배려
	사46 / 패역하고 완악한 선민을 자녀같이 감싸주신 배려	계16 / 배려 할 수 없는 완전 타락한 자를 향한 큰 재앙
15	**시각 (視角, 사물이나 현상을 바라보거나 파악하는 각도 또는 입장)**	
	신20 / 전쟁 앞에 있는 이스라엘이 적을 보는 시각	시107 / 고난 중에 있는 자가 주 하나님을 보는 시각
	사47 / 자기 자신을 잘못 이해하는 바벨론의 시각	계17 / 요한이 큰 음녀와 여자와 짐승을 보는 시각

날짜	통일(연합)주제 / 말씀연결(Word Link)	
16	**제거 (除去, 어떤 사물이나 현상 따위를 없어지게 함)**	
	신21 / 선민 안에서 피살의 의구심과 불효자를 제거	시108-109 / 이유없이 다윗을 괴롭히는 악한 자를 제거
	사48 / 이스라엘과 유다의 불의와 외식의 죄를 제거	계18 / 음행과 사치를 일삼던 음녀 바벨론을 제거
17	**통치 (統治,주권자가 나라나 지역을 도맡아 다스림)**	
	신22 / 이웃의 소유와 가정의 순결을 지키시는 통치	시110-111 / 권능의 규로 진실과 정의를 실현하시는 통치
	사49 / 이방의 빛을 위해 선민을 회복시키시는 통치	계19 / 어린 양의 혼인잔치와 백마를 탄 자의 통치
18	**특혜 (特惠, 특별히 베푸는 혜택)**	
	신23 / 하나님이 가난한 자에게 주시는 생존적 특혜	시112-113 / 하나님이 정직한 자에게 주시는 영원한 특혜
	사50 / 하나님이 이사야에게 주시는 은사적 특혜	계20 / 하나님이 생명책에 기록된 자에게 주시는 특혜
19	**초심 (初心, 생활을 하거나 일을 하는데 있어서 처음에 가진 마음)**	
	신24 / 애굽에서 종살이 하던 때를 기억하는 초심	시114-115 / 출애굽 과정에서 받은 은혜를 기억하는 초심
	사51 / "선택 인도 위로 구원해 주심을 기억하는 초심"	계21 / 거룩한 성 새 예루살렘에 들어가는 신부의 초심
20	**권징 (勸懲, 착한 일을 권장하고 악한 일을 징계함. 권선징악의 준말)**	
	신25 / 이웃을 향해 불법을 행하였을 때 내리는 권징	시116 / 환난 슬픔을 당한 자가 기도할 때 내리는 권징
	사52 / 사로잡혀 간 시온을 회복시킬 때 내리는 권징	계22 / 예언 말씀을 지키지 않는 자에게 내리는 권징
21	**인자 (仁慈, 어질고 자애로움. 하나님의 속성 중에 하나)**	
	신26 / 큰 위엄과 이적으로 인도하신 주의 인자하심을 닮음	시117-118 / 여호와의 진실하심과 인자하심을 찬양함
	사53 / 고난의 종의 구원을 위한 인자하심을 신뢰함	마1 / 임마누엘로 오신 예수의 인자하심을 신뢰함
22	**준행 (遵行, 말씀과 전례와 명령 따위를 좇아서 그대로 행함)**	
	신27-28:19 / 하나님의 말씀과 명령을 준행하여 복을 받음	시119:1-24 / 여호와의 율법과 증거를 준행하여 복을 받음
	사54 / 하나님이 자신의 언약을 준행하여 복을 이룸	마2 / 주의 사자의 지시를 준행하여 예수를 보호함
23	**징계 (懲戒, 잘못이나 허물을 나무라서, 벌을 내리거나 제재를 가함)**	
	신28:20-68 / 하나님의 명령을 지키지 않을 때 임하는 징계	시119:25-48 / 주의 말씀을 떠났을 때 환경에 나타나는 징계
	사55 / 듣지 않는 자 불의한 자 악인에게 내리는 징계	마3 / 하나님께 회개하지 않았을 때 주어지는 징계
24	**언약 (言約, 하나님과 예수님이 선택한 자들에게 말씀으로 약속하심)**	
	신29 / 언약을 지키지 않은 자에게 내리시는 저주	시119:49-72 / 언약을 사모하며 지킨 자에게 주시는 위로
	사56 / 언약을 지키는 자에게 주시는 기적적인 복	마4 / 언약으로 시험을 이기시고 제자를 선택한 예수
25	**청종 (聽從, 이르는 말을 듣고 잘 좇음)**	
	신30 / 선민이 모세가 전한 하나님의 계명을 청종함	시119:73-96 / 시편 기자가 어떤 상황 속에서도 말씀을 청종함
	사57 / 백성이 거룩하신 주의 회복의 말씀을 청종함	마5 / 제자가 예수님의 산상수훈의 말씀을 청종함
26	**실천 (實踐, 가르침 받은 것이나 생각한 것을 실제로 행함)**	
	신31 / 모세가 기록한 율법을 실천함	시119:97-120 / 주의 계명 증거 법도를 실천함
	사58 / 주가 기뻐하시는 금식을 실천함	마6 / 구제 기도 금식 그 의를 실천함
27	**지적 (指摘, 잘못이나 허물 따위를 드러내어 꼭 집어 말함)**	
	신32 / 모세가 이스라엘의 타락과 배반을 지적함	시119:121-144 / 주의 종을 박해하고 법을 폐하는 자를 지적함
	사59 / 이사야가 백성의 죄악과 허물을 지적함	마7 / 예수님이 거짓 선지자와 그 결과를 지적함
28	**소원 (所願, 바라고 원함)**	
	신33-34 / 모세가 온 이스라엘의 축복을 간절히 소원함	시119:145-176 / 시편 기자가 주의 말씀 지킴을 간절히 소원함
	사60 / 이사야가 예루살렘의 영광을 간절히 소원함	마8 / 각색 병자가 예수께 나와 고침 받기를 소원함
29	**극복 (克服, 악조건이나 고생 따위를 없애거나 좋아지게 하여 이겨냄)**	
	수1 / 여호수아가 가나안 정복 앞에서 두려움을 극복	시120-122 / 성도가 거짓된 입술과 혀로 인한 환난을 극복
	사61 / 가난 황폐 불의의 상황을 여호와의 영으로 극복	마9 / 예수를 믿음으로 죄사함을 받고 질병을 극복
30	**직시 (直視, 사물의 진실한 모습을 정확히 똑바로 봄)**	
	수2 / 라합이 하나님의 구원과 심판의 역사를 직시	시123-125 / 성전에 오르는 자가 여호와의 은혜를 직시
	사62 / 시온을 세우기 위해 쉬지 않으시는 주를 직시	마10 / 열두 제자가 권능을 주신 예수님의 뜻을 직시

4월 01 April 허물

레4 / 시1-2 / 잠19 / 골2

레위기 4장 제사장 회중 족장 평민의 속죄받아야 할 허물

4장에서는 하나님께 죄를 범한 사람은 예외 없이 반드시 드려야 하는 속죄제 규례에 대해 신분에 따라 상세하게 소개하고 있다. '속죄제'라는 원어는 '죄' 혹은 '속죄제'라는 뜻이다. 속죄제는 의무제로서 범죄한 자는 누구나 반드시 드려야 하는 것이다. 특히 속죄제는 이 제사를 드리는 대상에 따라 방법과 예물이 달랐다. 하나님은 범죄한 인간에게 특별한 제사를 요구하셨는데, 구약 시대에 그것은 속죄제로 나타났다. 그리고 신약 시대에는 예수 그리스도께서 자신을 드리는 단 한번의 제사로 죄인을 거룩하고 완전하게 속하셨다. 또한 이 율법은 하나님께서 인간의 죄에 대해 어떤 해결책을 주셨는지를 보인다. 즉 사람의 구원에 대한 하나님의 뜻을 보인다.

✚ 묵상 : 여호와 앞에 와서 속죄제를 드려야 하는 사람은 누구일까요?(레4:3,13,22,27)
허물과 죄를 지은 자가 속죄제물을 가지고 와서 머리에 안수를 하는 이유는 무엇일까요?
(레4:4,15,24,29)

시편 1-2편 악인 죄인 오만한 자의 따르지 말아야 할 허물

1: 이 시편의 주제는 인간의 여러 갈래 길과 궁극적 운명을 말하기 때문에 전체 성경의 주제라고 해도 무방하다. 본편은 성결한 시의 서론으로 적절하며, 시편 전체의 요약으로서 안성맞춤이다. 산상수훈과 같이 이 시편도 '복 있는'이라는 단어로 시작한다. 이 단어는 복수이다. 그래서 복들이 있는 사람들로 번역된다. 그 사람은 복 있는 사람일 뿐 아니라 모든 영적 축복을 받은 사람이다.

2: 본편은 메시야 예언의 시로 궁극적인 대상은 영원히 쇠하지 않는 영원한 왕국의 주인 되시는 메시야이다. 2편은 1편과 마찬가지로 시편 전체의 서론 역할을 한다고 말할 수 있다.

사도행전에서 바울과 베드로는 시편 2편을 다윗과 관련된 것으로 보고, 영광을 받으신 하나님의 아들로서 예수 그리스도를 높일 때에 이 시를 인용하였다. 이들은 본편을 인용하면서 그와 같은 자세를 취하였다(행 4:25; 13:33). 의심의 여지가 없이, 다윗보다 더 크신 이가 이곳에서 등장한다. 이곳에서는 세 부분으로 구분되었다. 이 세 개의 다른 부분은 아버지, 아들 그리고 성령의 증거를 포함한다. 통치자로서 하나님, 중보자로서 아들, 보혜사로서 성령이 이곳에서 나온다.

✚ 묵상 : 시편기자는 복 있는 사람의 특징을 어떻게 설명했나요?(시1:1~2)
시편기자는 여호와와 그의 기름부음 받은 자(그의 아들)를 대적하면 어떤 결과가 온다고 했나요?
(시2:2,9,12)

통일 주제 허물 (하나님 앞에 저지른 잘못)

연합 내용 모든 사람은 죄와 허물로 죽은 영혼이다. 제사장에서 평민에 이르기까지 죄와 허물로 더러워졌기에 예수 그리스도의 피로 속죄함을 받아야 한다. 그 후 다시는 허물에 넘어가지 않도록 자신을 지키는 것이 중요하다.

잠언 19장 미련 거짓 태만 거만한 자의 멸망 당할 허물

사회생활에서 행하여야 할 지혜로운 자의 올바른 인간관계와 자세에 대해 가르친 저자는 이제 본장에서 원만한 인간관계를 위해 갖추어야 할 온유한 성품의 유익들을 교훈한다. 후반부에는 자녀 훈계 의무를 게을리 하지 말라는 권면과 교훈을 다루고 있다.

✚ 묵상 : 솔로몬은 거짓 증인에 대하여 어떤 심판이 있을 것이라고 말했나요?(잠19:5,9)
솔로몬이 가장 배격한 두 가지 허물은 무엇일까요?(잠19:15,24~25,29)

골로새서 2장 교묘한 말 헛된 속임수로 성도를 넘어지게 하는 허물

그리스도 안에는 지혜와 지식의 모든 보화가 감추어져 있으므로 어떠한 교묘한 말에 속지 않아야 하며 질서 있게 행하고 그리스도를 믿는 믿음으로 굳건하게 서야 한다. 그리스도를 주로 받은 성도들은 그에게 뿌리를 받고 세움을 받아 믿음에 굳게 서서 삶이 감사가 넘쳐야 한다. 철학과 헛된 속임수에 사로잡히지 않아야 한다. 그리스도 안에는 신성의 모든 충만이 육체로 거하신다. 성도들은 그리스도의 할례를 받았다. 그리스도인들은 세례로 인해 옛 사람은 죽고 그리스도와 함께 살리심을 입어 새 사람이 되었으므로 머리되신 그리스도를 붙들어야 한다. 온 몸이 머리로 말미암아 자라나게 되기 때문이다. 자의적 숭배와 겸손과 금욕은 지혜로운 것 같으나 조금도 유익되지 않는다.

✚ 묵상 : 바울은 골로새 성도들에게 오직 무엇을 따르라고 강조하고 있나요?(골2:2,6,19)
바울은 골로새 성도들에게 무엇을 주의하고 멀리하라고 했나요?(골2:8,16,18,20)

기 도

- 옛 사람이 제사를 소중히 여김같이 새 사람인 우리는 예배를 사랑하게 하옵소서.
- 일상의 삶 속에서 죄와 허물로 살아가는 자를 따라가지 않게 하옵소서.
- 변화된 우리 그리스도인이 그릇된 가르침에 귀를 기울이지 않게 하옵소서.

4월 02 April 성별

레5 / 시3-4 / 잠20 / 골3

● 레위기 5장 거짓 증인, 부정, 헛 맹세, 불법으로부터 성별

5장은 속건제(贖愆祭)에 대한 다양한 경우를 제시한다. 13절까지를 속죄제에 대한 규정의 계속으로 보는 견해도 있으나, 5장 1절부터 6장 7절을 속건제에 대한 규정으로 본다. '속건제'라는 원어는 '죄책' 즉 죄에 대한 법적 책임 곧 죗값이라는 뜻이다. 아울러 속죄제와 성격은 유사하나 사람에게 죄를 지은 자를 위한 민사상 사죄의 성격을 지닌 속건제 규례가 나타난다.

여기서 속죄제가 요구되는 세 종류의 범죄와 속건제에 대한 기록이다. 속죄제와 속건제의 제사 드리는 법은 똑같으나 다만 구분이 있다면 속건제에 해당하는 범죄의 경우에는 5분의 1에 해당하는 배상액을 더 내야 하는 것이다. 그래서 속죄제와 속건제는 거의 같은 맥락에서 다루어지는 주제이다.

✚ 묵상 : 말이나 몸으로나 죄와 허물을 지었다면 어떤 제물들로 어떤 제사를 드려야 할까요?(레5:6~7,11)
여호와의 성물이나 계명을 범하면 어떤 제물로 어떤 제사를 드려야 할까요?(레5:15,17)

● 시편 3-4편 대적에 대한 두려움, 주를 향한 의심으로부터 성별

3: 본시는 다윗이 압살롬의 반역을 피해 도주할 때 비탄한 심정을 담은 노래이다. 저자는 탄식 중에도 신앙이 더욱 확고해졌던 사실을 노래한다. 시편 3편의 역사적 근거는 사무엘하 14장에서 나온다. 다윗의 사랑하는 아들 압살롬이 이스라엘 사람들의 마음을 훔쳤다. 그래서 그는 아버지를 대적하였다. 이것은 다윗에게 큰 충격이었다. 우리가 가장 크게 관심을 갖고 양육하고 보살폈던 혈육이 배반자가 되었다는 것은 가장 비탄하고 슬픈 일이 아닐 수 없다.

4: 탄식시. 시편기자는 대적들의 공격 속에서 의로운 재판장 되시는 하나님을 부르고 있다.(1절) 시인은 기도한 후에 악인들을 향해 하나님은 경건한 자의 편이시니 죄에 대한 두려운 마음을 갖고 하나님을 의지하라고 권면한다.(2~5절) 또한 하나님의 선하심을 간구하면서 하나님이 주신 기쁨은 외적 기쁨보다 더 크다고 고백한다.(6~7절) 주 안에 있는 자는 안전과 평안을 누린다.(8절)

✚ 묵상 : 다윗이 아들 압살롬으로부터 어려운 일을 당하게 되었을 때 어떤 믿음으로 이겨냈나요?(시3:1,4,6,8)
다윗은 기도할 때에 응답을 위하여 무엇을 행하라고 말했나요?(시4:4~5)

통일 주제 성별 (聖別, 신성한 일과 삶을 위하여 따로 구별함)

연합 내용 하나님과 주 예수 그리스도를 믿는 성도에게도 옛 본성과 옛 생활로 돌아가려는 죄성이 있다. 그것으로부터 자기를 다스리는 성별이 없으면 원죄로 말미암는 자범죄와 고범죄를 범하게 된다.

● 잠언 20장 다툼, 게으름, 거짓된 추, 보복으로부터 성별

바른 삶을 살기 위해 요구되는 온유한 성품의 유익에 대해 가르친 저자는 본장에서 하나님 앞에 온전한 삶이 무엇인지를 가르친다. 이를 위해 원수를 하나님께 맡기고, 그분의 절대 주권에 전적으로 복종하라는 등의 내용을 교훈하고 있다.

✚ 묵상 : 솔로몬은 술에 대하여 어떤 정의를 내렸나요?(잠20:1)
솔로몬은 일의 성패가 무엇과 무엇에 달려 있다고 말했나요?(잠20:4~5,13,18)

● 골로새서 3장 음란, 부정, 사욕, 정욕, 탐심, 비방, 불만으로부터 성별

그리스도와 함께 살리심을 받은 성도들은 그의 옛 사람은 죽고 새 사람으로 다시 태어났고 그리스도께서 다시 나실 때 성도들도 함께 영광 중에 나타날 것이다. 성도들은 옛 사람과 그 행위를 벗어버리고 새 사람을 입어야 한다. 서로 용납하고 피차 용서하며 이 모든 것 위에 사랑을 더하며 그리스도의 평강이 마음을 주관하도록 하여야 한다. 성도간의 사귐에 대해서 설명하면서 서로 배우고 가르치며 권면하여 감사함으로 하나님을 찬양해야 한다고 가르친다. 그리고는 성도들의 가정생활에 대해 말하고 이어서 그리스도인의 사회적 책임에 대하여 설명한다. 요점은 무슨 일을 하든 온 마음을 다하여 주께 하듯 하라고 권면한다.

✚ 묵상 : 바울은 골로새교회에게 무엇을 찾으며 무엇을 생각하고 무엇을 행동하라고 말했나요?
(골3:1~2,13~15)
바울은 우상숭배의 정의를 어떻게 말했나요?(골3:5)

기 도

- 주여, 어린 양의 피 주님의 보혈로 속죄함을 받는 나날의 삶이 되게 하옵소서.
- 주여, 인간관계 속에서 억울한 일을 당했을 때 주님의 능력을 믿게 하옵소서.
- 주여, 경건한 성품과 성숙된 생활로 날마다 주의 교회를 세워가게 하옵소서.

4월 03 April 관여

레6 / 시5-6 / 잠21 / 골4

● 레위기 6장 여호와는 제사장의 사역과 생계에 관여함

본장은 속건제 세부 규례들이 계속되고 있다. 1-7절까지는 5장의 속건제에 대한 부가적 설명이며, 나머지 절은 속건 제물 및 다른 제물의 여러 가지 종류에 대한 하나님의 지시이다. 즉 본장은 제물과 그것을 드리는 방법 및 그것에 규정을 보충하는 형식으로 구성되었다.

전반부에는 앞장에서 언급된 속건제에 대한 보충 내용으로 타인의 재산권을 침해한 자가 드려야 할 속건제를 언급하고 있다(1-7절). 다음으로는 주로 제물의 종류나 제사의 이유에 대해 설명하고 있는 앞부분과 달리 번제와 화목제(8-13절), 소제(14-23절), 속건제(24-30절)를 드리는 절차와 방법에 대해 언급하고 있다. 본장에서는 제사의 원 인만이 아니라 절차, 방법에까지 상세한 규례를 언급하므로 이스라엘 백성의 모든 삶이 전적으로 하나님의 뜻에 의해 이루어짐을 나타내고 있다.

✚ 묵상 : 아론과 그의 자손이 번제를 드릴 때 반드시 지켜야 할 내용은 무엇일까요?(레6:9,12)
아론과 그의 아들들이 먹는 음식은 무엇일까요?(레6:15~16,25~26)

● 시편 5-6편 여호와는 자기 백성의 부르짖음에 관여함

5: 본편은 기본적으로 탄식 시인데 결백하다는 선언, 보호하심에 대한 확신과 간구라는 내용으로 구성되어 있다. 전반부인 1-8절은 보복과 화해의 신학적 대비로서 개입하심을 구하는 다윗의 기도와 다윗이 개입하심을 구하는 기도를 드리는 이유에 대하여, 그리고 후반부인 9-12절은 패역한 자들과 예배하는 자들의 실제적 대조로서 원수들을 저주하는 다윗의 기도, 다윗이 원수들을 저주하는 기도를 드리는 이유를 기록하고 있다.

6: 본편에 나타난 저자의 주된 호소 내용은 하나님께서 자신을 떠나셨다는 것과 자신에게 많은 슬픔과 고난을 내리셨고, 더 나아가서는 죽음까지도 내리려 하신다는 것이다. 그는 이러한 슬픔과 고난이 자신의 범죄에서 기인한 것임을 알면서도 감히 하나님의 자비를 구하고 있는데 그가 이렇게 구할 수 있는 것은 하나님의 사랑에 대한 변함없는 신뢰 때문이다.

✚ 묵상 : 다윗은 여호와 하나님이 어떤 자를 기뻐하지 않으신다고 말했나요?(시5:4~6,9)
다윗은 여호와께서 자신의 간절한 기도에 대해 어떻게 하셨다고 말했나요?(시6:2,9)

통일 주제 관여 (關與, 어떤 일에 관계하여 참여함)

연합 내용 하나님은 천지만물을 창조하시고 지금도 다스리고 계신다. 여호와 하나님은 하나님의 일을 하는 제사장의 삶으로부터 왕 그리고 죄악가운데 살아가는 한 죄인의 언행에 이르기까지 다 관여하신다.

● 잠언 21장 여호와는 인간의 선악의 삶에 친히 관여함

본장은 하나님의 감찰하시는 성품에 대해 가르치면서 내면의 아름다움을 추구하도록 권면하고 이렇게 살아가는 자가 누리게 될 복에 대해서 교훈하고 있다.

✚ 묵상 : 솔로몬은 어떤 여인과 사는 것이 불행이라고 말했나요?(잠21:9,19)
솔로몬은 이 세상과 사람들의 삶 속에서 하나님이 어떤 일을 하신다고 말했나요?(잠21:1~2,12,30~31)

● 골로새서 4장 하나님은 사역자의 전도와 기도와 삶에 관여함

종들의 주인은 하늘에 계시는 아버지처럼 의와 공평으로 베풀어야 한다. 기도는 끊이지 않고 계속되어야 하지만 감사함으로 깨어 있어야 한다. 하나님께 전도의 문을 열어달라고 기도하고 외인에게는 지혜로 행하며, 세월을 아껴야 하고 말은 은혜 가운데 소금을 치듯 해야 한다. 마지막으로 바울은 두기고, 오네시모, 아리스다고, 마가, 유스도, 에바브라, 누가 및 데마와 같은 주의 일군들을 소개하고 그들과 관련된 소식을 전하며 작별인사를 한다.

✚ 묵상 : 바울은 골로새교회에게 기도에 대해서 어떤 세 가지 교훈을 했나요?(골4:2~3)
바울은 골로새교회에게 마지막 인사를 하면서 어떤 동역자들을 소개하고 있나요?(골4:7~14)

기 도

- 주여, 주의 종과 모든 성도들에게 일용할 양식을 보장하여 주옵소서.
- 주여, 하나님을 기쁘시게 하는 자로 살아갈 수 있는 지식과 의지를 주옵소서.
- 주여, 평생에 기억하고 다른이에게 추천할 수 있는 사역의 동역자를 주옵소서.

4월 04 April 성숙

레7 / 시7-8 / 잠22 / 살전1

● 레위기 7장 하나님 앞에 감사의 화목제를 드리는 신앙의 성숙

본장은 속건제와 화목제의 추가적 규례이다. 6장에 이어 속건제 및 화목제의 규례가 언급되어 있으나, 이 제사들에 있어서 제사장의 몫과 그 제물을 먹는 규례가 언급되어 있다.

본장은 다섯 가지 제사에 대한 최종 결론으로 희생 제물에 관한 처리 규정과 제사장의 분깃에 대해 언급하고 있다. 먼저 속건제와 속죄제의 제사 규례와 제사장의 분깃에 대해 설명하고(1-10절), 다음은 화목제 희생 고기에 관한 규례와 제사장의 분깃을 언급하고 있다(11-34절). 특히 부정한 자는 화목제 희생 고기를 먹지 못하게 하는 금령이 강조되고 있다. 마지막으로 하나님은 이 제사에 관한 규례를 이스라엘 자손 대대로 지킬 것을 명하고 있다(35-38절).

✚ 묵상 : 속건제와 화목제를 드릴 때 제단 위에서 제물의 모든 기름을 태우는 이유는 무엇일까요?(레7:3~5,31)
여호와께 드리는 화목제는 어떤 목적으로 드리는 것일까요?(레7:15~16)

● 시편 7-8편 하나님 앞에 찬양을 올리는 영혼의 성숙

7: 본편은 다윗이 사울의 추격을 피해 도피 생활하던 때를 배경으로 한 시이다. 저자는 자신의 무죄를 주장하며 만민을 심판하시는 하나님의 공의에 호소한다. 이 시편은 무고한 고소를 당한 다윗이 불안한 상태에서 벗어나 조금씩 평강을 얻기까지의 내면의 상태를 말하고, 1-5절은 거룩한 재판장의 관심을 필사적으로 구하는 다윗의 불안한 모습과 6-16절은 자신의 결백을 주장하는 다윗의 법정 출두 모습을, 17절에서는 거룩하신 재판장의 판결을 인내로 기다리는 다윗의 평온한 모습을 기록하고 있다.

8: 창세기 1장의 창조 기사의 메아리인 듯한 내용 때문에 흔히 '창조 시'라고 불리기도 한다. 이 시의 주제는 인간을 위한 하나님의 예정에 대한 찬양이라고 볼 수 있다. 본시의 시작과 끝은 이것이 본질적으로 찬양의 노래임을 보여준다. 구조적으로 본시의 시작과 마지막 찬양은 두 쌍의 근본적 대조를 이루는 대상에 대한 다윗의 묵상을 중심으로 한다. 1절은 도입부 찬양이며, 2-8절은 근본적으로 대비를 이루는 두 쌍, 즉 9절은 결론부 찬양으로 끝을 맺는다.

✚ 묵상 : 어려운 일을 만난 다윗이 하나님 앞에서 자신있어했던 점은 무엇일까요?(시7:3~5,8)
다윗이 여호와의 이름을 찬양할 때 무엇을 보고 찬양을 했나요?(시8:2~4,6~9)

통일 주제 성숙 (成熟, 단계를 거쳐서 일반적으로 기대되는 정도에 오름)

연합 내용 하나님의 형상을 따라 지음받은 사람은 관계를 소중히 여기는 존재로 창조된 것이다. 따라서 하나님과의 관계와 사람과의 관계를 바로 세워가야 한다. 바른 관계는 오직 성숙으로만 가능하다.

● 잠언 22장 하나님 앞에 겸손과 구제를 인정받는 삶의 성숙

본장은 전반부에서 하나님의 자녀들이 마땅히 지켜야 할 경건생활과 후반부에서는 마땅히 버려야 할 불의한 생활을 교훈하면서 주의 백성을 향한 지혜자의 가르침과 귀 기울이도록 당부하고 있다.

✚ 묵상 : 솔로몬은 다음세대인 자녀를 어떻게 교육하라고 했나요?(잠22:6,15)
솔로몬은 여호와를 경외하는 자가 어떻게 구제해야 한다고 했나요?(잠22:4,9,23)

● 데살로니가전서 1장 환난 중에 말씀을 받아 믿는자들에게 본을 보이는 성숙

사도 바울이 고린도에서 데살로니가로 보낸 편지다. 데살로니가는 알렉산더 대왕의 고향인 마케도니아의 수도다. 바울은 1장에서 데살로니가 성도들의 신앙생활로 인해 감사하고 있다. 그들은 정치적, 종교적 핍박에도 불구하고 믿음의 역사와 사랑의 수고와 소망의 인내를 잃지 않았다. 보수적인 유대인들과 이방인들의 박해에도 불구하고, 성령님이 주시는 기쁨으로 말씀을 받았다. 그들은 우상을 버리고 하나님께로 돌아왔다. 참된 믿음의 증거를 나타냈다.

✚ 묵상 : 바울은 데살로니가교회의 어떤 모습을 칭찬했나요?(살전1:3,7,9~10)
바울은 데살로니가전서를 통해 그리스도인의 참 모습이 어떠해야 할 것을 강조하고 있나요?(살전1:6~7)

기 도

- 주여, 하나님의 기뻐하시고 선하시고 온전하신 뜻을 따라 예배하게 하옵소서.
- 주여, 하나님께 기도하며 찬양하기 전에 먼저 성숙한 생활을 하게 하옵소서.
- 주여, 모든 믿는 자들 앞에 본이 될 수 있도록 성숙함을 이루게 하옵소서.

4월 05 April 반포

레8 / 시9 / 잠23 / 살전2

● 레위기 8장 아론과 그의 아들들에게 제사장권이 위임됨을 반포

본장은 각종 제사 제도를 확립하고 성막을 건축한 이스라엘은 이제 하나님의 명령에 따라 제사장을 위임함으로써 제사 제도의 역사적 첫 발을 내딛게 된다. 출애굽기 29장을 통해 제사장의 임명이 이루어졌으나 이제 성막이 완성되고 제사에 관한 규례가 완성된 시점에서 본격적인 제사장의 활동이 시작되고 있다. 하나님께서 모세에게 아론 일가에 대해 제사장 위임식을 거행하도록 명하셨다(1-9절). 이에 모세는 아론과 그 아들들에게 관유를 붓고 위임식을 위해 속죄제와 번제, 화목제를 드렸다(10-29절). 그 후에 아론 일가는 성막 안에서 칠 일을 지내며 위임식 행사를 함으로 제사장 취임의 모든 준비를 끝냈다(30-36절).

✚ 묵상 : 모세가 아론과 그의 아들들에게 행한 최초의 속죄제와 번제는 무슨 목적으로 드렸나요?(레8:22,28,33)
아론과 그의 아들들이 제사장 위임식 제사를 행한 이유는 무엇일까요?(레8:4,34)

● 시편 9편 온 백성에게 하나님의 의와 심판과 행사를 반포

개인 탄원시(13, 19-20절)로 분류되지만 감사시의 요소가 함께 드러나는 시다. 시인과 그의 민족이 과거에 경험한 하나님의 구원은 찬양의 이유가 된다(1-6절). 시인은 공의로운 재판장이신 하나님을 신뢰한다(7-10절). 시인은 회중들에게 하나님을 찬양할 것을 요청하면서 하나님이 개입하셔서 구원하여 주시길 청원한다(11-14절). 악인들은 스스로 웅덩이에 빠질 것이며 하나님은 궁핍한 자를 기억하여 구원해 주실 것이다(15-18절). 하나님의 개입으로 참된 주권자가 누구인지 악인들은 깨닫게 될 것이다(19-20절).

✚ 묵상 : 다윗은 악하고 불의한 세상을 향해 하나님의 어떤 속성을 선포했나요?(시9:4,7~8)
다윗은 하나님을 떠난 인생의 최후가 어떻게 될 것이라고 말했나요?(시9:16~17)

통일 주제 반포 (頒布, 어떤 일이나 내용을 널리 퍼뜨려 드러냄)

연합 내용 하나님은 사람을 통해서 일하신다. 그래서 사람을 선택하시고 복음과 직분을 위임하신다. 이들을 통해 금해야 할 것과 추구해야 할 것을 가르치신 후 그 결과를 심판하신다. 이 모든 과정을 주의 일꾼을 통해 반포하신다.

● 잠언 23장 다음세대에게 음식과 술을 탐하는 자의 결말을 반포

본장에서는 22장에 이어 지혜로운 자가 삼가야 할 일들을 다양하게 열거하며 교훈하고 있다. 특별히 신분이 높아지려거나 부자가 되려는 자에 대한 경고와 함께 술, 음란을 금하고 하나님을 경외하며 부모를 공경하라는 교훈이다.

✚ 묵상 : 솔로몬이 음식 먹는 것을 주의하라고 교훈한 이유는 무엇일까요?(잠23:1,3,6~8)
솔로몬은 술의 폐해와 결과를 어떻게 설명했나요?(잠23:20,29~35)

● 데살로니가전서 2장 데살로니가교회에 참된 복음만 전했음을 글씨로 반포

바울은 데살로니가교회에서 복음을 전한 일들을 회상하고 있다. 바울 일행이 데살로니가에 들어가 복음을 전한 것이 헛되지 않았다는 것을 모두 알게 되었다. "우리가 너희 가운데 들어간 것이"(1절)라는 이것은 전도의 놀라운 모습이다. 전도는 나오는 것이 아니고 "들어가는 것"이다. 데살로니가교회의 가장 훌륭한 증인들은 바로 이들이었다. "너희가 친히 아나니"가 그것을 보여준다. 아는 것이 간접적으로 아는 것이 아니고 '친히' 안다는 표현을 썼다. 이것은 이들의 신앙의 성격을 잘 보여준다.

✚ 묵상 : 바울은 데살로니가교회에게 어떤 자의 자세로 복음을 전했나요?(살전2:7,11)
바울은 데살로니가교회의 어떤 모습을 칭찬하고 격려했나요?(살전2:13~14,19~20)

기 도

- 주여, 주의 종으로 기름부으신 사역자들의 말씀을 잘 따르게 하옵소서.
- 주여, 먹고 마시는 일로 인하여 죄를 범하지 않게 하옵소서.
- 주여, 저희에게 유모와 아버지의 마음을 주사 새 영혼을 잘 돌보게 하옵소서.

4월 06 April 무장

레9 / 시10 / 잠24 / 살전3

● 레위기 9장 제사를 통해 속죄함을 받고 거룩으로 무장

본장은 8장에 소개된 제사장 임직에 대한 계속이다. 1주간 동안의 위임식을 거행하고 정식으로 제사장이 된 아론과 그 아들들은 이제 공식 업무에 들어간다. 이들은 자신과 이스라엘 백성들을 위하여 속죄제를 드렸다. 모세가 제사를 지낸 위임식과 달리 취임식부터는 아론이 직접 제사를 드리기 시작한다. 모세는 아론에게 제사장의 직무를 시작하도록 명하였다(1-7절). 이에 아론은 자신을 위하여 속죄제와 번제를 드리고(8- 14절), 백성들을 위하여 속죄제와 화목제를 드렸다(15-21절). 이때 하나님께서 불로 단 위의 제물과 기름을 사르셔서 취임을 인정하는 증표를 주셨다(22-24절).

✚ 묵상 : 모세는 여호와께 어떤 제사들을 드리라고 아론에게 명령했나요?(레9:2~4,8,12,15~18)
아론이 제사를 마치고 백성을 축복했을 때 어떤 일이 일어났나요?(레9:22~24)

● 시편 10편 불신자의 박해 속에서 주의 역사를 믿고 기도로 무장

악인은 하나님이 없다고 말한다. 죄를 지은 사람이 악인이라면 세상 모든 사람이 악인일 것이다. 그러나 성경은 하나님이 없다고 말하는 자가 악인이라고 규정한다(4절). 심판이 없다고 생각하니 수단과 방법을 가리지 않고 악한 생각을 실행해 옮긴다(5절). 의인은 악인으로 인해 탄식한다(1-11절). 시인은 하나님이 없다고 주장하는 악인의 팔을 꺾어달라고 간구한다(12-14절). 하나님은 악을 찾아내셔서 심판한다(15~18절).

✚ 묵상 : 교만하고 악한 자의 공통점은 무엇을 부인할까요?(시10:4,11,13)
시편 기자가 고난과 환난 속에 있을 때 주관적으로 느낀 여호와의 행하심을 보고 어떠한 내용으로 기도를 드렸나요?(시10:1~2,12,15)

통일 주제 무장 (武裝, 어떤 일을 하거나 그에 대응할 마음의 자세나 기술 따위를 갖춤)

연합 내용 공중권세 잡은 자인 마귀가 다스리는 세상은 악하므로 항상 죄악에 노출되어 있다. 그러므로 주의 자녀는 주를 향한 예배와 주의 역사하심에 대한 절대적 믿음과 주의 뜻에 따른 덕으로 무장되어 있어야 한다.

● 잠언 24장 악인과 사악한 자 속에서 주의 뜻을 알고 의로 무장

본장은 23장에 이어 저자는 계속해서 지혜로운 자의 올바른 삶과 경계해야 할 사안에 대해 권면하고 있다. 전번부에는 악인의 형통을 부러워하지 말라는 권면이 나오고, 후반부에는 또 다른 지혜자의 사회 정의를 위한 권면이 나오고 있다.

✚ 묵상 : 솔로몬은 마음을 저울질하고 영혼을 지키시는 하나님이 사람의 어떤 태도를 살피시고 보응하신다고 말했나요?(잠24:11~12,17~18)
솔로몬은 의인의 강점을 어떻게 설명했나요?(잠24:16)

● 데살로니가전서 3장 궁핍과 환난 속에서 믿음과 사랑으로 무장

아테네(=아덴)에 머물고 있는 바울은 데살로니가 성도들의 믿음을 확인하고 환난 중에 흔들리지 않도록 하기 위해 하나님의 일꾼인 디모데를 보냈는데 데살로니가에 다녀온 디모데로부터 환난 중에도 그들의 믿음이 건실하다는 보고를 듣게 된다(1-6절). 디모데가 전해준 소식은 바울에게 큰 기쁨이자 위로이며 삶의 동력이 되었다(7-8절). 바울은 데살로니가 성도들이 환난 중에도 굳건하게 인내하는 모습을 보면서 그들이 주님의 재림 때에도 거룩하고 흠이 없게 될 것을 생각하면서 기뻐하며 감사하고 있다(9-13절).

✚ 묵싱 : 왜 바울은 데실로니가교회에 디모데를 보냈나요?(살전3:2~3)
디모데는 바울에게 데살로니가교회에 대하여 어떤 내용을 보고했나요?(살전3:6~8)

기 도

- 주여, 하나님께 온전한 예배를 드리므로 축복의 문을 열게 하옵소서.
- 주여, 불신자의 악함을 두려워 말고 의로우신 주님의 능력을 믿게 하옵소서.
- 주여, 데살로니가교회처럼 믿음과 사랑을 인정받는 우리가 되게 하옵소서.

4월 07 April 원칙

레10 / 시11-12 / 잠25 / 살전4

● 레위기 10장 제사장이 제사를 집례할 때에 지켜야 할 원칙

본장에서는 하나님의 명령에 대한 순종의 축복과 불순종의 저주라는 이스라엘 역사 전체를 관통하는 주제를 엿볼 수가 있다. 아론과 그의 아들들은 제사장이라는 축복된 사명을 받았다. 여기서 취임 첫 날 아론의 두 아들이 죽는 비극적인 사건을 통해 이스라엘 백성들에게 율법이 갖는 의미를 보여 주고 있다. 아론의 아들 중 나답과 아비후는 명하지 않은 불로 분향하다 불에 태워 죽음을 당하였다(1-7절). 이 일을 계기로 하나님은 제사장은 제사시 음주를 금하고 거룩한 음식은 반드시 단 옆에서 먹도록 명하셨다(8-15절). 또한 나답과 아비후의 일로 두려워한 나머지 속죄 제육을 먹지 않고 불사른 엘르아살과 이다말에 대한 모세의 견책이 나타난다(16-20절).

✚ 묵상 : 아론의 아들 나답과 아비후가 여호와 앞에서 죽은 이유는 무엇일까요?(레10:1~2)
제사장이 회막에 들어갈 때에 지켜야 할 원칙(명령)은 무엇일까요?(레10:9~10)

● 시편 11-12편 여호와 하나님이 악인과 의인을 다스리는 원칙

11: 신앙인이 위기에 처했을 때 하나님께 피하게 된다(1절). 그런데 악인들은 그게 무슨 소용이 있냐고 비아냥거린다. 이것은 악한 자가 우리를 흔드는 흔한 방법이다. 하나님을 의뢰하고 하나님께 피하려는 자는 반드시 하나님이 자신을 주목하고 계시다는 사실을 기억해야 한다(4-5절). 주께 피하는 자는 주의 얼굴을 보게 되지만(하나님과 깊은 교제의 축복을 누림), 악인은 심판으로 멸망하게 될 것이다(6-7절).

12: 악인의 거짓된 말로 고통받고 있는 시인이 등장한다. 자신을 향해 쏟아지는 악한 말에 대해 어떻게 대처해야 할까? 먼저 그러한 상황에서 건져달라고 구원을 바라는 기도를 드린다(1-4절). 그리고 순전한 하나님의 말씀을 신뢰한다. 하나님의 말씀에는 의인에 대한 보호, 역사의 주관자 되시는 하나님, 악인에 대한 심판의 메시지가 담겨 있다(5-7절). 세상이 거짓될수록(여전히 악인이 날뛰는 세상, 8절) 참 진리인 하나님의 말씀을 더욱 의지해야 한다.

✚ 묵상 : 다윗은 여호와 하나님이 인생에 대해서 어떻게 하신다고 고백했나요?(시11:4~5,7)
다윗은 여호와 하나님의 말씀이 무엇과 같다고 고백했나요?(시12:6)

통일 주제 원칙 (原則, 많은 경우에 두루 적용되는 기본적인 규칙이나 법칙)

연합 내용 하나님의 말씀은 명령이요 사람에게는 삶의 원칙이다. 제사를 집례하는 제사장의 수행원칙, 성도의 필수원칙, 남녀노소 고하를 막론하고 인간관계 속에서 지켜야 할 하나님의 명령인 기본원칙이 있는 것이다.

● 잠언 25장 왕과 백성이 인간관계 속에서 지켜야 할 원칙

히스기야 왕의 신하들에 의해 수집된 솔로몬 왕의 잠언들이 소개된다. 전반부에는 통치자가 갖추어야 할 덕망과 함께 왕이 하나님의 대리자라는 사명감을 상기시키는 매용이 언급되고, 후반부에는 하나님의 사람들이 갖추어야 할 덕목들이 소개되고 있다.

✚ 묵상 : 솔로몬은 왕처럼 위에 있는 자들에게 어떤 주의사항을 말해 주었나요?(잠25:2,5)
솔로몬은 인간관계에 있어서 어떤 덕목을 강조했나요?(잠25:13,15,20,28)

● 데살로니가전서 4장 데살로니가교회의 참된 성도가 지켜야 할 원칙

하나님의 모든 말씀은 긍정이든 부정이든 그분의 뜻을 포함하고 있다. 구체적으로 말하면 하나님의 뜻에는 구원, 자기희생, 성령 충만, 복종, 고난당함, 만족, 확고함, 특별히 성화가 포함된다. 이 문맥에서 하나님의 뜻은 특별히 성적 부정을 멀리하는 것, 따라서 부도덕을 멀리하는 것을 의미한다.

✚ 묵상 : 바울은 데살로니가교회에게 무엇이 하나님의 뜻이라고 가르쳤나요?(살전4:3~5,7)
바울은 죽은 자와 산 자의 부활에 대하여 어떻게 말했나요?(살전4:14~17)

기 도

- 주여, 목회자가 합당한 기준으로 충성하여 온 성도의 본이 되게 하옵소서.
- 주여, 하나님 말씀을 깊이 묵상하고 감동 속에 실천하는 자가 되게 하옵소서.
- 주여, 하나님의 뜻을 알아 마지막 때에 부활의 소망을 갖고 인내하게 하옵소서.

4월 08 April 경계

레11-12 / 시13-14 / 잠26 / 살전5

● 레위기 11-12장 정결한 것과 부정한 것의 경계

11: 본장에서 하나님은 이스라엘 백성이 먹을 수 있는 짐승과 먹지 말아야 할 짐승에 대한 기준을 마련해 주신다. 이 기준은 단순히 식용의 기준이 아니라 부정한 생활에서 떠나 항상 정결한 삶을 살라는 하나님의 거룩한 당부요 규례이다. 이들 짐승 중에는 되새김질하고 쪽발인 것만 먹어야 하고(1-8절), 어류 중에 지느러미와 비늘이 없는 것은 부정한 것으로 먹어서는 안 된다(9-12절). 또한 새와(13-19절) 곤충도(20-28절) 부정한 것과 정결한 것을 나누며 마지막으로 땅에 기는 것 중에 부정한 것을 나누고 있다(29- 47절).

12: 산혈로 몸이 더렵혀진 산모의 정결 규례이다. 11장에서는 부정한 음식과 정한 음식에 관한 율법이 나왔다. 본장은 11장에 이어 정한 사람과 부정한 사람에 관한 율법이 나옵니다. 즉 레위기 12장에서부터 15장까지의 말씀 가운데서 첫 번째인 출산한 여인의 부정과 정결식에 관한 규례를 언급하고 있다. 이 규례는 의식법상의 규례로서 당시의 문화적인 배경을 통해 영적인 정결 원리를 가르쳐 준다.

✚ 묵상 : 여호와께서 말씀하신 정한 짐승과 부정한 짐승은 무엇으로 구분할까요?(레11:3,9,21,41)
부정한 짐승으로 인하여 어떤 물건이 부정해졌다면 어떻게 처리해야 될까요?(레11:32~33,35)

● 시편 13-14편 믿는 자와 믿지 않는 자의 경계

13: 현실의 고난이 너무 괴로워 탄식하는 경우가 종종 있다(1-2절). 육체적으로도 쇠약해진 다윗은 대적으로부터 건져달라고 간구한다(3-4절). 그는 사망의 잠을 잘까 두려워하고 있다. 그러나 5절부터 변화된 고백을 하게 된다. 고통스런 현실을 뛰어넘어 하나님의 구원을 확신하고 있다(5-6절). 하나님은 탄식으로 시작한 기도를 하나님을 향한 신뢰와 확신으로 바꾼다.

14: 어리석은 자는 하나님을 부정한다. 하나님을 싫어한다. 선하신 하나님을 인정하지 않기에 선을 행할 능력이 없다. 스스로 모든 것을 할 수 있다고 생각한다. 삶의 기준도 모호하다. 혹시 우리에게도 이런 모습이 있지 않을까?

✚ 묵상 : 다윗은 원수 앞에서 여호와 하나님께 어떤 간절한 기도를 드렸나요?(시13:3)
다윗은 인생 중 어리석은 자가 보이는 두 가지 특징을 무엇이라고 했나요?(시14:1,3)

통일 주제 경계 (境界, 사물이 어떠한 기준에 의하여 나누어지는 한계)

연합 내용 우리가 사는 세상은 성과 속, 의와 죄, 선과 악이 존재한다. 믿는 성도인 그리스도인에게는 그 모든 것에 경계가 있다. 이를 분명히 할 때 구원받은 자기의 영혼을 지킬 수 있다.

● 잠언 26장　미련한 자와 지혜로운 자의 경계

저자는 계속해서 세상을 살아가는 지혜를 가르친다. 특별히 본장에서는 미련한 자의 특징, 즉 게으름, 미움, 헐뜯음, 거짓, 다툼, 속임 등의 악한 행동을 경계하도록 권면한다.

✚ 묵상 : 솔로몬이 말한 미련한 자의 대표적인 특징은 무엇일까요?(잠26:4,6~7,9,11)
솔로몬은 인간관계 속에서 다툼의 시작과 끝을 어떻게 말했나요?(잠26:17,20~21)

● 데살로니가전서 5장　빛의 아들과 어둠의 자식의 경계

늘 깨어있어 어둠에 있지 않은 성도들은 항상 재림을 기다려 왔기에 그날이 전혀 생각지도 못한 날처럼 여겨지지는 않을 것이다(1-5절). 성도는 낮에 속한 자이며 그리스도와 함께 사는 자이다(6-11절). 성도는 공동체의 리더를 존중하고 영적으로 취약한 자를 돌보며, 선을 따르고 인내하며, 기뻐하고 기도하며, 감사하는 삶을 살아간다(12-18절). 마지막으로 취할 것과 버릴 것을 잘 분별할 것을 권면하면서 성도의 거룩함을 이루어 가실 하나님을 찬양하며 문안인사로 편지를 마무리한다(19-28절).

✚ 묵상 : 바울은 데살로니가교회에게 재림의 시기에 대해서 어떻게 말했나요?(살전5:1~3,23)
바울은 데살로니가교회에게 빛의 아들의 특징과 그에 따른 생활을 어떻게 말했나요?
(살전5:5~6,8,14~18)

기 도

- 주여, 저희로 하여금 부정한 것의 유혹을 물리치고 더욱 멀리하게 하옵소서.
- 주여, 하나님과 예수님을 부정하는 모든 사람들을 속히 구원하여 주옵소서.
- 주여. 재림의 징조와 때를 분별하고 빛의 자녀로 온전히 살아가게 하옵소서.

4월 09 April 고백

레13 / 시15-16 / 잠27 / 살후1

● 레위기 13장 나병환자가 자신의 부정함을 스스로 고백

하나님께서는 이제 나병 식별 기준을 상세하게 지시하신다. 13-14장은 각종 나병으로 인한 부정의 제거에 대하여 언급하고 있다. 본장에서는 나병의 초기 증상 및 그 증상에 따른 진단 방법이 자세하게 언급되고 있다. 본장은 피부병에 관한 정결 규례를 다루고 있다. 특히 여기서는 나병의 초기 증상 및 진단법에 대해 자세히 설명하고 있다. 그 방법으로는 피부에 생긴 색점으로 판단하거나(1-8절), 피부에 발생만 난육에 의해 진단하였다(9-17절). 또한 피부에 종기가 난 경우와(18-23절), 화상에 의해 피부가 불그스름하고 희게 된 경우에도 제사장이 나병인지 진단하였다(34-28절). 이 외에도 머리나 수염에 이상이 생긴 경우(39-46절), 의복에 나병이 발생한 경우의 진단법에 대해 언급하고 있다(47-59절).

✚ 묵상 : 여호와는 제사장에게 나병 징후가 보이는 환자가 오면 어떤 두 가지 원칙으로 처리하도록 정해 주셨나요?(레13:2~4,9~10,19~20)
나병환자는 어떻게 처신해야 할까요?(레13:45~46)

● 시편 15-16편 다윗이 여호와를 복 산성 소득으로 고백

15: 참된 예배자는 하나님의 성품인 정직, 공의, 진실을 자신의 삶을 통해 적극적으로 구현하는 사람이다. 하나님과의 약속을 꼭 지키며, 악한 말로 이웃을 해치지 않는다. "너희 몸을 하나님이 기뻐하시는 거룩한 산 제물로 드리라 이는 너희가 드릴 영적 예배니라"(롬 12:1).

16: 이 시 역시 다윗이 어려움에 처했을 때 기록한 시다. 10절을 통해 볼 때, 죽음을 생각할 정도의 큰 시련이었음이 틀림없다. 먼저, 고난 중에 주밖에 소망이 없음을 고백한다(1-4절). 자신은 우상에게 의뢰하지 않으며, 자신은 하나님께 속해 있음을 확실하게 고백한다. 이어서 하나님이 그의 기업이 되심을 찬양한다(5-8절). 어려움 가운데 하나님을 묵상하던 다윗은 확신에 찬 고백에 이르게 된다(9-11절). 하나님은 다윗에게 생명의 길, 충만한 기쁨을 주셨다.

✚ 묵상 : 다윗은 여호와의 장막과 성산에 거하는 자의 삶을 어떻게 언급했나요?(시15:2~5)
다윗이 여호와께 드린 진정한 신앙고백은 무엇이었나요?(시16:2,5,8)

통일 주제 고백 (告白, 마음속에 숨긴 일이나 믿고 생각한 바를 사실대로 솔직하게 말함)

연합 내용 말은 하나님의 선물이다. 말로 인생의 방향을 바꾼다. 말로 자신의 병과 아픔을 알리고 예수님을 구주로 고백하며 생활의 진리를 직접적으로 전하고 박해를 받을 때 주님의 공의로운 심판을 선포할 수 있다.

● 잠언 27장 솔로몬이 옳은 친구에 대해 경험으로 고백

본장에서 저자는 대인관계에서 특별히 중요한 요소, 즉 사랑과 우정에 대해 교훈하고 있다. 그 중에서도 주목할 만한 것은 그릇된 행동에 대해서 우정 어린 충고를 하되 잘못된 칭찬은 경계할 것을 권면하는 부분이다. 사랑과 우정에 담긴 지혜들을 살펴보기로 한다.

✚ 묵상 : 솔로몬은 진정한 친구의 특징을 무엇이라고 말했나요?(잠27:6,9~10,17)
솔로몬은 칭찬으로 사람을 단련하되 어떤 사람은 단련하지 말라고 했나요?(잠27:21~22)

● 데살로니가후서 1장 환난 중에 있는 성도가 주의 공의를 믿음으로 고백

바울이 고린도에서 데살로니가 교회로 편지(데살로니가전서)를 보낸 후, 그리 오래지 않아 두 번째 편지를 보내게 된다. 데살로니가 성도들의 믿음이 계속 자라고, 그들이 서로에게 보이는 사랑의 풍성함으로 인해 감사하고 있다(1-4절). 바울은 환난 중에도 믿음을 지킨 데살로니가 성도들을 위로하고 격려한다(5-10절). 하나님은 환난을 견딘 자를 하나님 나라에 합당한 자로 여기시며, 그리스도의 재림 시 영원한 안식을 주실 것이며, 핍박자들을 반드시 심판하실 것이다. 바울은 자신과 동역자들이 데살로니가 성도들을 위해 늘 기도하고 있음을 상기시킨다(11, 12절).

✚ 묵상 : 바울은 데살로니가교회의 어떤 모습을 거듭 칭찬했나요?(살후1:3~4)
바울은 박해와 환난 중에 있는 데살로니가교회에게 하나님의 공의를 어떻게 설명했나요?(살후1:6~7)

기 도

- 주여, 질병으로 고생할 때 주님을 믿고 의지하는 참 믿음을 주옵소서.
- 주여, 주님의 나라와 교회에 늘 머물면서 큰 일을 감당하게 하옵소서.
- 주여, 저에게 바른 친구를 주시고 또 타인에게 그런 친구가 되게 하옵소서.

4월 10 April 정결

레14 / 시17 / 잠28 / 살후2

● 레위기 14장 나은 후 예식과 제사를 통해 얻는 나병환자의 정결

본장은 나병 환자가 나았을 때 그를 정결하게 하는 규례이다. 즉 완치된 나병 환자의 정결 규례를 비롯하여 장차 이스라엘 백성이 가나안 땅에 정착하여 잘 때 가옥에 나병이 발생할 경우 어떻게 대처할 것인가에 대한 지침 등을 다루고 있다.

나병의 증상과 진단 방법을 다룬 전장에 이어 본장에서는 나병 환자에 대한 정결 규례를 언급하고 있다. 나병 환자가 정결하게 되었을 경우 제사장은 그의 나음을 선포하고(1-9절) 제 팔 일째 되는 날 회막문 앞에서 그를 위해 속건제와 소제, 번제를 드렸다. 이로써 나병 환자는 정결하게 되어 공동체로 복귀할 수 있었다(10-32절). 이외에 집에 나병이 발생한 경우의 진단법과 정결 규례에 대해 언급하고 있다(33-57절).

✚ 묵상 : 나병환자는 나병 환부가 나았을 때 어떻게 해야 할까요?(레14:4~9,11,14,17~18)
기업의 땅에서 어떤 집에 나병 색점을 발견하면 어떻게 처리해야 할까요?(레14:38~42)

● 시편 17편 간절한 기도를 드리는 진실무망한 다윗의 정결

이 시는 대적들의 공격과 비난으로부터 무죄한 자신을 보호해 주시고, 구원해 주시기를 간구하는 내용이다. 다윗은 자신에게 가해지는 비난과 공격이 거짓된 것임을 호소하며, 하나님이 공평의 눈으로 판단해 주시길 호소한다(1-5절). 이어 그는 하나님의 보호를 요청한다(6-12절). 그러나 그가 하나님께 보호를 요청할 수 있는 것은 그의 무결함이 아니라 하나님의 기이한 사랑에 근거한 것이다. '기이한 사랑'이란 언약에 기초한 하나님의 신실하고 변함없는 사랑을 의미한다. 마지막으로 그는 구원을 확신한다(13-15절). 하나님께 전심으로 간구하는 자는 그를 만족케 하시는 하나님을 만나게 된다.

✚ 묵상 : 다윗은 여호와께 자신의 부르짖는 기도를 무엇이라고 말했나요?(시17:1)
다윗은 자신을 원수로부터 구원하신 주의 응답을 무엇이라고 말했나요?(시17:7,9,13)

통일 주제 정결 (淨潔, 모든 악한 것으로부터 맑고 깨끗한 상태)

연합 내용 하나님은 거룩하시다. 그래서 우리도 온전해야 한다. 영, 혼, 몸이 모두 깨끗해야 한다. 우리 믿는 성도는 말씀 안에서, 예전 안에서, 생활의 구별 속에서 정결해야 한다. 끊임없이 근신해야 한다.

● 잠언 28장 주를 경외하는 자와 율법을 지키는 자의 정결

본장과 29장은 특별히 통치자를 위한 교훈이다. 그중에서도 본장은 통치자의 책임을 강조하면서 동시에 의인과 악인의 대조적인 삶을 반의대구법 형식으로 비교하고 의로운 삶으로 초대하는 형식으로 이루어져 있다고 볼 수 있다.

✚ 묵상 : 솔로몬은 나라가 세워지려면 어떤 사람이 있어야 한다고 했나요?(잠28:2,16,28)
솔로몬은 어떤 사람이 물질을 추구해도 결국 가난해진다고 했나요?(잠28:8,12,20,22)

● 데살로니가후서 2장 미혹하는 자로부터 믿음을 지키는 성도의 정결

예수님의 재림에 대한 내용이다. 일부 성도가 이미 재림이 이루어졌다는 잘못된 사상에 미혹되었다. 이에 바울은 재림에 앞서 배교와 대적하는 자의 출현이 있을 것이며, 재림이 가까울수록 모임을 폐하지 말라고 강조한다(1-4절). 이어서 재림 전에 일어날 일에 대해 조금 더 구체적으로 말한다(5-12절). 불법한 자가 나타나 거짓 기적을 보이며 사람들을 잘못된 길로 이끌 것이다. 그러나 하나님은 마지막 날에 이들을 심판하실 것이다. 그러므로 성도들은 거짓된 가르침에 대해 두려워하지 말고 하나님이 성도들을 택하여 거룩하게 하심과 진리 가운데 구원하심을 굳게 믿으며 흔들리지 말아야 한다(13-17절).

✚ 묵상 : 바울은 데살로니가교회에게 불법으로 배교를 일으키는 자들이 어떻게 멸망할 것이라고 말했나요?(살후2:3,7~8)
바울은 불법하는 악한 자가 나타나 어떤 사탄의 활동을 할 것이라고 말했나요?(살후2:9~10)

기 도

- 주여, 금년에는 모든 질병이 나에게서 떠나게 하자 정결하게 하옵소서.
- 주여, 금년에는 성서적 삶을 살게 하사 기도의 응답조건을 갖추게 하옵소서.
- 주여, 금년에는 사탄의 유혹과 교훈을 물리치고 순교를 각오하게 하옵소서.

4월 11 April 성실

레15 / 시18 / 잠29 / 살후3

● 레위기 15장 피와 연관된 부정한 자의 회복에 대한 제사장의 성실

하나님은 성에 대한 남자의 부정과 부인의 경도에 대한 부정에 대하여 지시하신다. 유출병에 관한 정결 규례를 다루고 있다. 유출병은 남녀간의 성행위나 여자의 월경 등 생리적인 병리 현상으로 본장에서는 네 가지 경우에 대해 언급하고 있다. 첫째는 남자의 성기에서 발생하는 유출병(1-15절)과 둘째는 남자의 몽정이나 성 관계에 의한 설정(16-18절)이다. 셋째는 여자의 월경에 의한 유출(19-24절)과 특별히 월경 외에 생리 불순으로 인한 유출이다(25-33절). 본장에 나타난 유출병은 나병과 달리 전염성이 없으나 성적 문란을 방지하기 위해 규례로 정해 놓았다.

✚ 묵상 : 유출병이 있어 부정하게 된 자와 그에 접촉된 모든 것은 어떻게 해야 할까요?(레15:5~8,11)
불결기에 있는 여인은 자신을 어떻게 관리해야 할까요?(레15:24~25,28~31)

● 시편 18편 원수의 대적과 악한 환경을 이겨낸 다윗의 성실

이 시의 표제어를 보면 여호와께서 다윗을 모든 원수들의 손에서와 사울의 손에서 건져 주신 날에 부른 노래라고 되어 있다. 그는 그에게 하나님이 어떤 분인지를 고백하며(1-2절) 자신이 처해 있던 시련을 언급하며[사망의 줄과 불의의 창수(3절), 스올의 줄과 사망의 올무(5절), 환난(6절), 강한 원수와 미워하는 자(17절), 재앙의 날(18절) 등] 하나님은 그 모든 것보다 강하신 분이셨음을 고백한다(3-19절). 하나님은 자신이 겪는 부당한 고통에 대하여 공의로 갚으시는 분이시며(20-30절), 자신을 승리하는 군사로 무장시키는 하나님이시다(31-36절). 하나님은 원수를 꺾으시며(37-45절) 마침내 다윗은 승리의 노래를 부르게 된다(46-50절).

✚ 묵상 : 다윗이 여호와 하나님께 기도하고 응답을 확신한 것은 무엇 때문일까요?(시18:20~24)
다윗이 어떤 상황 속에서도 흔들지 않고 신앙을 지킨 것은 무엇에 근거하여 믿음생활을 했기 때문일까요?(시18:30)

통일 주제 성실 (誠實, 부지런하고 게으르지 않으며 정성스럽고 참됨

연합 내용 하나님은 모든 영역에서 성실하심이 완전하시다. 따라서 주님을 따르는 성도는 부정하고 악한 세상 속에서 이단과 싸우면서 믿음을 지키려면 언제나 깨어있어 부지런하고 성실해야 한다.

● 잠언 29장 권세와 거만과 거짓의 유혹에서 이긴 왕과 의인의 성실

저자는 본장에서도 통치자에 대한 규범을 교훈한다. 특히 본장에서는 통치자의 책무를 상기시키면서 통치자가 하나님의 공의를 세울 때 나라가 안정되고 반영한다는 것을 가르친다. 이런 지혜자의 교훈은 시대와 민족을 초월하여 모든 세상 지도자들이 마땅히 명심해야 할 덕목이라고 할 것이다.

✚ 묵상 : 솔로몬은 의인에게 어떤 능력이 있다고 했나요?(잠29:2,6~7,16)
솔로몬은 백성에게 무엇이 없을 때 방자히 행한다고 했나요?(잠29:18)

● 데살로니가후서 3장 재림을 빙자한 이단의 교훈을 물리쳐야 할 성도의 성실

바울은 자신의 사역을 위한 기도를 요청하면서 데살로니가 성도들의 신앙을 위해 기도한다(1-5절). 바울은 사도의 가르침을 따르지 않는 자들에게서 떠나며 바울과 동역자들의 본을 따르기를 권한다(6-9절). 또한 무질서하게 살면서 교회 일을 한다는 핑계로 섬김을 받는 자들에게 일해서 자기 양식을 먹으라고 명한다(10-12절). 선을 행하다가 말씀을 따르지 않는 자들로 인해 낙심하지 말며, 그러한 자를 원수가 아닌 형제로 여기고 진심으로 권면하길 부탁하며 편지를 마무리한다(13-18절).

✚ 묵상 : 바울은 데살로니가교회에게 어떤 두 가지의 기도를 부탁했나요?(살후3:1~2)
바울은 데살로니가교회에 어떤 문제점을 지적했나요?(살후3:6,8,10~12)

기 도

- 주여, 자신을 스스로 돌아보아 어떤 불결함이 있는지 살피고 회개하게 하옵소서.
- 주여, 하나님의 성품과 우리의 진실 속에서 항상 믿고 기도하게 하옵소서.
- 주여, 주님의 재림을 잘못 이해하여 게으른 삶을 살지 않게 하옵소서.

4월 | 12
April

말씀

레16 / 시19 / 잠30 / 딤전1

● 레위기 16장 성소에 들어가는 아론과 제사장의 생사를 위한 말씀

이스라엘 백성이 범죄하면 제사 규례에 따라 하나님께 나아가 제사를 드림으로 죄사함을 받았다. 대속죄일은 대제사장이 일 년에 한 번 지성소에 들어가 이스라엘 온 회중의 죄를 속하는 날이다. 레위기는 제사를 통한 이스라엘 백성과 하나님 사이의 화해를 목적으로 기록되어졌다. 따라서 일 년에 한 번 행하는 속죄일에 관한 규례를 다루고 있는 본장은 레위기 전체의 핵심이라 할 수 있다. 대제사장은 속죄일에 성소에 들어가기 위해 자신을 정결하게 하고 속죄제를 드려야 하며(1-14절), 백성들을 위해서도 속죄제를 드려야 한다(15-22절). 또한 속죄 의식이 끝난 후에도 다시 한번 자신과 백성들을 위해 정결 의식을 거행해야 하며(23- 28절), 대대로 이 규례를 반드시 준수해야 할 것을 강조하고 있다(29-34절).

✚ 묵상 : 여호와 하나님은 모세에게 자신이 어느 곳에 임재할 것을 아론에게 전하라고 했나요?(레16:2)
아론과 제사장이 여호와의 성소에 나아가려면 어떻게 준비해야 할까요?(레16:3~5)

● 시편 19편 믿는 자에게 율법과 교훈과 계명이 된 영원한 말씀

하나님은 우리에게 두 가지 방법으로 음성을 들려주신다(두 가지 계시). 하나는 당신이 창조하신 자연을 통하여(일반계시), 하나는 당신의 말씀인 성경을 통하여(특별계시). 본문은 천지(자연, 일반계시)를 통하여 드러나는 하나님의 영광(1-6절), 말씀(특별계시)을 통해 드러나는 하나님의 영광(7-13절)을 선포한다. 다윗은 그의 마음의 묵상(내면)과 말(외면)이 모두 하나님이 받으실만한 제사가 되기를 소원한다.

✚ 묵상 : 다윗은 여호와의 말씀의 특징을 어떻게 설명하고 있나요?(시19:7~8)
다윗이 여호와 앞에 간절히 기도한 두 가지의 내용은 무엇일까요?(시19:12~14)

통일 주제 말씀 (하나님께서 전하시는 모든 계시)

연합 내용 하나님은 말씀으로 천지만물을 창조하셨다. 그리고 지금도 그 말씀으로 모든 것을 다스리신다. 우리가 완전하신 하나님의 말씀으로 무장할 때 생명의 문제, 축복의 문제, 구원의 문제를 해결할 수 있다.

● 잠언 30장 아굴이 이디엘과 우갈에게 이른 가감할 수 없는 말씀

본장의 '아굴의 잠언' 이것은 솔로몬 시대에 늘 지혜를 배우며 닦던 무명의 현자가 쓴 잠언 모음집이다(참고, 왕상 4:30, 31). 또 아굴이란 이름의 지혜자가 자신의 개인적 체험을 통해 깨달은 하나님에 관한 지식을 가르쳐주는 전반부와 일상생활에 유익을 주는 지혜를 교훈하는 후반부로 구분된다. 특히 후반부에서는 아굴은 인생에 금해야 할 4대 범죄인 불효, 위선, 교만, 탐욕을 피하도록 권면하는 그는 예리한 신학적 사고의 소유자임을 알 수 있다.

✚ 묵상 : 아굴은 이디엘과 우갈에게 하나님의 말씀을 어떻게 대해야 한다고 말했나요?(잠30:5~6)
아굴이 하나님께 구한 두 가지의 기도내용과 그 이유는 무엇일까요?(잠30:7~9)

● 디모데전서 1장 죄를 알게 하는 율법과 구원을 이루는 복음인 말씀

바울의 첫 번째 부담감은 디모데로 하여금 머물러 있어 임무를 완성하라고 격려하는 것이었다. 거의 모든 그리스도인 일꾼들은 그만두고 싶어 했던 경험들을 가지고 있다. 바울은 본장에서 젊은 디모데에게 하나님 앞에서의 그의 지위와 하나님께서 그가 승리하는 것을 보고 싶어 하신다는 사실을 상기시킴으로 격려한다.

✚ 묵상 : 바울은 구약의 율법이 누구에게 해당되는 말씀이라고 말했나요?(딤전1:8~10)
바울은 디모데에게 자신의 과거에 대해서 어떻게 간증했나요?(딤전1:13,15)

기 도

- 주여, 하나님의 성전인 교회에 들어갈 때 준비된 예복을 입게 하옵소서.
- 주여, 하나님의 말씀을 절대시하고 그 말씀을 따라 기도하게 하옵소서.
- 주여, 아굴처럼 성숙하게 기도할 수 있도록 깊은 신앙을 주옵소서.

4월 13 April 금지

레17 / 시20-21 / 잠31 / 딤전2

● 레위기 17장 이스라엘과 거류민에게 피 먹는 것을 금지

하나님께서는 지금까지 16장에 걸쳐 정결법에 대해 지시하셨다. 17장을 비롯하여 레위기 후반부에는 이스라엘 백성들이 지켜야 할 행동 규범들이 구체적으로 제시되었다. 각종 제사 제도나 정결 규례를 다루고 있는 전반부에 이어 본장부터는 백성들이 지켜야 할 일반적인 행동 규범에 대해 언급하고 있다. 본장에서는 특히 식용으로 짐승을 잡을 때 지켜야 할 규례를 말해 주고 있다. 식용으로 짐승을 잡을 때에도 먼저 하나님께 예물로 드려야 한다(1-7절). 한편 이방인들이 희생제사를 드릴 때도 반드시 회막에서 드려야 한다(8-9절). 또한 식용 짐승을 먹을 때는 절대로 피를 먹어서는 안 된다(10-16절). 이것은 피는 곧 생명을 상징하기 때문이었다.

✚ 묵상 : 여호와는 이스라엘 집의 모든 사람에게 어디에서 제물을 드리라고 했나요?(레17:4~5)
여호와 하나님은 이스라엘 집 사람이나 거류민에게 무엇을 절대 먹지 말라고 했나요?(레17:10~11,14)

● 시편 20-21편 믿는 자와 왕이 세상의 힘 의지하는 것을 금지

20: 제왕시로서 다윗이 전쟁에 나가기 전, 시온에서 소제와 번제를 드리며 하나님이 승리를 주시기를 기도하는 사건(출정식)을 배경으로 하고 있으며, 회중이 왕을 위해 드리는 중보기도로 시작된다. 왕이 드리는 제사가 하나님께 열납되기를 원하며(1-3절), 왕의 기도에 응답하여 주시길 원하며(4-6절), 왕에게 승리를 주시길 기도한다(7-9절).

21: 이 시는 왕에게 승리를 주신 하나님에 대한 찬양이다. 이스라엘 공동체는 승리를 주신 하나님을 높이며, 현재의 구원과 미래에 주어질 승리에 대한 확신으로 하나님을 찬양한다. 왕의 기도에 응답하셔서 승리케 하신 하나님(1-6절), 여호와를 의지하는 왕(7절), 장차 주어질 승리(8~12절)를 노래한다.

✚ 묵상 : 어떤 사람이 병거와 말을 의지할 때 다윗은 무엇을 의지한다고 했나요?(시20:7)
왕이라 할지라도 여호와 하나님을 의지할 때 주님은 무엇을 주실까요?(시21:1,4,6)

통일 주제 금지 (禁止, 어떤 일이나 행동 등을 하지 못하게 막음)

연합 내용 사람은 한 시대의 상황에 갇혀 산다. 특히 신앙인은 더욱 그렇다. 따라서 성경은 다른 시대에서는 이해가 되지 않는 내용이지만 각 시대마다 그 상황 속에서 경건한 삶에 본이 되지 않는 것은 금지하고 있다.

잠언 31장 아들 르무엘 왕에게 포도주 먹는 것을 금지

잠언의 마지막 장인 31장은 르무엘 왕의 어머니의 훈계로서 통치자가 주의해야 할 덕목, 즉 정욕, 무절제를 경계하라는 내용의 전반부와 현숙한 아내의 특징을 열거하면서 칭송하는 답관체(踏冠體, 머리를 밟아가는 체) 형식, 즉 정형 시(詩)의 한 형식으로서 후반부로 나누어져 있다. 특히 저자는 현숙한 아내의 첫 번째 특징인 '여호와 경외'를 언급함으로써 마지막 잠언의 대 주제를 마감하며 상기시키고 있다.

✚ 묵상 : 르무엘 왕은 어머니에게로부터 어떤 훈계를 받았나요?(잠31:3~4,8)
르무엘의 어머니는 현숙한 여인의 특징을 어떻게 말했나요?(잠31:10,12~16,20~22,26~27)

디모데전서 2장 여자에게 금 진주 값진 옷 가르치는 것을 금지

바울은 모든 사람이 구원 받고 진리를 알도록 기도하기를 권면한다(1-4절). 그는 기도의 의미를 세분화하는데, 간구는 부족한 것을 구하는 것이고, 도고는 타인을 위한 중보기도, 기도는 일반적 의미의 기도를 뜻합니다. 하나님과 사람 사이의 유일한 중보자이신 예수님이 자신을 대속물로 주셨음을 전하기 위해 바울은 복음 증거자가 되었다(5-7절). 바울은 공적 예배 시 태도에 대한 지침을 준다(8-15절). 거룩한 손을 들고 기도하고(고대의 관습), 내·외면을 단정히 해야 한다. 반인권적으로 보이는 11-15절의 내용은 당시 여성들이 주도적으로 활동하며 가르쳤던 영지주의 집단에 대한 경계에서 나온 지침으로 교회와 사회의 질서를 위한 것임을 이해해야 한다. 참고로 영지주의자들은 혼인과 자녀 출산의 포기를 가르치는 등 사회적 물의를 일으키는 집단이었다.

✚ 묵상 : 바울은 디모데에게 특히 누구를 위하여 기도하라고 했나요?(딤전2:2)
바울은 디모데에게 여자로 하여금 무엇을 금하도록 가르치라고 했나요?(딤전2:9,12)

기 도

• 주여, 생명을 소중히 여기는 성서적인 마음을 주옵소서.
• 주여, 세상의 힘을 의지하지 말고 오직 하나님만을 의지하게 하옵소서.

4월 14 April 근절

레18 / 시22 / 전1 / 딤전3

● 레위기 18장 이스라엘 자손이 애굽과 가나안의 풍속을 근절

17장까지는 의식적인 율법들이 하나의 모형으로서 소개되었으나 본장부터는 도덕적이며 윤리적인 규례들이 소개되고 있다. 본장은 성 도덕에 관한 규례이다. 당시 고대 근동 사회는 성 도덕이 문란하였으므로 각종 도덕률 중에서 성 도덕에 관한 규례는 가장 중요하게 다루어졌다. 그래서 하나님은 먼저 이방의 풍습을 따르지 말 것을 엄명하셨다(1-5절). 그리고 근친상간에 대해 철저한 금지를 명하시고(6-18절), 유부녀와의 간통이나 짐승과의 수간에 대해서도 엄격히 금하셨다(19-23절). 이러한 도덕률은 이방 사회에서 선민의 거룩성을 드러내고 하나님의 영광을 나타내는 중요한 표시였기에 성 도덕을 범 하는 자는 백성 중에서 끊어짐을 당하였던 것이다(24-30절).

✚ 묵상 : 하나님은 이스라엘에게 이방의 어떤 풍속을 근절하도록 명령하셨나요?(레18:6~16)
하나님이 가나안땅의 풍속을 따르지 말라 하시고 그 땅과 족속들을 멸절하신 이유는 무엇 때문일까요?(레18:3,24~25,27~28)

● 시편 22편 다윗이 자신을 죽이려는 악한 개의 세력을 근절

이 시는 '그리스도의 고난과 그 후에 올 영광'에 대한 예언적 선언이다. 이 시는 그 성격에서 시편 69편과 매우 유사하다. 이 시는 십자가 사건의 의미와 연결시켜 생각하지 않으면 결코 이해할 수 없다. 이 고난은 다윗의 고난이 될 수가 없다. 누가 그의 손과 발을 찔렀는가? 누가 그의 겉옷을 나누며 속옷을 제비 뽑았는가? 이러한 표현들은 이 옛날의 성도를 통하여 성령께서 행하신 사역의 모습을 보여준다. 이곳에서 성령은 그리스도의 고난을 미리 증언하여 준다. 이와 같은 증거는 하나님 나라의 놀라운 섭리의 한 면을 보여준다.

✚ 묵상 : 다윗은 자신의 힘든 상황을 어떤 동물들의 에워쌈으로 표현했나요?(시22:12,16,21)
다윗은 하나님을 어떤 분으로 신뢰했나요?(시22:3,19,24,28,31)

통일 주제 근절 (根絶, 어떤 사물이나 현상을 다시는 발생할 수 없도록 그 근원을 없애 버리거나 단절함)

연합 내용 아담과 하와는 선악을 알게 하는 나무의 과실을 통한 사탄의 유혹을 물리치지 못하고 타락하게 되었다. 하나님은 원죄를 가지고 태어난 우리를 너무도 잘 아시기에 참된 구원을 위해 매 시대마다 주의 종을 통하여 생활과 환경 속에서 근절해야 할 것들을 교훈하신다.

● 전도서 1장 전도자가 해 아래의 모든 헛된 일과 수고를 근절

본장은 전도서의 대주제이며 서론격인 '하나님을 떠난 인생의 허무함'을 히브리어 최상급을 사용하여 강조하고 있다. 전도자는 자신의 인생 경험을 토대로 하나님을 떠난 인생, 하나님과 무관한 지식과 지혜의 허탄함을 고백하고 있다.

✚ 묵상 : 다윗의 아들 예루살렘 왕 전도자는 세대의 모든 일이 어떠하다고 했나요?(전1:2,14)
예루살렘 왕 전도자는 지혜를 얻기 위하여 어떤 노력을 했나요?(전1:13,16~17)

● 디모데전서 3장 감독과 집사가 모든 불경건한 생활과 비방을 근절

바울은 감독을 권장하고 있는데 당시의 감독은 순수하게 교회를 섬기는 봉사의 직분이다(1절). 3장은 감독과 집사의 자격에 관한 내용으로 감독이라 함은 당시 여러 가정교회들을 섬기는 지역교회의 지도자를 말한다. 감독은 책망할 것이 없어야 하고 한 아내의 남편이며, 절제와 신중함, 단정함을 갖춰야 하며, 무엇보다 당시 난무하는 거짓 교훈에 맞서 성도를 잘 가르칠 수 있어야 한다(2-3절). 또한 자기의 집을 잘 다스려야 하고(4-5절) 입교한지 얼마 되지 않은 자는 확실한 신앙검증을 마칠 때까지 배제시키고 불신자에게서도 선한 증거를 가진 사람이어야 한다(6-7절). 남자 집사의 경우도 감독의 기준에 버금가는 기준을 제시하고 있는데 직분을 성실하게 잘 수행하면 하나님이 인정하시는 자리를 얻게 되고 내면에 확신이 넘칠 것이다(8~13절). 교회는 살아계신 하나님의 집이며 진리의 기둥과 터로서 영광의 그리스도를 높이는 공동체다(14-16절).

✚ 묵상 : 바울은 디모데에게 감독과 집사의 자격으로 무엇을 언급했나요?(딤전3:2~13)
바울은 디모데에게 모든 자격의 기본은 무엇이라고 했나요?(딤전3:1,5,9,12)

기 도

- 주여! 세상의 문화와 문명을 구별하여 취할 수 있는 성서적 식견을 주옵소서.
- 주여! 어떤 환난과 위험 속에서도 주님의 뜻과 능력을 믿는 믿음을 주옵소서.
- 주여! 참된 직분자가 될 수 있도록 저희의 생각과 언행을 주관하여 주옵소서.

4월 15 April 순수

레19 / 시23-24 / 전2 / 딤전4

● 레위기 19장 사람과 환경을 대하는 심적 동기의 순수함

본장에는 언약 백성으로서의 이스라엘이 지켜야 할 전반적인 생활 규례를 밝히고 있다. 그것은 제사에 관한 규례, 도덕적인 의무, 공정한 재판과 상거래에 관한 규정, 약자와 타국인에 대한 보호 규정, 성 도덕에 관한 규례 등 이다. 이러한 규정들은 여기에 언급되지 않은 다른 일에 대해서도 어떤 원칙에 따라 행동해야 할지를 스스로 터득하도록 유도하는 역할을 한다.

먼저 하나님과의 관계에서 지켜야 할 규례가 나타나고(1-8절), 다음으로 공동체 내에서의 도덕규범으로 타국인과 가난한 자에 대한 배려나 재판에서의 공정성 등에 대해 언급하고 있다(9-18절). 마지막으로 성 관계, 우상 숭배 풍습, 공정한 상거래에 관한 규례가 나타난다(19-37절). 특히 본장에서는 하나님께 대한 수직적인 규범과 인간에 대한 수평적 규범을 동시에 다룸으로써 공동체를 유지하는 두 도덕적 축에 대해 동일하게 강조하고 있다.

✚ 묵상 : 여호와 하나님의 긍휼을 엿볼 수 있는 복지제도는 무엇일까요?(레19:9~10,13~14)
하나님은 가나안 땅에 들어갔을 때 어떤 계명을 지키라고 하셨나요?(레19:23,26,31)

● 시편 23-24편 참 목자 되신 주님 앞에 설 자의 심신의 순수함

23: 우리의 목자 되신 하나님은 우리의 필요를 공급하시며 돌본다(1-2절). 우리의 인생은 결코 평탄하지 않으며 때로는 죽음의 골짜기도 지나야 하지만 그 여정에 우리를 인도하시고 보호하시는 선한 목자가 함께 한다(3-4절). 우리를 환대하시고 우리의 원수를 물리쳐 주시는 목자의 선하심과 인자하심은 영원히 우리를 따를 것이다(5-6절).

24: 24편은 다윗이 언약궤를 예루살렘으로 옮길 때 지은 시로 알려져 있다. 우리가 사는 세계는 창조주 하나님의 소유다(1-2절). 하나님은 내·외적으로 정결하고 뜻을 허탄한 데 두지 않으며 거짓 맹세를 하지 않는 사람을 찾는다(3-6절). 우리 하나님은 강하고 능하시며 전쟁의 주권자이신 영광의 왕이다(7-10절).

✚ 묵상 : 다윗은 여호와 하나님은 자신의 무엇이 되신다고 고백했나요?(시23:1)
다윗은 여호와 하나님 앞에 설 자가 어떤 자격을 가져야 한다고 했나요?(시24:3~4)

통일 주제 순수 (純粹, 마음 속에 사사로운 욕심이나 불순한 생각이 없음)

연합 내용 하나님의 아들 예수 그리스도는 순수한 마음과 온전한 헌신으로 아버지의 뜻을 따라 세상에 오셔서 구속의 길을 가셨다. 성도도 세상의 모든 수고가 헛됨을 깨닫고 이웃을 배려할 때나 주님을 의지할 때나 복음을 전할 때에 동기의 순수성을 가지고 맑게 나아가야 한다.

● 전도서 2장 모든 지혜 소유 낙을 경험한 자의 회고적인 순수함

해 아래 살아가는 인생의 허무함을 토로한 전도자는 이런 허탄함을 메우기 위해 육체적 쾌락을 추구하고, 또 지혜도 추구해보았지만 모두가 허탄하던 자신의 과거를 고백하고 있다. 아마도 솔로몬은 왕이 되어 해보고 싶은 모든 일을 다 해보고 싶었을 것이다. 그러던 중 전도자는 눈을 들어 하늘의 하나님을 발견하고 하나님에게서 인생의 소망이 있음을 깨닫게 된다.

✚ 묵상 : 예루살렘 왕 전도자는 왜 지혜자와 우매자가 모두 헛되다고 했을까요?(전2:15~16)
전도자는 자신의 수고가 모두 헛됨의 이유를 어떻게 말했나요?(전2:18~19)

● 디모데전서 4장 미혹의 영 앞에서 복음을 쫓는 경건의 순수함

종말이 가까울수록 거짓과 미혹의 영이 더욱 활개를 친다(1-2절). 바울이 경고하는 거짓 교사들의 가르침은 잘못된 금욕주의에 관한 것이다(3-5절). 그들은 혼인 금지 및 출산 포기와 같은 영지주의적인 가르침과 특정 음식에 대한 금지, 구약의 정결법 준수와 같은 잘못된 금욕적 가르침을 강요했다. 하나님 지으신 모든 것은 선하기에 감사함으로 받으면 버릴 것이 없다. 거룩은 혼인금지, 특정 음식 섭취 금지 등을 통해 이루는 것이 아니다. 반면 참된 경건은 망령되고 허탄한 신화(=잘못된 가르침)을 버리고 오직 말씀과 기도로 거룩해지는 것이다(6-11절). 거짓 교사들의 교회 침투를 막는 비결은 지도자인 디모데가 말과 행실과 사랑과 믿음과 정절에 본이 되는 것과 사명(=읽는 것과 권하는 것과 가르치는 것)에 전념하는 것이다(12-16절).

✚ 묵상 : 바울은 디모데에게 목회할 때 무엇을 주의하라고 말했나요?(딤전4:1,7)
바울은 디모데에게 무엇에 힘쓸 것을 강조했나요?(딤전4:7,13~15)

기 도

- 주여, 하나님이 모든 자를 긍휼히 여기심같이 우리도 남을 배려하며 살게 하옵소서.
- 주여, 선한 목자 되시는 하나님을 바라보고 늘 순종하며 따라가게 하옵소서.
- 주여, 미혹의 영과 귀신의 가르침을 멀리하고 경건에 힘쓰는 자가 되게 하옵소서.

4월 16 April 제사

레20 / 시25 / 전3 / 딤전5

● 레위기 20장 이방인이 우상에게 자식을 드리는 인신제사

하나님께서는 계속해서 우상숭배의 각종 유형과 그에 대한 처벌 규정, 간음 행위의 유형과 그에 대한 처벌 규정을 상세하게 지시하신다. 그리고 결론적으로 가증스런 죄악에서 떠나라고 명령하신다.

본장은 앞서 18장, 19장에 이미 언급되어 있는 율법을 어겼을 경우 그 징벌에 대한 규례를 말하고 있다. 여러 가지 죄 중에서도 특별히 사형에 해당되는 범죄에 대해 언급하고 있다. 몰렉과 같은 우상을 숭배하는 자는 백성 중에서 끊어지며(1-5절), 신접한 자나 무당을 믿는 자, 또한 부모에게 불효한 자도 사형을 당하게 된다(6-9절). 그 외에 타인의 아내와 간음한 자나 수간한 자, 근친상간을 범한 자는 공개적인 사형에 처해졌다(10-21절). 이와 같은 죄는 하나님께 대한 믿음을 부정하고 공동체의 하나 됨을 깨뜨리는 결과를 가져오기 때문에 사형이라는 극형에 처해졌던 것이다. 마지막으로 이방인의 풍속을 따르지 말고 부정한 것을 멀리하여 정결할 것을 말씀하고 있다(22-27절).

✚ 묵상 : 이방신 몰렉에게 자식을 제물로 드리는 자는 어떻게 하라고 했나요?(레20:2~3,5)
여호와 하나님이 가증하게 여긴 성관계는 무엇이었나요?(레20:13,15~16)

● 시편 25편 다윗이 곤고와 환난 중에 드리는 기도제사

진정으로 여호와를 바라는 다윗의 기도다. 다윗은 원수가 자신을 둘러싼 상황에서 주를 바라보며, 주의 도를 따를 수 있기를 간구한다(1-7절). 그는 하나님의 선하심을 신뢰하였으며, 하나님이 자신을 경외하는 자에게 그의 언약을 보이시고 주의 길을 가르치실 것을 확신한다(8-15절). 더불어 죄 용서에 대하여도 확신한다(11절). 다시 한번 곤고함에 처해 있는 자신을 불쌍히 여기셔서 죄를 사하여 주고(18절) 원수들로부터 자신을 구원하여 주시길 간구한다(16-22절).

✚ 묵상 : 다윗은 원수 앞에서 자신이 어떻게 되지 않게 해 달라고 기도했나요?(시25:2,19~20)
다윗은 기도제사를 드릴 때에 어떤 자세를 가졌나요?(시25:1,4~5)

통일 주제 제사 (祭祀, 종교에서 신에게 제물을 차려놓고 정성어린 마음을 드리는 의식)

연합 내용 성경에는 여호와 하나님께 드리는 제사와 우상에게 드리는 제사가 있다. 이방인은 자식을 제물로 드리기도 했으나 이스라엘 선민이나 그리스도인은 기도, 찬송, 예물로 인격적인 예배를 드렸다.

● 전도서 3장 영원을 사모하는 자가 경외함으로 드리는 제사

중국의 고사성어 중에 '세옹지마'(塞翁之馬)라는 말이 있다. 이 말은 우리 인생에 형통함과 곤고함이 번갈아 다가옴을 교훈하고 있다. 우리 인생에는 낮과 밤이 교차하듯 명암이 교차한다. 좋을 때도 있고 안 좋을 때도 있다.

본장에서는 이런 하나님에게 초점을 맞추어 하나님의 섭리와 경륜을 이해하기 위해 노력하다가 범사에 때와 기한은 하나님의 주권에 달려 있음을 발견하게 된다. 솔로몬은 이와 같은 우리 인생의 다양한 때를 이야기하고 있다. 솔로몬이 열거하는 인생의 다양한 국면은 모두 28종류가 소개되고 있다.

✚ 묵상 : 다윗의 아들 예루살렘 왕 전도자가 깨달은 세상의 이치는 무엇일까요?(전3:1~8)
전도자는 하나님이 인간을 어떻게 창조했다고 말했나요?(전3:11,13)

● 디모데전서 5장 참 과부가 하나님께 항상 드리는 간구제사

디모데는 젊은이로서 교회 내의 나이 많은 신자들에게 주인 행세를 하지 않도록 조심해야만 하였다. 목회자는 나이 많은 성도들을 책망하지 말고 권면하며 격려해야 한다. 바울은 너의 부모를 대하듯 하라고 충고한다.

교회는 나이 많은 신자들의 필요와 문제들을 인식하고 이에 대처하는 데 도움을 주어야 한다. 이들은 교회에 중요한 사람들이다. 교회의 젊은이들은 나이 많은 이들을 필요로 하고 있으나, 다만 그 필요를 충분히 깨닫고 있지 못할 뿐이다.

✚ 묵상 : 초대교회에서 인정하여 명단에 올린 과부는 어떤 본을 보인 자였나요?(딤전5:9~10)
바울은 디모데에게 잘 다스리는 장로들과 말씀과 가르침에 수고하는 이들에게는 어떻게 하라고 말했나요?(딤전5:17~18)

기 도

- 주여, 악한 세대를 본받지 말고 주님이 기뻐하시는 예배를 드리게 하옵소서.
- 주여, 만사에 때가 있음을 알고 지혜롭게 행동하는 성도가 되게 하옵소서.
- 주여, 교회를 위하여 수고하는 사역자들에게 배나 존경하는 마음을 갖게 하옵소서.

4월 17 April 자격

레21 / 시26-27 / 전4 / 딤전6

● 레위기 21장 백성의 어른인 제사장이 여호와께 나갈 자격

지금까지 일반 백성들이 거룩해지기 위해 취해야 할 일상적인 삶의 태도에 관해 언급하였다. 그러나 레위기 21장부터는 하나님께서는 이스라엘 백성을 대표하는 제사장들의 성결한 삶에 필요한 지침을 말하고 있다.

본장은 제사장의 정결 규례와 자격 및 행위 규범에 관해 언급하고 있다. 제사장은 하나님과 백성 사이에 속죄 의식을 통해 화해를 중재하는 역할을 하는 신분이므로 특별히 정결함과 도덕적 규범의 준수가 요구되었다. 먼저 제사장이 개인적으로 지켜야 할 정결 규례에 대해 언급하고(1-9절), 다음으로 직무와 관련되어 지켜야 할 정결 규례가 나타난다(10-15절). 마지막으로 제사장의 자격에 대해서 언급하고 있는데 특히 육체적으로 결함이 있는 자는 제사장이 될 수 없었다(16-24절).

✚ 묵상 : 여호와 하나님은 제사장을 이스라엘 백성의 누구라고 하셨나요?(레21:4)
아론의 자손 제사장들 중에 육체의 흠이 있는 자가 거룩한 하나님께 나아갈 수 없는 이유는 무엇일까요?(레21:17~21,23)

● 시편 26-27편 행악자와 원수로부터 구원 받는 자의 자격

26: 생명의 위협을 받는 상황에 놓인 다윗은 나를 '판단하소서'라고 간구하며 자신의 무죄함을 호소한다(1-3절). 그는 언약의 말씀 앞에서 늘 살았으며 악을 미워하고 거룩한 예배자로서 살아왔다(4-8절). 그는 악인과 자신을 비교하면서 자신을 구원해 달라고 간구하며 여호와를 송축할 것을 약속한다(9-12절).

27: 사방이 대적들로 둘러싸인 상황이지만 다윗은 하나님을 향해 신뢰를 고백한다(1-3절). 그는 고난 가운데에서도 하나님의 임재와 하나님과의 교제를 갈망한다(4-6절). 절망적인 상황에서 건져주시길 간구한다(7-14절). '버리지 마소서', '떠나지 마소서'라는 간구는 그가 처한 상황의 절박함을 보여 준다. 그는 하나님의 선하심을 보게 될 것을 확신한다(13절).

✚ 묵상 : 다윗이 여호와 하나님께 기도할 때 자신의 무엇을 주장하였나요?(시26:1,6,11)
다윗이 여호와 하나님 앞에서 늘 소망했던 것은 무엇일까요?(시26:8,27:4~5)

통일 주제 자격 (資格, 일정한 신분이나 지위를 가지거나 어떤 역할이나 행동을 하는데 필요한 조건 또는 능력)

연합 내용 하나님의 공동체인 교회 안에서 일하는 자가 갖춰야 할 자격과 일반 세상에서 그리스도인으로 살아가면서 갖춰야 할 자격은 다양하고 많으며 잘 살았을 경우 상을 얻게 된다.

● 전도서 4장 상을 얻기 위해 함께 살아갈 자가 갖추어야 할 자격

본장에서 들어와서 사회적 부조리에 대한 전도자의 한탄의 소리를 듣게 된다. 개인적 차원에서 인생의 허무를 통해 하나님의 절대 주권과 섭리를 발견한 전도자는 이제 눈을 사회로 돌려 세상 권력자의 입장에서 고생하는 사람들과 그 아래에서 이루어지는 모든 불평등, 권세자의 무상한 최후를 보면서 세상 모순에서 오는 허망함을 지적하고 있다.

✚ 묵상 : 솔로몬은 모든 수고와 재주를 가진 자가 이웃에게 무엇을 당하는 것을 보았나요?(전4:4)
좋은 상을 얻기 위해 함께 살아가는 자들이 갖출 자격은 무엇일까요?(전4:8~12)

● 디모데전서 6장 믿음의 선한 싸움을 싸우는 하나님의 사람의 자격

이 서신은 회화체로 되어 있고 그리고 열정적인 개인적 어조로 되어 있어서 내용을 확연하게 나누기가 어렵다. 마치 즉흥적으로 연설하는 사람이 불쑥 한마디씩 던지는 식의 우연한 회화를 하는 종류의 글이다.

이 서신 전체에 걸쳐서 바울이 아버지와 같은 사랑의 마음이 넘치고 있다. 본서 마지막 장은 교회의 사역을 교제 모임의 여러 다른 그룹들에게, 특히 문제를 일으키는 사람들에게 계속 설명한다. 특히 노예 제도는 고대 생활에 있어서 하나의 활력소였다. 로마 인구의 25%가 노예들이었던 것으로 추정된다. 많은 노예들이 그리스도를 발견하였으나, 그들의 주인들은 불신자들이어서 그리스도인 노예들이 불순종하거나 그리스도 안에서의 자유를 주장하는 경향이 있었던 듯하다. 바울은 그들이 구원받지 못한 주인들에게 좋은 간증이 되어 주인들이 하나님의 이름을 존중하고 하나님의 말씀을 높이는 법을 배우게 하라고 강권한다.

✚ 묵상 : 바울은 디모데에게 경건생활과 대치되는 것이 무엇이라고 말했나요?(딤전6:3,5~8,10)
말씀과 경건에 힘쓰는 하나님의 사람의 또 다른 자격은 무엇일까요?(딤전6:3,11~12)

기 도

- 주여, 주님께 나아가는 목사요 성도들에게 꼴을 먹이는 자로서 항상 정결하게 하옵소서.
- 주여, 다윗이 어떤 상황에도 바르게 생활 한 것처럼 우리도 그렇게 행동하게 하옵소서.
- 주여, 예수의 말씀과 경건에 힘쓰고 선한 싸움을 싸워 이기는 자가 되게 하옵소서.

4월 18 April 속성

레22 / 시28-29 / 전5 / 딤후1

● 레위기 22장 제사를 받으시는 여호와 하나님의 거룩하신 속성

본장은 하나님께서는 제사장의 몫으로 주어진 성물을 먹을 수 있는 자와 그렇지 못한 자의 기준을 마련해 주신다. 성물과 제물은 하나님께 대한 신앙의 표현이라는 점에서 그것들을 다루는 태도는 매우 중요하다. 부정한 자는 성물에 대한 접촉이 금지되며 그것을 어기는 자는 죽음을 당한다(1-9절). 또한 자격이 있는 자 외에는 성물을 먹지 못한다(10-16절). 한편 하나님께 드리는 제물은 흠 없고 가장 좋은 것으로 드려야 한다(17-30절). 이와 같은 규례는 거룩하신 하나님께 대한 공경이며 전적인 헌신을 의미하는 것이다.

✚ 묵상 : 제사장은 이스라엘 자손이 여호와께 드린 성물을 어떻게 먹어야 할까요?(레22:2,4~7)
서원제물, 자원제물, 감사제물을 드릴 때 어떤 자세로 드려야 할까요?(레22:18~19,29)

● 시편 28-29편 기도를 응답하시는 여호와 하나님의 전능하신 속성

28: 이 시편은 기이한 질문으로 시작한다. "주께서 내게 잠잠하시면"(1절), 이것이 바로 그 질문이다. 침묵의 하나님을 두려워하는 것이 모든 사람들의 모습은 아니다. 다윗은 평생을 전장(戰場)에서 살았으며, 이 시를 지을 당시 즉 자기 아들 압살롬의 난을 피해 도주하였을 당시에는 인생의 황혼기에서 여유와 평안을 누려야 할 노인이었다. 그럼에도 불구하고 압살롬이 일으킨 반란으로 인하여 다윗은 팽팽한 긴장 속에서 영욕이 일순간에 반전되는 극적인 삶을 살았으며, 자신을 돌보시고 이끌어 주시는 하나님의 손길을 더욱 강력하게 느낄 수 있었을 것이다.

29: 이전 시편에서 다윗은 주의 손의 사역을 언급하고, 이곳에서는 광풍 중에서 주 여호와의 음성을 찬양한다. 저자는 자연과 하나님의 인격을 혼동하지 아니한다. 그는 여호와의 이름에 합당한 영광을 돌린다. 여호와의 음성은 단순한 소리가 아니다. 그것은 하나의 메시지이다. 이 소리는 그 아들의 장엄하고 엄숙한 영광 속에서 듣는다. 하나님은 끝 날에 그의 아들 안에서 우리에게 말씀하신다.

✚ 묵상 : 다윗은 여호와 하나님을 자신의 무엇이라고 고백했나요?(시28:1,7~8)
다윗은 여호와 하나님의 능력을 무엇으로 표현했나요?(시29:3~5,7~9)

통일 주제 속성 (屬性, 어떤 개체의 성질을 세분화하여 묘사한 것으로 기독교에서는 하나님의 고유한 성품을 말함)

연합 내용 창조주 하나님은 절대적 속성을 가지고 계신다. 또한 그의 주권적 속성으로 일꾼을 부르신다. 따라서 모든 피조물은 영광과 찬송을 받으시기에 합당하신 하나님께 제사와 예배와 기도로 나아가야 한다.

전도서 5장 예배를 살피시는 여호와 하나님의 진실하신 속성

우리는 인생길에 대해서 여러 가지로 표현한다. 한마디로 인생길은 안전한 길이 아니다. 마치 지뢰밭과 같아서 언제 어떤 일이 터질는지 알 수 없다. 그러므로 우리가 안전하게 인생길을 걸어가려면 하나님의 뒤를 따라가야 하는 것이다.

전도자는 이제 관심을 돌려 하나님을 알지만 그릇되게 신앙 생활하는 일련의 자세, 즉 잘못된 예배나 기도, 서원에 대해 지적하고 훈계하고 있다. 그리고 후반부에 이르러서는 재물에 탐닉하지 말고 바른 재물관을 갖도록 가르치고 있다.

✚ 묵상 : 솔로몬은 하나님께 나아가는 자가 어떤 자세를 가져야 한다고 했나요?(전5:1~2,4)
솔로몬은 부요함과 재물의 한계를 어떻게 표현했나요?(전5:11,13~16)

디모데후서 1장 바울과 디모데를 부르신 여호와 하나님의 전지하신 속성

바울은 사랑하는 믿음의 아들, 디모데에게 목회 서신으로 디모데전서와 후서를 보냈는데 디모데전서가 목회 상의 제반 규준을 다룬 것이라면 후서는 복음 사역자로서 갖추어야 할 영성과 인품을 다루고 있다. 바울의 서신마다 전제되는 서언이지만 바울은 특별히 자신의 사도직이나 하나님의 종으로서의 사명에 대하여 위엄 있게 다루고 있음을 볼 수 있다. 그리스도 안에 있는 직분은 자기가 스스로 만든 것도 아니며 어떤 권위 있는 사람에 의하여 부여된 것도 아니라는 바울은 이 사상에 철저했다. 그는 이 직분의 소명을 두 가지로 구분하여 직분 자들에게 확신을 주었다.

✚ 묵상 : 바울은 복음으로 낳은 아들 디모데 속에 무엇과 무엇이 있음을 알았나요?(딤후1:5~6)
바울이 복음의 선포자와 사도일 때 그를 버린 자와 돌본 자는 누구일까요?(딤후1:15~16)

기 도

- 주여, 성도들이 정성껏 드린 예물을 바르게 사용할 수 있는 정직을 주옵소서.
- 주여, 날마다 하나님과 예수님을 체험적으로 고백하는 삶의 신앙을 주옵소서.
- 주여, 주의 일을 하는 자에게 훼방자가 되지 말고 돕는 자가 되게 하옵소서.

4월 19 April

안식

레23 / 시30 / 전6 / 딤후2

● 레위기 23장 이스라엘백성이 절기를 통해 주 안에서 안식함

본장은 하나님의 절기들에 대한 규정이다. 모세의 율법에 하나님의 절기들에 대한 규정은 주로 다음 네 곳에 나와 있다(출 23장; 레 23장; 민 28-29장; 신 15-16장). 구약 시대에는 본장에 나와 있는 일곱 가지 절기들 외에, 월삭(민 28장), 안식년(레 25장, 신 15장), 희년(레 25장) 등 모두 열 가지의 절기들이 있었다. 그중 대부분은 이미 앞에서 부분적으로나마 언급된 절기들이다. 다만 본장에서는 바벨론 포로 시대에 제정된 부림절을 제외한 구약 시대 이스라엘에서 지켜진 공식 절기들이 모두 종합적으로 취급되고 있다. 그중에서도 모든 백성이 예루살렘에 모여 성회로 삼는 3대 절기에 그 초점이 맞추어져 있다.

✚ 묵상 : 여호와께서 이스라엘 자손에게 명하신 가장 기본이 되는 절기는 무엇일까요?(레23:2~3)
여호와의 성회에 할 일과 해서는 안 될 일은 무엇일까요?(레23:3,8,25,27~28,36)

● 시편 30편 다윗이 고난 중에서 기도응답을 통해 안식함

찬양으로 시작하여 찬양으로 끝나는 30편은 성전봉헌을 위한 노래이면서 동시에 질병에서 고침 받은 다윗의 감사의 고백이다. 하나님은 질병으로 인해 죽음의 문턱까지 간 다윗을 회복시키시고 다윗의 죽음을 바라는 대적들로 하여금 웃지 못하게 했다(1-3절). 하나님의 성품은 성도가 하나님을 찬양해야 하는 이유다(4-5절). 고난 끝에 정상에 오른 다윗은 잠시 교만함으로 인해 하나님의 징계를 경험하게 되었으며 다시 하나님의 은혜를 구하는 자가 되었다(6-10절). 하나님은 그의 기도를 들으사 병을 고치시고 죄를 사하셨으며, 다윗은 하나님을 향한 찬양과 감사를 다짐했다(11-12절).

✚ 묵상 : 다윗이 고난 중에서 참된 평안의 안식으로 들어간 것은 무엇 때문일까요?(시30:1~3)
다윗은 하나님의 노염과 그의 은총에 대해서 어떻게 말했나요?(시30:5,11)

통일 주제 안식 (安息, 인간이 하나님의 은혜 안에서 영육간에 편안히 쉼을 얻음)

연합 내용 죄로 인하여 늙고 병들어 죽게 된 인간은 참된 안식을 소망하게 되었다. 오직 그 소망의 성취는 재물과 부요와 존귀와 수고에 있지 않고 주 예수 그리스도 안에서의 절기적 제사와 진실한 기도에 있다.

● 전도서 6장 솔로몬이 해 아래 있는 거짓된 안식을 소개함

전도자는 하나님의 은혜를 입지 못하는 인생이 얼마나 허무한가를 다시 한 번 강조하고 있다. 이런 인생은 재물도, 자손도, 모든 수고도, 장수도, 결국 허무하게 된다는 것이다. 전도자는 그 이유가 바로 하나님을 떠났기 때문이라는 허무의 근원적 원인을 다시 지적하고 있다.

✚ 묵상 : 솔로몬이 본 또 한 가지 불행한 일은 무엇이었나요?(전6:2)
솔로몬은 모든 사람이 자신의 무엇을 위하여 수고한다고 말했나요?(전6:7)

● 디모데후서 2장 모든 죄인이 예수 그리스도의 구원 안에서 안식함

바울은 디모데에게 신앙의 전수라는 소명을 상기시키는데, 이 소명을 이루기 위해서는 그를 강하게 하시는 예수 그리스도의 은혜에 능동적으로 반응해야 한다(1-2절). 충성된 일꾼은 모집한 자를 기쁘게 하는 병사이며, 자신에게 주어진 직분과 달란트와 환경에 대해 자족하며 그 안에서 최선의 경주를 하고는 사람이고, 곡식(=영원한 생명)을 먼저 받고 수고하게 될 농부와 같다(3-7절). 부활하신 예수 그리스도로 말미암아 고난을 이긴 자는 영광스런 구원을 얻게 된다(8-10절). 그리스도인은 그리스도와 연합한 자임을 기억해야 한다(11-13절). 부활을 부정하는 거짓 교사를 잘 분별하고 유익이 없는 그들과의 논쟁은 피하는 것이 지혜다(14-19절). 준비된 깨끗한 그릇이 되고 삶의 본을 보이는 목회자가 되며 특히 온유함과 가르치는 능력을 구비하되 진리에서 벗어난 자를 온유함으로 훈계해야 한다(20-26절).

✚ 묵상 : 바울은 목회자 디모데에게 어떤 사역자가 되라고 권면했나요?(딤후2:3~4,15)
바울은 인간을 무엇에 비유했으며 어떤 조건을 갖추어야 귀히 쓰임을 받는다고 했나요?
(딤후2:20~21)

기 도

- 주여, 하나님께서 우리에게 정해 주신 절기인 주일을 온전히 지키게 하옵소서.
- 주여, 하나님의 노염은 잠깐임을 알고 회개하여 평생의 은총을 얻게 하옵소서.
- 주여, 예수 그리스도의 사역자로서 의와 믿음과 사랑과 화평을 좇게 하옵소서.

4월 20 April 지속

레24 / 시31 / 전7 / 딤후3

● 레위기 24장 지속적으로 등잔불을 꺼뜨리지 않는 제사장

본장에는 등잔과 진설병에 관한 규례 및 여러 가지 살인죄와 상해죄에 대한 배상법이 구체적으로 언급되었다. 특별히 등잔과 진설병의 바른 관리법이 나타나고 있는데, 이 성물들은 다른 성물들에 비해 특별한 관리가 요구되었기 때문이다. 성물 관리에 대한 규례와 민형사상의 손해 배상에 관한 규례를 다루고 있다. 성막의 등잔은 항상 켜 놓아야 하며(1-4절), 매안식일에 성막의 상위에 진설병을 놓았는데 이는 제사장들만이 먹을 수 있다(5-9절). 한편 여호와의 이름을 모독한 자는 돌로 쳐 죽일 것이며(10-16절) 민형사상에 남에게 손해를 입힌 자른 행한 대로 갚도록 규정하고 있다(17-23절).

✚ 묵상 : 여호와 하나님은 감람유로 계속 등잔불을 켜두라고 하신 이유는 무엇일까요?(레24:2~3)
여호와의 이름을 모독한 자는 누구든지 어떻게 처단해야 할까요?(레24:11,14,16)

● 시편 31편 지속적으로 기도하여 건져내심을 받는 다윗

이 시는 다윗이 도피생활을 할 때 쓴 것으로 보인다. 쫓기는 신세가 된 다윗은 피난처요 산성이 되시는 하나님의 이름을 위해서라도 자신을 지켜 주시길 호소한다(1-4절). 다윗은 자신의 고난과 환난을 잘 아시는 하나님을 신뢰하며 그의 생명을 위임한다(5-8절). "나의 영을 주의 손에 부탁하나이다"라는 기도는 예수님과 스데반의 기도에서도 동일하게 발견된다. 하나님을 신뢰하는 기도를 드렸지만 다윗이 마주한 현실은 육체적 질병과 죽음의 고통이다(9-13절). 극한의 현실에도 불구하고 다윗은 하나님을 향한 신뢰의 고백과 구원을 간구한다(14-18절). 다윗은 하나님의 구원을 확신하며 감사와 찬양을 드리고 성도들에게는 여호와를 사랑하라고 권면한다(19-24절).

✚ 묵상 : 다윗이 지속적으로 부른 여호와 하나님의 이름은 무엇이었나요?(시31:2~3,5,14)
다윗은 기도 응답을 받았을 때 모든 성도들에게 어떤 말을 했나요?(시31:21,23~24)

통일 주제 지속 (持續, 어떤 상태가 끊이지 않고 오래 계속되거나 유지됨)

연합 내용 하나님은 성실하심이 크시고 영원하시다. 따라서 예수님을 믿은 하나님의 자녀는 기도와 말씀 그리고 제사드림과 경외함에 있어서 성실해야 한다. 성도의 능력은 성실함의 지속성에 있는 것이다.

● 전도서 7장 지속적으로 참된 신앙의 삶을 추구하는 인생

지혜자는 지금까지 인새의 허무함을 교훈했고 이제는 반대로 복된 인생에 대해 기리치고 있다. 복된 인생의 핵심은 지혜에 달려있는데, 이런 점에서 먼저 전도자는 지혜로운 인생의 특징을 논하면서 지혜로운 생활의 다양한 사례들을 제시하고 있다.

✚ 묵상 : 솔로몬은 불공평한 세상사를 이길 힘이 어디에 있다고 했나요?(전7:15~18,26)
솔로몬이 깨달은 매우 깊고 독특한 두 가지 내용은 무엇일까요?(전7:25~26,28~29)

● 디모데후서 3장 지속적으로 경건과 말씀을 통해 구원받는 성도

우리는 말세(=예수님의 초림-재림 사이의 기간)에 살고 있다. 말세는 철저히 자기중심적인 생각과 태도에서 비롯된 삶의 양상이 나타나기 때문에 말세는 고통하는 때다(1-5절). 자기중심적인 태도에 벗어난 모습이 하나님 사랑, 이웃 사랑의 삶이다. 당시에 교육을 받기 힘들었던 여성들은 배우고자 하는 열정이 강했는데 이들이 거짓 교사의 표적이다. 거짓 교사들은 때가 되면 실체가 드러나고 심판을 받게 될 것이다(6-9절). 바울의 가르침과 그가 보인 삶의 본보기는 디모데를 승리의 삶으로 이끌어 줄 것이다(10-13절). 무엇보다 구원에 이르는 지혜가 있으며 하나님의 사람으로 온전케 하는 성경을 잘 배우고 성경이 주는 확신 가운데 서야 한다(14-17절).

✚ 묵상 : 바울은 디모데에게 말세가 다가오면 인류사회 가운데 어떤 일들이 일어난다고 했나요?(딤후3:1~5)
바울은 디모데에게 말세에 승리하는 삶은 무엇 중심이어야 한다고 했나요?(딤후3:14~17)

기 도

- 주여, 주님과의 교제인 기도의 불을 꺼뜨리지 않게 하옵소서.
- 주여, 하나님의 건져주심을 체험한 자로서 모든 이에게 선포하게 하옵소서.
- 주여, 말세에 경건의 능력을 갖고 성경을 알며 전하는 자가 되게 하옵소서.

4월 21 April 속량

레25 / 시32 / 전8 / 딤후4

● 레위기 25장 채무와 빚에서 속량을 받음

본장에서는 안식년과 희년에 대한 규례가 언급되고 있다. 이제부터는 사회관계, 경제 관계의 성화에 대해 설명하고 있는 데, 먼저 이스라엘 민족에게 땅은 단순한 재산 이상의 의미를 지닌다. 왜냐하면 땅은 하나님의 구원과 축복을 보증하는 언약의 증표이기 때문이다. 일반 사회 규범 중에서 땅에 관한 규례를 중점적으로 다루고 있다.

토지를 경작할 때 칠 년째 되는 해에는 쉬게 해야 하며(1-7절), 오십 년째에 맞이하는 희년에는 토지를 쉬게 할 뿐만 아니라 매매된 토지를 원주인에게 모두 돌려주어야 한다(8-28절). 이외에 가옥 거래와 고리 대금 금지에 대한 규례가 언급되어 있다(29-38절). 특히 후반부에는 종에 대한 규례가 나오는데 동족 중에 종이 된 자는 피차 엄하게 다루어서는 안 되며 토지와 같이 희년이 될 때 자유인으로 풀어주어야 한다(39-55절). 이상과 같이 본장에 나타난 희년 제도는 고대 근동의 다른 사회에서는 볼 수 없는 제도로 언약 공동체만이 가지는 독특한 제도이다.

✚ 묵상 : 하나님은 모세와 이스라엘 자손에게 무엇까지도 안식케 하라고 하셨나요?(레25:4)
하나님은 사람의 채무관계 문제와 땅의 소유관계 문제 등을 어떤 절기제도를 통해 해결하셨나요?(레25:10,28,33,54)

● 시편 32편 허물과 죄에서 속량을 받음

참회시에 속하지만 주된 내용은 회개 이후의 기쁨과 감사다. 시인은 죄에서 돌이킨 후 죄 사함의 기쁨을 노래한다(1-2절). 시인이 죄를 숨기려 했을 때는 뼈가 상할 정도로 종일 신음했으나 죄를 자복한 후에는 비로소 죄 사함의 행복을 알게 되었다(3-9절). 죄 사함을 받은 자에게 주의 인자하심이 있으며, 그는 하나님을 기뻐하며 즐거워한다(10-11절).

✚ 묵상 : 신앙을 가진 다윗은 무엇이 복이라고 고백했나요?(시32:1~2,5)
다윗은 사람들에게 어떤 동물을 닮지 말라고 했나요?(시32:9)

통일 주제 속량 (贖良, 예수가 인간의 죄와 고난을 대신 담당함으로 그를 구원해 주는 것)

연합 내용 세상은 마귀로 인하여 악하고 인간은 부패함과 연약함 때문에 죄와 한계 속에서 산다. 성부, 성자, 성령 하나님은 채무와 빚, 허물과 죄, 불공평한 일, 고난과 해를 당하는 인생을 속량의 은혜로 구원해 주신다.

전도서 8장 불공평한 일에서 속량을 받음

지혜를 추구하는 복된 삶과 지혜로운 생활을 전도자는 이 세상을 살아가는 인생들에게 몇 가지 필요한 조언을 주고 있다. 먼저 이 세상 통치자들의 권세에 순종할 것을 권고한다.

✚ 묵상 : 솔로몬은 인생들이 악을 행함에 있어 담대한 이유를 무엇이라고 했나요?(전8:11)
솔로몬은 해 아래에서 벌어지는 모든 불공평한 일에서 속량을 받는 길은 무엇에 달려 있다고 했나요?(전8:12~13)

디모데후서 4장 고난과 해에서 속량을 받음

예수님이 심판의 주로 나타나시며 그의 나라가 곧 임할 것이기에 좋은 때든지 아니든지 상관없이 항상 복음 전파에 힘써야 한다(1-2절). 사람들은 진리의 말씀을 거부하고 자신의 귀를 즐겁게 할 허탄한 이야기를 따를 것이나 전도자는 순교의 각오로 직무를 감당해야 한다(3-5절). 선한 싸움을 다 싸우고 달려갈 길을 다 간 바울이 쓰게 될 의의 면류관은 주의 재림을 사모하는 모든 자를 위한 것이다(6-8절). 바울에게는 디모데, 마가, 두기고와 같은 좋은 동역자들도 있었지만 세상을 사랑하여 그를 떠난 데마와 같은 사람도 있다(9-12절). 바울은 개인적인 부탁과 함께 알렉산더에 대해 주의하라고 일러 준다(13-15절). 바울이 로마에서 처음 법정에 섰을 때 오직 주님만이 함께 하셨으며 그의 곁에 아무도 없었다고 말하며 문안인사와 함께 편지를 마친다(16-22절).

✚ 묵상 : 바울은 디모데에게 자신의 살아온 삶을 어떻게 표현했나요?(딤후4:7~8)
바울이 함께했던 자와 의지했던 자와 경계했던 자는 누구일까요?(딤후4:11,14)

기 도

- 주여, 우리에게 맡겨주신 하늘과 땅, 자연 모든 것을 온전히 다스리게 하옵소서.
- 주여, 우리로 하여금 영적인 복과 육적인 복을 분별하며 감사하게 하옵소서.
- 주여, 선한 싸움을 싸우는 주의 일꾼으로서 날마다 승리하게 하옵소서.

4월 22 April 경외

레26 / 시33 / 전9 / 딛1

● 레위기 26장 하나님을 경외하는 자가 우상을 만들지 않고 안식일을 지킴

26장과 27장은 레위기의 결론부이다. 26장에서는 지금까지 주신 하나님의 규례에 순종하는 자가 받을 축복과 순종하지 않는 자에게 임할 저주의 형벌이 언급된다. 특히 26장 전체에 "너희"라는 단어가 88번이나 나옴은 하나님께서 이스라엘 백성들에게 순종과 불순종에 따른 축복과 저주는 이스라엘 역사를 통해 그대로 성취될 예언적 성격을 띠고 있다.

출애굽기 23장에 나오는 시내 산 언약의 결론과 동일한 내용으로 계명에 대한 준수를 강조하기 위해 등장한다. 하나님은 우상 숭배를 금지하고 안식일 준수에 대해 다시 한번 강조한다(1-2절). 그리고 계명을 준수하는 자는 땅의 풍성한 소산을 먹게 하고 원수로부터 보호하실 것을 약속하신다(3-13절). 그러나 계명을 준수하지 않는 자는 그 수고를 헛되게 하고 대적의 침략에 의해 멸망당할 것임을 경고하고 계신다(14-39절). 그러나 하나님은 이스라엘 백성의 완악함을 아시고 죄로 인한 심판 가운데서도 회개함을 통해 다시 축복을 얻을 수 있는 길을 열어 놓으셨다(40-46절).

✚ 묵상 : 여호와 하나님께서 반드시 지키라고 하신 규례와 계명은 무엇일까요?(레26:1~3)
규례와 계명을 지키지 않으면 몇 배의 벌을 받고, 다시 자복하고 돌아오면 어떤 은혜를 베풀어 주신다고 했나요?(레26:18,21,24,28,40~42,44~45)

● 시편 33편 하나님을 경외하는 자가 그를 찬양하며 즐거워하고 의지함

창조주 하나님의 통치와 다스림, 보호하심에 대한 찬양이다. 다윗은 악기를 동반하여 기쁨으로 찬양하며, 회중에게 여호와를 즐거워하라고 선포한다. 우리는 하나님의 창조의 역사, 그리고 진실과 공의의 성품을 찬양해야 한다(4-8절). 우리는 하나님의 선택과 통치를 찬양해야 한다(9-19절). 마지막으로 우리는 하나님의 인자하심을 찬양해야 한다(20-22절).

✚ 묵상 : 여호와를 경외하는 의인과 정직한 자들은 항상 무엇을 즐겁게 할까요?(시33:1~3)
여호와 하나님은 자신을 경외하는 자들에게 어떤 은혜를 베푸실까요?(시33:12,18~19)

통일 주제 경외 (敬畏, 하나님을 공경하고 두려워 함)

연합 내용 하나님은 우리를 창조하시고 구원하셨다. 그러므로 우리는 우상을 만들지 말고 주일을 지키며 즐겨 찬양하고 주신 것을 감사함으로 누리며 주신 소명에 따라 전도하고 일꾼을 세워 그 나라와 의를 이루어 가야 한다.

● 전도서 9장 하나님을 경외하는 자가 그 손 안에서 복을 받으며 누림

전도자는 본장 전반부에서 어떤 인생도 비껴갈 수 없는 죽음의 문제를 거론하면서 죽음이 이르기 전까지 세상에서 하나님이 주신 복된 삶을 아름답고 즐겁게 살도록 권면하고 있다. 그리고 그 비결은 인생의 주관자이신 주님을 의지함으로써 가능하다고 가르치고 있다.

✚ 묵상 : 솔로몬은 모든 사람의 미래의 일들이 누구 손에 달려 있다고 했나요?(전9:1)
솔로몬은 해 아래서 하나님이 주신 어떤 복을 즐겁게 여기라고 했나요?(전9:4,7,9~10)

● 디도서 1장 하나님을 경외하는 자가 전도를 하며 일꾼을 세우고 가르치며 꾸짖음

바울은 디도를 그레데(Crete)교회에 파송하면서 디도서를 썼다. 디도에게는 목회지침이고 성도에게는 제직교육이 된다. 그리스도인이 소유한 영생의 소망은 주께서 영원 전부터 약속하신 것인데 복음전파를 통해 나타난다(1-4절). 바울의 첫 번째 권면은 교회의 지도자를 세우라는 것이다(5-9절). 주목할 부분은 가정을 잘 다스려야 한다는 내용(책망할 것이 없는 한 아내의 남편이며 방탕하지 않고 믿는 자녀를 둠)이 먼저 등장한다는 것이다. 교회의 지도자는 일상의 삶이 복음의 통로가 되어야 하며 말씀을 지켜 행하는 자라야 한다. 할례를 구원의 조건으로 말하는 자와 허탄한 논쟁을 즐기며 거짓 교훈을 따르는 자를 주의하고 각종 정결 규례와 금기조항을 만들어 놓고 입으로만 하나님을 시인하고 행위로는 부인하는 자들을 멀리해야 한다(10-16절).

✚ 묵상 : 바울은 디도에게 거짓이 없으신 하나님이 자신에게 무엇을 맡겼다고 했나요?(딛1:2~3)
바울은 디도에게 어떤 두 가지 일을 맡겼나요?(딛1:5,10~11,13)

기 도

- 주여, 주님의 규례와 계명을 지켜 벌을 피하고 복을 누리며 평안케 하옵소서.
- 주여, 하나님을 경외함으로 그 능하신 손 아래서 미래의 일을 이루게 하옵소서.
- 주여, 거짓이 없으신 하나님의 말씀을 전하며 일꾼을 세우는 자가 되게 하옵소서.

4월 23 April 작정

레27 / 시34 / 전10 / 딛2

● 레위기 27장　선민이 예물과 집과 땅으로 서원하여 작정함

레위기의 결론인 전장에 이어 본장은 부록의 성격을 띠고 있는데 주로 하나님께 바쳐지는 서원과 십일조에 관한 규례를 다루고 있다. 신정 사회인 이스라엘에 있어 십일조와 서원 등은 특별히 중요 의미를 지니고 있었기 때문이다. 본장에는 사람에 대한 서원(1-8절)과 생축(9-13절), 가옥(14-15절) 그리고 토지에 대한 서원(16-25절)이 나타난다. 이러한 서원은 의무가 아니고 자유이지만 한 번 서원한 것은 반드시 지켜야 하고 무르기 위해서는 해당 금액에 오분의 일을 더하여 제사장에게 바쳐야 한다. 한편 초태생은 반드시 하나님께 바쳐야 하며(26-29절), 모든 소산의 십분의 일을 하나님께 드리도록 명하고 있다(30-34절).

✚ 묵상 : 여호와는 이스라엘 자손에게 무엇으로 서원할 수 있음을 말씀하셨나요?(레27:2,9,14,16)
여호와는 무엇과 무엇이 하나님의 소유임을 말씀하셨나요?(레27:26,30)

● 시편 34편　다윗이 고난 중에 찬송과 기도와 선을 작정함

다윗이 사울에게 쫓겨 블레셋으로 망명을 간 이후, 아비멜렉 앞에서 미친 체하다가 쫓겨나서 지은 시다. 목숨을 구걸해야 하는 인생의 바닥을 경험하는 중임에도 그는 하나님의 선하심과 위대하심을 선포한다. 그가 하나님을 높이는 이유는 비록 자신의 형편은 비참하기 이를 데 없지만, 자신의 부르짖음에 하나님이 응답하셔서 모든 환난에서 구원해 주실 것을 여전히 신뢰하기 때문이다(5-7절). 그리고 주의 백성들에게도 여호와를 송축하라고 선포한다. 하나님은 선하시며, 그에게 피하는 모든 자를 구원하시며, 모든 좋은 것에 부족함이 없게 하시는 분이기 때문이다(8-10절). 의인은 고난이 많지만 하나님은 의인을 도우신다(18-22절).

✚ 묵상 : 다윗은 힘들 때 하나님께 무엇을 하라고 말했나요?(시34:4,6,15,17)
다윗은 장수와 복 받는 것이 무엇에 달려 있다고 말했나요?(시34:8~9,12~14)

통일 주제 작정 (作定, 일을 어떻게 하기로 마음속으로 단단히 결정함)

연합 내용 믿는 자는 평안할 때보다 어려운 일이 있을 때 하나님을 향하여 작정을 하게 된다. 때로는 물질로, 때로는 경건으로, 때로는 생활로, 때로는 성품으로 결단하고 작정하여 일을 견뎌내고 해결해 간다.

● 전도서 10장 지혜자가 마음과 말과 행함으로 삶을 작정함

본장에서는 우매자와 지혜자의 특징을 비교하고, 우매자가 잠깐은 번성하는 것 같지만 궁극적으로는 지혜자가 하나님께 인정을 받게 된다는 사실을 상기 시킨다. 그러나 이 제반 내용들의 상당 부분이 통치자를 겨냥하고 있음은 의미심장하다고 볼 수 있다.

✚ 묵상 : 솔로몬은 어떤 존재가 인간의 삶 속에 폐해를 일으킨다고 말했나요?(전10:1,8~9,16)
솔로몬은 지혜자와 우매자를 무엇으로 구분했나요?(전10:2~3,10,12)

● 디도서 2장 성도는 믿음과 사랑과 신중함으로 일을 작정함

바울은 디도가 그레데 교회 성도들에게 무엇을 가르쳐야 하는지 늙은 남자와 늙은 여자, 젊은 여자와 젊은 남자, 종 이렇게 5개 부류로 구별하여 자세하게 가르친다(2-10절). 경건과 자기 절제, 자신의 위치에서 소임을 다하는 것으로 정리할 수 있다. 하나님의 구원의 은혜는 우리로 하여금 경건하지 않은 것과 정욕을 버리고 의와 경건과 신중함을 추구하게 한다(11-12절). 성도는 불법에서 속량하여 깨끗케 하기 위하여 자신을 내어 주신 그리스도께서 주신 영생의 소망을 가지고 그의 재림을 기다리며 사는 존재이다(13-14절). 디도는 그에게 주신 영적 권위로 담대하게 이것을 가르쳐야 한다(15절).

✚ 묵상 : 바울은 디도에게 무엇과 무엇에 따라 성도를 교훈하라고 했나요?(딛2:1~10,15)
바울은 하나님이 믿는 성도들을 어떻게 양육하신다고 말했나요?(딛2:11~14)

기 도

- 주여, 때로는 하나님의 영광과 자신의 열매를 위해 서원하게 하옵소서.
- 주여, 어떤 상황 속에서도 기도와 지혜로 풀어가도록 역사하여 주옵소서.
- 주여, 영혼들의 다양함과 죄악됨을 파악하고 바른 교훈으로 양육하게 하옵소서.

4월 24 April

점검

민1 / 시35 / 전11 / 딛3

● 민수기 1장 2년2월1일에 싸움에 나갈 자를 계수하여 점검함

출애굽한 이스라엘이 약 1년간 머물던 시내 산을 출발하기 전 하나님의 명령으로 인구조사를 실시하는 장면이다. 이 조사는 광야 여행을 효율적으로 진행하고 군대 체제로 개편해 가나안 정복 전쟁을 효과적으로 수행하기 위해 실시되었다.

이 같이 레위인들은 이스라엘의 허다한 사람들 중에서 특별한 사람들이었다. 이들은 하나님에 의해서 그와 같은 위치에 있게 되었다. 회중과 같이 이들의 특수성은 하나님과 그들과의 관계에서 드러난다. 하나님과 긴밀한 관계를 가지는 것은 언제나 우리로 하여금 다른 사람들의 시야에서 특수한 관계를 갖게 한다. 이것은 우리들의 마음에 중요한 의미를 갖게 한다.

✚ 묵상 : 여호와는 몇 세 이상, 어떤 목적으로 12지파를 계수하라고 하셨나요?(민1:3)
여호와는 왜 레위지파를 계수에서 제외하라고 하셨나요?(민1:49~51,53)

● 시편 35편 다윗이 고난 중에 자기신앙을 기도와 찬양으로 점검함

이 시는 다윗의 시이다. 이 시는 표제에서 본대로 다윗이 사울의 박해를 당할 때이거나 압살롬의 반역에 의해서 경험하였던 사실들에 대한 표현 같다. 저자는 여기서 하나님을 곤경에 빠져 허덕이는 외로운 자들을 수호하는 투사이자, 억울한 자들이 최후로 호소할 공정한 재판장으로 묘사하고 있다.

이 점에서 이 시는 다윗이 겪은 생활의 한 면을 바로 보여준다고 할 수 있다. 사람이 경건하게 살려고 하면 할수록 무서운 고난과 박해를 각오하여야 한다. 이것은 그리스도의 삶과 그의 제자들의 생애에서 충분히 입증되었고, 역사 속에서 증언하는 사실들이다.

✚ 묵상 : 다윗이 역경 속에서 여호와께 기도할 때 구체적으로 무엇을 요청했나요?(시35:1~3,17,23)
다윗이 원수의 진멸을 구하면서도 순간순간 잃지 않은 것은 무엇일까요?(시35:9,18,28)

통일 주제 점검 (點檢, 하나하나 상황과 상태를 자세히 검사함)

연합 내용 성도는 날마다 자신의 상황과 상태를 점검해야 한다. 선민공동체의 수요상황, 개인의 신앙상태, 개인의 행동양식, 공동체 안에서의 이단파악 등을 항상 조사하고 점검하여 온전한 열매를 맺고 유지해야 한다.

● 전도서 11장 앞날을 모르는 자가 지혜로운 판단으로 자신을 점검함

본장에서는 하나님의 백성이 세상을 사는 동안 지켜야 할 삶의 지혜를 가르친다. 그것은 베푸는 지혜, 기회를 아는 지혜, 인간의 한계를 깨닫는 지혜, 청년들이 마땅히 배워야 할 지혜이다.

해 아래에서 행해진 모든 일들을 회상해 본 후에 '전도자'는 "헛되고 헛되다"라는 우울한 신조와 불안한 진리를 되풀이함으로 자신의 연구를 끝맺는다.

✚ 묵상 : 솔로몬은 미래를 알지 못하는 인생들에게 무엇을 하라고 했나요?(전11:1~2,6)
솔로몬은 청년에게 자유 속에서 무엇을 기억하라고 했나요?(전11:9)

● 디도서 3장 구원받은 성도는 복음과 바른 행실로 이단을 점검함

바울은 디도에게 그가 전에 가르쳤던 내용(=권세에 순복, 선행, 비방 & 다툼금지, 온유함)을 성도들이 기억하게 하라고 명한다(1-2절). 우리는 전에 죄인이었으나 삼위일체 하나님의 구원사역으로 인하여 영생의 상속자가 되었다(3-7절). 우리는 전에 불의와 악독함과 정욕과 투기 등 많은 죄 가운데 있었음을 항상 기억하여 영적, 도덕적 우월감이나 교만함에 빠지지 말아야 한다. 오직 주의 긍휼에 힘입어 영생의 상속자가 되었음을 담대하게 전하되 복음의 본질과 상관없는 변론이나 족보 논쟁은 피하고 이단은 멀리해야 한다(8-11절). 마지막으로 바울은 아데마와 두기고를 그레데로 보내기로 하면서 디도를 자신이 있는 곳으로 부르는데, 그전에 세나와 아볼로를 급히 먼저 보내겠다고 전하며 글을 마친다(12-15절).

✚ 묵상 : 바울은 하나님이 죄로 죽은 우리 영혼을 무엇으로 살리셨다고 했나요?(딛3:5)
바울은 이단에 대해서 어떻게 대하라고 말했나요?(딛3:10)

기 도

- 주여, 항상 영적 전쟁을 위해 전세를 파악하고 대비하게 하옵소서.
- 주여, 항상 하나님의 개입하심을 소망하고 기도하며 찬양하게 하옵소서.
- 주여, 항상 공동체를 지키기 위해 이단을 파악하고 멀리하게 하옵소서.

4월 25 April 위치

민2 / 시36 / 전12 / 몬1

● 민수기 2장 12지파가 동남서북으로 진영을 친 위치

하나님의 백성들은 하나님에 의해서 하나님의 영광을 위하여 분류된다. 이곳에서는 그와 같은 내용이 나온다. 이스라엘의 군사들은 여호와에 의해서 진영으로 분류되었다. 그리고 매 진영은 그의 기호를 갖고 있었다. 구름 기둥이 움직였을 때에 이들이 행한 순서는 여호와에 의해서 특별하게 규정되었다. 이것은 그들의 모든 삶이 사람이 아니고 하나님의 기준에 의해서 되어졌다는 것을 알게 하여 준다. 하나님의 백성들은 사람의 기준이 아니고 하나님의 기준을 따라야 한다. 이것은 옛날이나 지금이나 변함없는 하나님의 백성이 살아야 할 기준이다.

이 배열은 의심의 여지없이 깊은 도덕적 의미를 가진다. 이 순서는 출생이나 순서에 의해서 되어지는 것이 아니다. 먼저 간 유다는 야곱의 네 번째 아들이었고, 맨 나중에 간 진영은 전 진영 중에서 두 번째로 큰 진이었다. 성물들과 제자들이 영적인 의미가 풍성한 것 같이 하나님의 부르심에 복종하는 대행진에서 여러 위치는 주님과 함께 순례자의 길을 걸어가는 우리를 위하여 영적인 의미를 준다. 이들 진영의 이름과 서로 간에 관계된 도덕적인 관계는 우리로 하여금 진리를 알게 하는 핵심을 제공하여 준다. 그리고 우리에게 많은 것을 알게 하여 준다.

✚ 묵상 : 여호와 하나님은 12지파의 계수가 끝난 후 무엇을 편성하라고 하셨나요?(민2:2)
동쪽과 서쪽에 진을 친 지파는 어느 지파였나요?(민2:3,5,7,18,20,22)

● 시편 36편 다윗이 악인과 다르게 영혼의 거처를 둔 위치

악인은 하나님을 두려워하지 않으며 자신의 죄가 드러나지 않을 것이라 착각하고, 죄와 거짓된 말을 하며 지혜와 선행이 없고, 스스로 악한 길로 나아가고 죄를 계획한다(1-4절). 반면 하나님을 경외하는 다윗은 하나님의 인자와 성실, 주권을 찬양한다(5-6절). 하나님의 인자하심은 온 세상에 충만하다(7-9절). 마지막으로 주의 백성에게는 인자를, 악인들에게는 공의를 나타내 주시길 간구한다(10-12절).

✚ 묵상 : 다윗은 여호와 하나님의 무엇을 고백하고 찬양했나요?(시36:5~7)
다윗은 생명의 원천이 누구에게 있다고 했나요?(시36:9)

통일 주제 위치 (位置, 사람이나 사물이 어떤 특정한 곳에 자리를 정함)

연합 내용 사람은 언제나 공간적으로나 신분적으로 제약을 받는다. 그러므로 자기 자신을 어디에 위치시키느냐에 따라 생의 결과가 달리진다. 개인이든 단체든, 영혼이든 육신이든, 주인이든 종이든 위치선정이 중요하다.

전도서 12장 청년이 쇠하기 전에 착념해야 할 마음의 위치

다양한 경험을 통해서 인생의 허무함을 상기시킨 전도자는 본장에서 결론적으로 창조자를 기억하고 하나님을 경외하는 것이 인생의 본분이요 행복의 비결임을 단언하며 전도서를 끝맺는다. 결국 모든 것을 다 들은 이제 신적 보응의 확실성과 최종성은 때로 어리석었던 다윗의 아들이 찾고 있던 인생의 의미를 부여하려고 한다. 인생에서 그 몫이 무엇이든 때로 그 길을 감추고 알려주지 않으시는 하나님과 결산해야 하고, 그 결과는 영원해서 돌이킬 수 없다.

✚ 묵상 : 솔로몬은 청년의 때에 무엇을 하라고 권면했나요?(전12:1~2)
솔로몬은 노년의 모습을 어떻게 묘사했나요?(전12:3~6)

빌레몬서 1장 오네시모가 빌레몬 앞에서 새롭게 된 위치

빌레몬서는 철저한 신분제 사회에서 오직 복음으로만 가능한 놀라운 역사를 전해 준다. 복음을 전하다가 옥에 갇히게 된 바울은 빌레몬과 압비아, 아킵보 및 빌레몬의 집에 있는 교회에 편지한다(1-3절). 바울은 빌레몬의 성도에 대한 사랑과 믿음에 감사하면서 사도의 권위가 아닌 사랑의 마음으로 오네시모의 신변에 관한 부탁을 한다(4-14절). 무익한 자라는 표현에서 오네시모가 주인에게 잘못을 저지르고 도망간 종임을 유추할 수 있다. 그러나 오네시모는 바울을 통해 복음을 접하고 지금은 바울의 중요한 동역자가 되어 있다. 바울은 오네시모와 함께 사역할 수 있도록 빌레몬에게 허락을 구한다(15-19절). 바울은 빌레몬의 결정이 자신에게 기쁨과 평안을 줄 것을 확신한다(20-25절).

✚ 묵상 : 바울이 빌레몬에게 오네시모를 자기 곁에 두지 않은 이유를 무엇이라고 했나요?(몬1:13~14)
바울이 빌레몬에게 오네시모에 대해서 간곡히 부탁한 것은 무엇일까요?(몬1:16~17)

기 도

- 주여, 나와 우리 가정을 주님 곁에 위치하도록 결단하는 용기를 주옵소서.
- 주여, 다음세대 청년들이 젊었을 때에 창조주를 기억하게 하옵소서.
- 주여, 모든 이해관계를 초월하여 주를 위한 진정한 동역자가 되게 하옵소서.

4월 26 April 소유

민3 / 시37 / 아1 / 히1

● 민수기 3장 레위지파와 첫 것은 하나님의 소유

민수기 3장은 레위 사람들의 1개월 이상 된 자들의 수가 22,000명임과 또 그들의 직무와 진영을 친 위치를 증거한다. 또한 병역이 면제된 레위 자손이 이스라엘을 대표하여 제사장이나 일반 성막 봉사자로 일하게 된 사실과 레위 지파 내 각 가문의 직무와 인구수 점검 및 레위인보다 273명 많은 이스라엘 장자들의 속전에 관한 내용이 소개되고 있다. 한편 이스라엘 장자들을 속한 레위인의 역할은 궁극적으로 메시야의 대속 사역을 예표한다(요 17:6, 9).

✚ 묵상 : 여호와 하나님이 시내산에서 모세와 말씀하실 때에 아론에게 네 명의 아들을 주셨는데 그 아들 중 나답과 아비후는 왜 시내광야에서 죽었을까요?(민3:4)
레위인과 이스라엘자손 중 처음 난 1개월 이상된 남자의 수는 각각 몇이며 그 차이를 하나님은 어떻게 해결하라고 하셨나요?(민3:39,43,46~50)

● 시편 37편 땅은 의인과 온유한 자의 소유

악인의 형통 및 악인으로 인한 의인의 고통은 쉽게 풀리지 않는 숙제다. 시인은 악인으로 인해 불평하거나 시기하지 말고(1, 2절) 하나님을 신뢰하고 선을 행하라고 한다(3-6절). 우리는 하나님을 신뢰하며 하나님이 어떻게 하시는지를 기다려야 한다(7-9절). 참된 믿음을 소유한 자는 기다릴 줄 안다. 의인과 악인의 삶의 형편을 볼 때 불공평해 보이는 일들이 많이 일어나지만, 분명한 것은 의인과 악인의 마지막은 완전히 대조적이라는 것이다(20-22절). 하나님은 의인을 버리시지 않으며(27-29절) 의인을 보호하시고, 악인은 결국 심판하신다(30-40절).

✚ 묵상 : 다윗은 무엇에 대하여 불평하지 말라고 말했나요?(시37:1,7~8)
다윗은 어떤 자가 땅을 차지한다고 말했나요?(시37:9,11,22,29,34)

통일 주제 소유 (所有, 한 존재가 차지하여 소속되며 전적으로 영향을 받게 되는 관계)

연합 내용 세상의 모든 것은 주인이 있다. 천지만물은 하나님의 소유다. 하나님은 특정한 것을 소유하심으로 전체의 주권을 보여주신 주인이시다. 또한 사랑의 하나님은 인간에게 땅과 사람을 소유하도록 허락하셨다.

● 아가 1장 사랑받는 자는 사랑하는 자의 소유

일부 사람들이 아가를 사랑 이야기 정도로 가볍게 생각하고 이를 무시해 버리는 경우가 있으나, 아가는 비유와 풍유를 사용하여 영적인 진리를 보여주고 있다. 신부가 사랑하는 자에 대한 사모의 정을 독백으로 노래하고 신부의 지극한 사랑 고백에 신랑이 기쁨으로 화답한다. 하나님이 허락하신 가장 아름답고 지순한 사랑을 오감(五感)에 호소하는 풍부한 비유적 표현들이 넘치고 있다. 특히 아가는 구원에 대해서 일체 언급하지 않고 있고, 죄인과 관계된 문제점도 다루지 않고 있다. 아가의 주제는 구원이나 믿음이 아니라 사랑이다. 예수님께서는 자신을 신랑으로 비유하셨다(마 25:1-13). 아가는 신랑과 신부의 사랑의 관계를 예수 그리스도와 교회와의 관계로 잘 표현하고 체계화시킨 신학이라고 할 수 있다.

✚ 묵상 : 솔로몬의 사랑을 받는 자는 자신을 스스로 어떻게 묘사했나요?(아1:5~6)
솔로몬은 자신이 사랑하는 자를 어떻게 묘사했나요?(아1:9~10,13~15)

● 히브리서 1장 모든 피조물은 예수 그리스도의 소유

히브리서는 하나님의 아들 예수 그리스도, 우리의 대제사장 되시는 예수 그리스도에 대한 탁월함, 우월함에 대한 위대한 교훈이다. 예수 그리스도는 선지자들보다 우월하다(1-4절). 하나님의 본성을 그대로 가지고 계시며, 세상을 창조 및 운행하시고, 죄를 사하시고, 하나님 우편에 계신다. 예수 그리스도는 천사보다 뛰어나다(5-14절). 예수님은 하나님이 만드신 모든 것을 통치하는 권한이 있으시며, 왕으로서 하나님 우편에 계시고, 변함이 없고 영원하다. 반면 천사는 예수님을 경배해야 하며, 하나님과 성도를 섬기는 존재다. 천사는 감히 예수님과 비교의 대상이 될 수 없는 존재다.

✚ 묵상 : 히브리서 기자는 예수님을 어떻게 설명했나요?(히1:2~4)
히브리서 기자는 예수님이 누구보다 뛰어나시다고 했나요?(히1:5~6,13)

기 도

- 주여, 우리로 하여금 온전한 제사를 드리게 하옵소서.
- 주여, 우리로 하여금 우리를 대신하여 속전이 되신 주님을 섬기게 하옵소서.
- 주여, 모든 피조물과 천사보다 뛰어나신 예수님을 온전히 높이게 하옵소서.

4월 27 April 담당

민4 / 시38 / 아2 / 히2

● 민수기 4장 고핫 게르손 므라리 자손이 회막의 일을 담당

이스라엘 백성의 종교생활에는 회막 곧 성막이 매우 중요하였다. 그것은 예수 그리스도의 대속 사역을 상징한 것이었기 때문이다. 예수 그리스도의 대속 사역은 모든 죄 문제의 해결이 되었다. 그것이 없었다면, 아무도 구원을 받지 못했을 것이다.

또한 이곳에서 저곳으로 성막과 그에 속한 기물을 운반하는 일에서 여러 종류의 일꾼들이 필요하였다. 우리가 생각하는 대로 게르손 자손의 일은 휘장을 살피는 것으로서, 20여 명이면 족할 것 같이 보인다. 그러나 바로 이 일을 위하여 2,630명이 구별되었다. 이것은 우리에게 하나님의 일은 사소한 것도 없고 시시한 것도 없다는 것을 교훈해준다. 성물을 쌓아서 운반하게 준비하는 일은 아론과 그의 아들들이 행하였다(5-15절). 성직에 헌신된 사람들의 손에 의해 그와 같은 성물이 취급되었다. 그 기물을 운반하는 자들은 레위의 가족들로 고핫 자손, 게르손 자손 그리고 므라리 자손들이었다. 이것은 다른 자손들이 이와 같은 성물을 다룰 수 없어서 이들을 뽑은 것이 아니고 하나님의 이 일을 위하여 선택된 이들이 바로 그 일을 해야 되었기 때문이다.

✚ 묵상 : 레위 자손 중 고핫 자손은 어떤 일을 하며 그 수는 얼마나 될까요?(민4:4~15,36)
게르손과 므라리 자손은 어떤 일을 하며 그 수는 얼마나 될까요?(민4:24~26,40,29~32,44)

● 시편 38편 다윗이 고통과 단절로 자신의 죄 값을 담당

하나님의 백성은 하나님께 징계를 받는 중에도 하나님께 더 가까이 나아가야 한다. 마치 꾸중을 들은 아이가 부모의 품에 달려와 안기는 것처럼. 다윗은 지금 그의 범죄로 인해 징계를 받고 있다. 그는 하나님이 분노로써 징계하지 않으시기를 간구한다. 분노로 징계하신다는 것은 버리신다는 의미다. 그는 범죄로 인한 하나님의 징계로 몸과 마음이 병들었다. 자신의 절망적인 상황을 고백하며(2-8절), 회복을 위해 간구한다(9, 10절). 그는 하나님의 응답을 기다리며(15-20절) 다시 한번 하나님이 자신을 버리지 마시길, 멀리하지 마시길 간곡히 호소하며 기도를 마친다(21-22절).

✚ 묵상 : 다윗은 자신의 죄악을 누가 심판하시며 또한 구원하신다고 믿었나요?(시38:1~2,15,21~22)
다윗은 무엇 때문에 고통과 단절을 경험하게 되었나요?(시38:3~4,11,18)

통일 주제 담당 (擔當, 어떤 일을 책임지고 맡음)

연합 내용 예수 그리스도는 인간을 구원하시기 위해 대속의 고난을 담당하셨다. 그러므로 구원받은 그리스도인은 주의 일을 담당하고 또 잘못하면 죄값을 담당하며 믿는 자간에는 사랑과 행복을 담당해야 한다.

● 아가 2장 사랑함으로 서로 속한 자는 상대의 행복을 담당

본장은 신랑과 신부의 사랑이 결혼으로 승화되기 전 신랑을 향한 신부의 밝고 화사한 사랑의 노래가 불려지고 있다. 한편 신랑 신부의 봄 같은 사랑이 피어오르는 것과 동시에 그 사랑을 방해하는 작은 여우의 활동도 시작되고 있다.

✚ 묵상 : 솔로몬은 사랑하는 여자를 어떻게 표현했으며 무슨 의미일까요?(아2:2,14)
사랑하는 여자는 솔로몬을 어떻게 표현했으며 무슨 의미일까요?(아2:3)

● 히브리서 2장 예수가 모든 사람을 위하여 죽음의 고난을 담당

하나님 보좌 우편에 앉아 만유를 다스리시는 아들 예수 그리스도의 존재(1장)와 복음의 메시지가 흘러 떠내려가지 않도록 들은 것에 더욱 유념해야 한다(1절). 천사를 통해 전해진 말씀을 어기는 것에 보응이 있음을 안다면 아들을 통해 전해진 말씀에 대한 불신은 더욱 큰 보응이 있음을 생각해야 하기 때문이다(2-4절). 하나님은 십자가의 고난을 위해 잠시 천사보다 못한 존재가 되게 하셨던 예수 그리스도께 장차 오게 될 하나님 나라를 온전히 맡기셨다(5~9절). 예수님은 많은 아들들을 이끌어 영광(=죄 사함과 구원)에 들어가게 하시기 위해 혈과 육을 가지고 이 땅에 오셔서 고난을 받으셨다(10-17절). 그러나 예수님은 시험을 받아 고난을 당하였으되 죄는 없으시기 때문에 우리를 능히 도우실 수 있다(18절).

✚ 묵상 : 히브리서 기자는 예수님의 인류구원 사역을 어떻게 묘사했나요?(히2:9~10,14,17)
히브리서 기자는 구원받은 자를 어떻게 부르며 어떤 유익이 있다고 했나요?(히2:11~12,18)

기 도

- 주여, 성도로서 자신에게 주어진 거룩한 일을 발견하고 충성하게 하옵소서.
- 주여, 우리의 구원과 심판이 하나님께 있음을 알고 온전히 믿게 하옵소서.
- 주여, 우리가 세상에서 예수 그리스도를 온전히 전하고 변론하게 하옵소서.

4월 28 April 조심

민5 / 시39 / 아3 / 히3

민수기 5장 이스라엘 자손이 진영에서 나병과 유출증과 범죄를 조심함

5장은 세 가지 내용을 기록한다. 첫째는 진영을 성결하게 하라는 명령이며, 둘째는 죗값을 온전히 갚으라는 법이며, 셋째는 의심의 소제, 곧 질투의 소제에 관한 법이다.

또한 5장에서 광야 여정을 본격적으로 시작하기 전 이스라엘 진영 내의 의식적 부정을 일소하라는 명령과 함께 이웃에게 행한 죄를 해소하는 방법 및 남편에게 의심받는 아내를 판결하고 그 문제를 해결하는 방법 등이 제시되고 있다. 이를 통해 아무리 거칠고 열악한 광야라고 할지라도 하나님의 백성으로서의 거룩은 절대적으로 요구됨을 깨우치고 있다.

✚ 묵상 : 여호와 하나님은 어떤 자들을 진영 밖으로 내 보내도록 하셨나요?(민5:2~3)
여호와는 사람이 죄를 지었을 때 상대방에게 어떻게 갚도록 말씀하셨나요?(민5:6~8)

시편 39편 연약한 다윗이 하나님과 사람 앞에서 말과 행위를 조심함

본편의 주제는 '인생의 무상함'인데 저자는 이 주제 하에 인간의 존재의 근본 문제를 피력하고 있다. 저자는 자신이 떨어지지 않기 위하여 조심하고 있음을 우리로 하여금 알게 한다. 이 시는 놀라운 영적 체험에서 나온 고백적인 시이다. 다윗과 같이 우리도 이와 같은 문제에 대하여 관심을 가져야 할 것이다.

또한 본편은 그 저작 배경도 불투명하지만 그 해석도 관점에 따라 다양하다. 그러나 이 시는 다윗이 임종에 임박하여서 인생의 연약함과 이 땅에서 노력한 일들의 무상함을 뼈저리게 통감하면서 오르지 하나님 앞에 돌아와 삶을 정리하는 자세로 죄의 용서와 구원을 노래한 시라는 것이다.

✚ 묵상 : 다윗이 하나님과 사람 앞에서 항상 조심했던 것 중의 하나는 무엇일까요?(시39:1~2,9)
다윗은 자신의 수명에 대하여 어떻게 이해했나요?(시39:4~5,12)

통일 주제 조심 (操心, 잘못이나 실수가 없도록 말이나 행동에 신경을 씀)

연합 내용 성도는 주의 말씀과 계명 안에서 자유한다. 그러므로 늘 주님에게서 멀어지지 않도록 조심해야 한다. 특히 부정한 곳에 머무르지 않도록 해야 하며, 말과 행동뿐 아니라 완고한 마음과 유혹을 조심해야 한다.

● 아가 3장 찾고 찾았던 사랑이 주변으로부터 방해받지 않도록 조심함

술람미 여인은 사랑의 위기를 경험하고 있다. 솔로몬이 잠시 떠난 것이다. 술람미 여인은 솔로몬이 잠시 떠나 있는 동안 자신이 소유한 사랑을 상실할까봐 두려워하고 있다. 인간은 가장 행복한 순간 불행을 생각하는 나쁜 습관이 있다. 그러나 사랑의 포도원을 침입한 '작은 여우'의 방해에도 불구하고 사랑의 열기가 식지 않았으며, 술람미 연인은 만남의 기회를 잘 붙잡았고 지혜롭게 행하여 마침내 솔로몬과의 결혼에까지 이끌었던 것이다. 술람미 여인은 솔로몬을 만나 사랑을 꽃피웠으며, 아름다운 사랑의 열매를 맺게 되었다.

✚ 묵상 : 술람미여인이 사랑하는 자를 위해 했던 두 가지 행동은 무엇일까요?(아3:1~2,5)
솔로몬이 술람미를 향하여 보낸 가마는 어떤 모양이었나요?(아3:9~10)

● 히브리서 3장 그리스도와 함께 참여한 자가 하나님께로부터 떨어질까 조심함

하늘의 부름을 받은 거룩한 형제인 우리들은 모세와 같이 하나님 앞에 신실함을 나타내신 대제사장 예수 그리스도를 깊이 생각해야 한다(1-2절). 모세와 예수님은 신실함이라는 공통점을 가지고 있지만 집을 지은 자(=창조주)와 집(피조물)이라는 큰 차이가 있으며, 무엇보다 예수님은 만물을 지으신 하나님과 동등하신 분이시다(3-4절). 또한 모세가 종으로서 신실함을 보였다면 예수님은 아들로서 신실함을 나타내셨다(5-6절). 하나님의 말씀에 대해 거역을 일삼으며 완고히 행하다가 멸망당한 조상들이 그랬던 것처럼 신실한 아들 예수 그리스도 앞에 완고한 마음을 가져서는 안 될 것이며 진리의 복음을 끝까지 붙잡는 자가 되어야 할 것이다(7-19절).

✚ 묵상 : 히브리서 기자는 그리스도가 누구보다 더욱 영광을 받으실 만하다고 했나요?(히3:3)
히브리서 기자는 그리스도와 함께 참여하는 자가 되려면 무엇을 조심하라고 했나요?(히3:12~14)

기 도

- 주여, 죄를 범하였을 때 회개케 하시고 속히 원상복구하는 자세를 주옵소서.
- 주여, 우리가 예수 그리스도를 사랑하는 자답게 늘 찾고 옆에 머물게 하옵소서.
- 주여, 우리로 하여금 믿지 않는 악한 마음에 빠지지 않도록 보호하여 주옵소서.

4월 29 April

각오

민6 / 시40-41 / 아4 / 히4

● 민수기 6장 하나님께 드린바 된 나실인이 세 가지 금지할 행동을 각오

나실인은 구분되거나 구별된 사람을 의미한다. 여호와를 섬기기 위하여 헌신하는 일에 어떤 유익이 있는가? 이와 같은 것은 흔히 있는 일이다. 아직도 나실인들의 신분에 관해서 많은 의문점이 있으며 회의적인 내용들이 있다. 그리고 이와 같은 것은 하나님의 백성 중에서 다를 바 없다. 구별된 나실인의 생활에서 어떤 유익이 있는가 하는 것은 지금도 변함이 없는 질문이다. 이들은 그들 자신을 성결하게 하는 대신에, 세상의 쾌락을 따르는 일이 더 가치 있고 귀중하다고 여기고 있다. 바로 이것이 나실인의 의미에 대하여 회의적인 뜻을 갖고 있는 것이다.

✚ 묵상 : 나실인의 서원을 한 자가 금지해야 할 세 가지는 무엇일까요?(민6:3,5~6)
여호와 하나님은 어떤 방법으로 이스라엘 자손을 축복하겠다고 하셨나요?(민6:23~27)

● 시편 40-41편 구원받은 자가 받은 은혜를 타인에게 전할 뜻을 각오

40: 40편에서 다윗은 (질병, 죄, 악인 등으로 인한) 고통 속에서 기도하며 기다린 끝에 하나님의 응답을 받고, 감사의 고백을 드린다. 과거에 경험한 구원에 대한 고백과 찬양(1-5절), 하나님의 뜻을 따라 살았던 지난날에 대한 회고(6-10절), 하나님의 긍휼과 도움을 구함(11-15절), 하나님을 찾는 자에게 주시는 기쁨과 확신(16-17절)으로 구성되어 있다.

41: 총 5부로 구성된 시편에서 41편은 1부의 마지막 시편. 다윗은 자신이 병들었을 때의 경험을 떠올리며, 가난한 처지에 있는 사람을 보살피는 사람이 복 있는 사람이라고 말합니다. 긍휼히 여기는 자는 긍휼히 여김을 받는다(팔복 중 하나, 마 5:7). 다윗은 자신의 죄를 용서해 달라고 간청한다(4절). 반면 다윗의 병듦을 보고 대적자들은 그를 긍휼히 여기기는커녕 악담하고 저주를 한다(5-9절). 다윗은 변함없는 은혜를 구하며 자신을 온전히 지켜 달라고 간구한다(10-12절).

✚ 묵상 : 다윗이 고난 중에 응답을 받은 후 하나님 앞에 무엇을 각오했나요?(시40:5,9~10)
다윗은 자신을 미워하고 악담하는 자에 대해 어떤 확신을 가지고 있었나요?(시41:5~12)

통일 주제 각오 (覺悟, 해야 할 일이나 당할 어려움에 대해 마음의 준비를 단단히 함)

연합 내용 은혜를 입은 자는 은혜를 베푸신 하나님과 타인 그리고 자신에게 새로운 삶에 대한 각오를 한다. 나실인은 금기를, 구원받은 자는 선포를, 사랑하는 자는 축복을, 안식에 들어갈 자는 순종을 각오한다.

● 아가 4장 슬로몬이 술람미에게 사랑을 고백하고 축복을 각오

사람은 무엇인가 감추어진 것에 매력을 느끼고 호기심을 갖는다. 비밀스러운 것에 관심을 갖는다. 아무 것도 아닌데 못 만지게 하면 기필코 그것을 만지고 탐내는 경향이 있다. 이처럼 결혼을 통해 완전한 사랑을 확인한 신랑이 신부를 기리며 아름다움에 감탄하여 사랑의 송가를 부르는 내용을 담고 있다.

✚ 묵상 : 솔로몬은 사랑하는 자의 외모를 어떻게 묘사했나요?(아4:1~5)
솔로몬은 술람미의 사랑을 어떻게 느끼고 표현했나요?(아4:10~12,15)

● 히브리서 4장 신자가 안식에 들어가기 위해 복음에 순종할 것을 각오

여호수아와 갈렙을 제외한 출애굽 1세대들은 안식(=약속의 땅)에 들어갈 약속이 있었음에도 불구하고 들어가지 못했다. 만약 우리가 여호수아와 갈렙처럼 약속의 말씀에 믿음을 결부한 자가 된다면 하나님이 세상을 창조할 때부터 존재했던 안식을 누릴 수 있다(1-3절). 예수 그리스도는 우리보다 앞서서 이 안식을 누리고 계신다. 영원한 안식에 대한 하나님의 약속은 우리에게 약속의 말씀을 받은 자로서의 온전한 믿음과 순종을 요구한다(4-11절). 우리는 4장에서 예수 그리스도를 구주로 영접한 유대인 중에 믿음을 저버리고 영원한 안식에 이르지 못할 자가 혹 생길까 걱정하는 저자의 마음을 읽을 수 있다. 안식에 대한 약속을 이루시는 하나님의 말씀은 살아 있고 활력이 있으며 말씀 앞에 모든 것이 숨김없이 드러나게 된다(12-13절). 우리의 연약함을 도우시는 대제사장 예수 그리스도의 존재는 하나님의 약속의 성취를 보증한다(14-16절).

✚ 묵상 : 그리스도인이 참된 안식에 들어가기 위하여 무엇을 해야 할까요?(히4:6,11,14)
히브리서 기자가 소개하는 큰 대제사장 예수님은 어떤 분이실까요?(히4:15~16)

기 도

- 주여, 하나님의 자녀인 우리가 계명을 지킴으로 풍성한 복을 받게 하옵소서.
- 주여, 구원의 은혜를 받은 우리가 날마다 주 예수의 복음을 전하게 하옵소서.
- 주여, 우리가 참된 안식에 들어가기 위하여 참 믿음을 굳게 지키게 하옵소서.

4월 30 April 헌물

민7 / 시42-43 / 아5 / 히5

● 민수기 7장 이스라엘 지휘관들 감독된 자들이 재물과 가축을 헌물로 드림

본장은 모세가 하나님의 명령대로 성막 곧 회막을 세우기를 마치고 그 회막과 거기에 속한 모든 기구에 기름을 발라 거룩히 구별한 날에 이스라엘 족장들 곧 열두 지파의 족장들이 백성들을 대표하여 하나님께 드린 봉헌 헌물들에 대해 증거한다.

✚ 묵상 : 이스라엘 지휘관들 곧 감독된 자들이 드린 헌물을 누구에게는 주지 않았나요?(민7:9)
장막세우기가 끝났을 때 이스라엘 자손 각 지파는 열두째 날까지 무엇을 했으며 그 결과 어떤 일이 일어났나요?(민7:12,18,24,30,36,42,48,54,60,66,72,78,89)

● 시편 42-43편 낙심과 불안 중에 있던 다윗이 진심으로 자신을 헌물로 드림

42: 본편과 43장 5절까지의 이 두시는 서로 연결된 한 편의 시이다. 그 증거로 42편에 있는 표제어가 43편에는 없고 두 시가 똑같은 후렴구를 갖고 있다. 42편 1-11절은 시편 9편과 10편처럼 시편 42편과 43편은 원래 하나의 시편으로 보인다. 일부 고대 필사본은 이 두 시편을 하나로 편집하고 있다. 형식상 42편은 개인적 탄식시에 속하는 것 같다. 또한 이 시편은 시편 제2권의 중요한 특징을 잘 보여준다. 다시 말해 '하나님'이라는 표현을 선호한다. 42편은 두 연으로 이루어진 비가라고 할 수 있다.

제1연은 시편 저자가 자신의 갈급함을 노래한다(42:1-5). 제2연은 시편 저자가 자신의 죽을 뻔한 상황을 노래하고 있다(42:6-11).

43: 이 시는 앞의 시와 긴밀한 관계를 가진다. 그래서 서로 간에 연관하여서 이해하여야 한다. 이 시는 그러한 이유로 표제도 없고 연속하여 앞의 내용을 서술하고 있다. 저자는 이제 수동적으로 고통을 감내하는 차원에서 벗어나 보다 적극적으로 하나님의 심판과 구원을 확신하는 단계로 나아간다. 그리고 그는 그러한 신앙에 근거하여 마침내 찬양의 서원을 함으로써 시를 끝맺는다.

✚ 묵상 : 다윗은 낙심되고 불안할 때 자신의 영혼에게 무엇을 명령했나요?(시42:5,11,43:5)
다윗은 하나님의 제단 앞에 나아가 자신을 어떻게 헌물로 드렸나요?(시43:4)

통일 주제 헌물 (獻物, 하나님이나 특별히 관계된 자에게 헌신의 마음으로 드리는 물건)

연합 내용 헌물은 간절한 마음의 표현이다. 성도는 하나님과 예수님께 특별한 마음으로 헌물뿐만이 아니라 자신도 드린다. 성막이 세워진 후 지파의 감독된 자들은 하나님께 헌물을 드렸고, 다윗과 대제사장과 죄인들도 속죄의 헌물을 드렸으며, 솔로몬은 술람미를 향해 모든 것을 주었다.

● 아가 5장 솔로몬이 술람미를 사랑함으로 자신의 것과 마음을 헌물로 줌

지극한 사랑으로 결혼에 이르게 되었지만, 술람미 여인의 결혼한 후 겪게 되는 사랑의 위기를 다루고 있다. 결혼 전에는 사랑을 얻기 위해 간절히 구하며 조력하다가 결혼 후에는 사랑을 얻었다고 해서 방심하고 나태해질 수 있다. 아주 작은 일로 갈등하게 되는 신랑과 신부의 간절한 노래가 소개되고 있다.

✚ 묵상 : 솔로몬은 사랑하는 술람미에게 무엇을 주었나요?(아5:1~2,4~5)
솔로몬은 사랑하는 술람미를 예루살렘 딸들에게 어떻게 표현했나요?(아5:10~16)

● 히브리서 5장 대제사장과 무식하고 미혹된 자 모두 속죄를 위해 헌물을 드림

영원한 대제사장 예수 그리스도와 인간 대제사장을 비교하여 설명한다. 예수 그리스도는 죄가 없으신 하나님의 아들의 신분이지만 인간 대제사장은 연약에 휩싸인 자 즉, 죄인이기에 자신의 속죄를 위한 제사가 반드시 필요하다(1-3절). 예수님은 스스로 영광을 취할 충분한 자격이 있으시지만 오직 하나님의 뜻에 따라 멜기세덱의 반차를 따르는 제사장이 되셨다(4-6절). "율법 후에 하신 맹세의 말씀은 영원히 온전하게 되신 아들을 세우셨느니라"(히7:28). 고난을 거절하지 않으시고 순종의 길을 가셨으며 죄인인 우리를 대변하여 심한 통곡과 눈물의 간구를 드린 예수님은 대제사장으로서의 충분한 자격이 있으시다(7-10절). 저자는 영적으로 둔하고 진리에 관한 열망이 부족하며 여전히 유대교의 유혹에 흔들리고 있는 이들을 책망하면서 하나님은 어린아이 같은 믿음이 아니라 연단을 통해 단련되어 유혹을 이겨내는 장성한 믿음을 원하신다고 강조한다(11-14절).

✚ 묵상 : 히브리서 기자는 예수 그리스도가 어떻게 대제사장이 되셨다고 말했나요?(히5:5~10)
히브리서 기자는 신앙의 연수가 길면 선생 또는 장성한 자가 되어야 한다고 했는데 장성한 자의 특징은 무엇일까요?(히5:12~14)

기 도

- 주여, 감사의 헌물을 드림으로 우리의 신앙공동체가 든든히 서게 하옵소서.
- 주여, 장성한 자가 되어 항상 지각을 사용함으로 선악을 분별하게 하옵소서.

5월 01 May 과정

민8 / 시44 / 아6 / 히6

● 민수기 8장 이스라엘 자손 중 레위인을 회막 봉사자로 세우시는 과정

성소 안의 일곱 등잔을 가진 등잔대는 하나님의 완전한 빛을 나타낸다. 빛은 지식과 의와 기쁨의 상징이라고 본다. 일곱 등잔은 완전한 지식, 완전한 의, 완전한 기쁨을 가리킨다고 본다. 등잔대는 예수 그리스도를 예표하였다. 예수님은 참 빛으로 세상에 오셨다(요 1:9). 그는 친히 "나는 세상의 빛이니 나를 따르는 자는 어둠에 다니지 아니하고 생명의 빛을 얻으리라."(요 8:12)고 말씀하셨다. 하나님의 말씀 곧 성경말씀도 우리에게 빛이 된다(시 119:105; 잠 6:23). 우리는 예수 그리스도 안에 거하고 성경말씀 안에 거해야 한다.

구약에서 레위인들은 하나님의 일을 위하여 특별히 부르심을 받았다. 이들은 하나님을 위한 성직자의 보조자들이었다. 하나님을 섬기는 일에는 여러 종류가 있다. 하나하나가 대단히 중요한 것은 아니라고 하여도, 그와 같은 분야에서 일하는 그 자체가 전체의 섬김에서 중요한 의미를 가진다.

✚ 묵상 : 여호와는 등잔대를 만드는 법과 등불을 비추는 법에 대해 어떻게 말씀하셨나요?(민8:2,4)
레위인이 이스라엘 자손을 대신하여 회막에서 봉사하기 위해 갖춰야 할 조건은 무엇일까요?(민8:6,11,15,19)

● 시편 44편 하나님이 이스라엘을 구원하시고 또 심판하시는 과정

이 시편의 역사적 배경과 저자에 대해서는 많은 논쟁이 야기되어 왔으나 그 어떤 것도 결정적인 것이 없다. 이 시는 표제에 '고라의 자손'이 쓴 것으로 되어 있다. 이곳 시편에 '고라의 자손'은 어떤 사람인지 신분이 없고, 또한 그에 관한 전승도 없어서 이 시를 역사적으로 평가해서 이해하는 것은 어려운 일이다. 또한 시인은 이방인에게 패배하고 치욕당한 때에도 택한 백성을 기어코 구원하시는 하나님께 구원을 호소한다. 도무지 이해할 수 없는 고난에 처했을 때에 가장 지혜로운 대처법은 하나님께 전적으로 의탁하는 것이다(렘 33:3).

✚ 묵상 : 고라자손은 하나님이 이스라엘 백성을 어떻게 구원하셨다고 했나요?(시44:1~3,5~7)
하나님이 이스라엘 백성을 다시 심판하셨을 때 고라 자손은 무엇이라고 기도했나요?(시44:9~11,13~14,17~18,20~21,23,26)

통일 주제 과정 (過程, 일이나 상태나 관계가 진행하는 경로)

연합 내용 모든 시작에는 이유와 목적이 있다. 그 목적을 달성하기 위해서는 성공적인 과정이 있어야 한다. 제사에도, 구원에도, 심판에도, 사랑에도 다 필수적인 과정이 있다. 특히 성도가 구원의 소망을 이루는 데는 유혹과 타락을 이기는 거룩하고 구별된 힘든 과정이 있다.

아가 6장 솔로몬과 술람미 여자가 애뜻한 사랑을 표현하는 과정

술람미 여인은 나태와 방심으로 밤늦게 밤이슬을 맞고 찾아온 솔로몬을 돌려보냈다. 차가운 밤에 외롭게 떠난 신랑을 생각할 때마다 술람미 여인은 불안과 상실감에 사로잡혔을 것이다. 모처럼 행복한 삶을 살다가 갑자기 사랑의 아픔을 경험하게 된다.

떠나버린 신랑을 다시 찾아 사랑을 회복하려는 신부의 애타는 심정과 신랑과 다시 화합한 신부의 기쁜 심정을 노래한다. 특히 사랑의 갈등은 신부의 적극적인 참회와 신랑의 무조건적인 용서로 완전히 해결된다.

✚ 묵상 : 솔로몬이 술람미 여자를 어느 정도 사랑하고 소중히 여겼는지를 어떤 표현을 통해 알 수 있을까요?(아6:4~10)
솔로몬이 술람미에게 한 표현은 하나님의 어떤 마음을 암시하는 것일까요?(아6:13)

히브리서 6장 그리스도의 도를 쫓는 자가 타락하거나 소망 중에 구원 얻는 과정

본장에서는 적극적인 자세로 신앙의 성숙을 이루기 위해 노력하며 영적으로 퇴보하지 않게 주의하도록 경각심을 고취시킨다. 그러면서 부드러운 어조로 구원의 때가 가까웠으니 결코 변하지 않는 그리스도의 약속을 굳게 붙잡고 끝까지 인내하도록 권면하고 있다.

특히 18절의 "두 가지 변하지 못할 사실" 이 두 가지는 하나님의 약속과 맹세이다. '변하지 못할' 이라는 헬라어 단어는 법적 유언을 가리키는 말로서 그것은 유언한 사람 이외에는 바꾸지 못하는 유언을 가리킨다.

✚ 묵상 : 베드로는 은혜를 경험한 자가 타락하면 왜 다시 새롭게 할 수 없다고 했나요?(히6:4~6)
베드로는 성도의 소원인 구원이 확실한 이유는 무엇 때문이라고 했나요?(히6:9~13)

기 도

- 주여, 진실하고 성실한 과정을 통해 풍성한 열매와 결과를 얻게 하옵소서.
- 주여, 자범죄로든 원수의 훼방으로든 고난을 겪고 있을 때 간구하게 하옵소서.
- 주여, 그리스도의 도을 쫓은 자가 끝까지 타락하지 않고 구원을 얻게 하옵소서.

5월 02 May 인도

민9 / 시45 / 아7 / 히7

● 민수기 9장 이스라엘 자손을 구름과 불로 인도하시는 여호와

9장에서 우리는 은혜 위의 은혜를 본다. 유월절은 "이달(즉 첫 달) 십사일"(민 9:3)에 지켰다. 구약에서도 신약에서와 같이 하나님의 은혜가 넘친다. 본장에서는 하나님의 속성이 잘 나타나 있다. 하나님은 징계와 채찍보다는 은혜를 더욱 더 주시기 원하신다. 이것은 하나님의 놀라운 품성 중의 한 부분이다. 또한 하나님의 은혜는 언제나 풍성하시고 그와 같은 은혜 안에서 우리가 날마다 살아가는 것이다. 이곳에서 구원의 길이 분명하게 나타나 있다. 구원의 길은 사람이 만드는 것이 아니고 하나님이 만드신다. 그래서 우리는 그 길을 따라가야 한다.

✚ 묵상 : 여호와 하나님은 유월절을 지킴에 있어 어떤 원칙을 정하셨나요?(민9:2,5,10~11,14)
여호와 하나님은 무엇으로 이스라엘자 손을 인도하셨나요?(민9:15~17)

● 시편 45편 왕을 진리 온유 공의 공평으로 인도하시는 하나님

하나님이 세우신 왕의 아름다움을 노래한다. 왕은 탁월한 전사로서 진리와 온유와 공의를 위한 거룩한 전쟁에서 반드시 승리할 것이며(3-5절), 의로운 통치를 하게 될 것이다(6-7절). 후반부 주요 내용은 왕의 신부에게 주는 축복의 권면이다(10-15절). 왕의 사랑을 받을 것이며, 많은 이들이 왕후에게 와서 은혜를 구하게 될 것이다. 왕과 함께 하나님의 은혜와 정의를 세상에 베푸는 복된 왕후의 모습을 그리고 있다. 우리의 구원자요 통치자(왕)이신 예수 그리스도는 우리를 그의 신부로 부르시고, 하나님의 뜻을 세상 가운데 펼치는 일에 동역하길 원하신다.

✚ 묵상 : 여호와 하나님은 왕을 어떻게 세우시며 어디로 인도하실까요?(시45:2,4,6~7)
딸(여인)들이 왕께 인도함을 받기 위해서는 무엇을 갖추어야 했나요?(시45:10~1,13~14)

통일 주제 인도 (引導, 정신적, 사상적, 정서적, 환경적으로 잘 지도하여 이끌어 줌)

연합 내용 전능하신 하나님은 사람을 창조하시고 타락한 인간을 죄에서 구원하셨다. 또한 구원받은 영혼을 천국에 이르기까지 구름과 불로, 진리와 공의와 공평으로 끊임없이 인도하신다. 이와 같은 사실을 때로는 시와 문학을 통해 비유하시고 또 깨닫게 하시며 가르쳐 주신다.

● 아가 7장 사랑하는 술람미를 복된 곳으로 인도하는 솔로몬

사랑의 매력은 어느 정도 감추는 데서 시작된다. 한순간 갈등을 겪었지만 신랑과 신부는 더욱 성숙한 사랑을 노래한다. 신부를 적극적으로 보여주는 신랑, 신부의 아름다움을 노래하는 신랑 친구들, 행복한 신랑의 노래와 신부의 화답이 사랑의 하모니를 이루는 장면이다. 그런데 여기서는 두 사람의 사랑이 친밀해지면서 그 너울이 사라진다. 술람미 여인이 자신의 전부를 드러내 보인 것이다. 이제는 더 이상의 신비도 비밀도 없다. 모든 것을 드러내 보이는 사랑을 하고 있다.

✚ 묵상 : 솔로몬은 사랑하는 술람미의 모습에 대해 거듭 어떻게 묘사했나요?(아7:1~7)
솔로몬은 사랑하는 술람미에게 어떤 제안을 했나요?(아7:11~12)

● 히브리서 7장 모든 영혼을 구원으로 인도하시는 대제사장 예수

창 14장에서 갑자기 등장하는 살렘 왕 멜기세덱은 하나님의 제사장이었다. 그는 여러 왕을 쳐서 승리하고 돌아오는 아브라함에게 전리품의 십분의 일을 받았고, 그를 축복한 사람이다. 그는 족보도 없고, 시작한 날도, 생명의 끝도 없다. 아브라함을 축복한 멜기세덱은 아브라함보다 영적으로 우월한 존재다. 아론 계열의 이스라엘의 제사장들은 모세의 율법에 따라 제사장 직분을 맡은 자들이지만, 예수 그리스도는 하나님께로부터 난 대제사장이시다. 그분은 자존(불멸)하시며(3절), 영원하시며(24절), 더 좋은 언약의 보증이 되시며(20-22절), 온전히 구원하시며(25절), 단번에 자기를 드려 죄사함을 위한 제사를 완성하셨다(27절).

✚ 묵상 : 히브리서 기자는 멜기세덱을 어떤 분으로 표현했나요?(히7:1~4)
멜기세덱의 반차를 좇아 난 대제사장 예수 그리스도는 항상 구원받은 자를 위하여 무엇을 하고 계실까요?(히7:25~26)

기 도

- 주여, 모든 구원받은 자가 주일에 함께 예배할 수 있도록 강건케 하옵소서.
- 주여, 연약한 저희를 더 바르고 온전한 곳으로 인도하여 주옵소서.
- 주여, 저희를 위하여 항상 간구하시는 예수님을 담대히 전하게 하옵소서.

5월 03 May 따름

민10 / 시46-47 / 아8 / 히8

● 민수기 10장 행진 전쟁 절기 때 두 나팔소리를 듣고 따름

시내 광야에서 1년여 체류 끝에 마침내 그곳을 떠나 바란 광야까지 행진하는 장면이다. 행진에 앞서 하나님은 은 나팔 규례를 통해 질서를 세우셨고 이스라엘의 광야 행진이 순조롭도록 길 안내자를 붙이시는 등의 배려를 해주셨다.

또 하나님께서는 은 나팔을 두 개 만들게 하셨다. '나팔'이라는 원어는 '클라리언'(나팔)을 가리킨다. 클라리언은 길고 곧고 가느다랗고 끝이 나팔꽃 모양인 금속관 나팔을 가리킨다. 그것은 숫양의 뿔 모양인 나팔과 구별된다. 은 나팔을 부는 것은 이스라엘의 백성에 대한 하나님의 음성이었다. "귀 있는 자는 들을 지어다." 이곳에서는 흥미 있는 내용이 또 나온다. 나팔 중에서도 금 나팔이나 놋나팔이 아니고 은 나팔이 나온다. 하나님은 값비싼 금이나 값싼 놋이 아닌 중간에 해당되는 "은으로" 나팔을 만들라고 하셨다. 하나님의 크신 섭리의 한 모습이 드러난다.

✚ 묵상 : 여호와 하나님은 나팔 두 개를 만들어 어떤 때에 불으라고 하셨나요?(민10:2~10)
떠남과 머뭄을 구름으로 인도하신 하나님께 모세는 어떤 기도를 드렸나요?(민10:35~36)

● 시편 46-47편 찬송 받으실 피난처이신 하나님을 따름

46: 여호와께서 시온에 계시니 그의 백성들은 안전하다. 환난 날의 피난처가 되시며(자연재해로부터의 보호, 1-3절), 대적들로부터 백성을 지키시는(대적의 침략으로부터의 보호, 4~7절) 하나님은 열방 중에서 높임을 받으실 것이다(8-11절).

47: 하나님은 온 우주의 통치자이시다. 온 세상의 왕이신 하나님이(1-4절), 성전에 오르신다(5, 6절). 그분은 성전에서 열방을 통치하신다(7-9절). 하나님의 법궤가 성전으로 올라가는 행렬을 보며, 백성들이 환호하는 장면이 그려진다. 유대인들은 이 시를 신년축제 때 사용했다.

✚ 묵상 : 고라 자손은 하나님을 어떻게 고백했나요?(시46:1,7,11)
고라 자손이 만민에게 거듭 외친 내용은 무엇이었나요?(시47:1,6~7)

통일 주제 따름 (앞에서 인도하는 자를 신뢰하고 지시나 행동을 그대로 좇아감)

연합 내용 하나님은 우리를 늘 인도하신다. 자녀된 우리는 그의 뜻과 명령을 온전히 따름으로써 놀라운 은혜와 축복을 받게 된다. 때로는 따르기에 부담스럽고 힘들 때도 있으나 참고 견디면 복된 열매를 맛보게 된다.

● 아가 8장 행복한 삶으로 인도하는 사랑하는 자를 따름

사람들이 가장 무서워하는 것은 죽음이다. 죽음은 모든 것을 끝장내기 때문이다. 그러나 죽음보다 강한 것이 있다. 그것은 사랑이다. 열렬한 사랑은 죽음도 두렵지 않게 하는 것이다. 생명까지 바칠 수 있게 하는 것이 사랑이기 때문이다.

그러면 이렇게 강한 사랑은 어디에서 시작되는 걸까? 사랑은 사랑하는 사람을 소유하고 싶은 불타는 마음에서 시작된다고 볼 수 있다. 그리고 항상 가까이 하고 싶고, 항상 가까이에서 품고 싶은 열망에서 시작되는 것이다. 이에 신랑과 신부는 사랑의 성숙함이 최고조에 이르렀음을 나타내는 증거로 신부의 고향을 같이 방문하게 된다.

✚ 묵상 : 아가서를 묵상할 때 하나님은 우리를 어떻게 선대하심을 알 수 있나요?(아8:1~3,7)
아가서를 묵상할 때 사랑을 입은 영혼은 어떤 모습이 될까요?(아8:8~10)

● 히브리서 8장 새 언약되신 대제사장 예수 그리스도를 따름

대제사장이신 예수 그리스도의 우월성에 대해 말한 저자는 본장에서 예수 그리스도의 사역의 우월성을 가르친다. 즉 구약의 제사장은 장막에서 제사를 드린 반면 예수 그리스도는 영원한 하늘 장막에서 제사를 드리고, 예수 그리스도는 옛 언약이 아닌 새 언약에 기초하여 사역을 수행하기 때문에 그분의 사역이 우월하다는 것이다.

✚ 묵상 : 하나님이 이스라엘 자손에게 주신 첫 언약은 무엇일까요?(히8:3,5,7)
모든 영혼에게 주신 새 언약은 무엇이며 첫 언약과 어떻게 다를까요?(히8:1,6,8~10,13)

기 도

- 주여, 날마다 귀를 열어 하나님의 나팔소리를 듣고 따라가게 하옵소서.
- 주여, 날마다 구원의 하나님, 인도하시는 하나님을 찬송하게 하옵소서.
- 주여, 새 언약으로 오신 대제사장 예수 그리스도를 온전히 믿게 하옵소서.

5월 04 May 위대

민11 / 시48 / 사1 / 히9

● 민수기 11장 이스라엘 백성의 원망까지 응답하시는 여호와의 위대하심

무엇보다 죄인의 무덤은 그 자신이 생각하는 것 보다는 항상 그에게 가까이 있다. 여러 사람들이 모여서 탐욕을 찾기 시작할 때에 그곳에서는 파멸의 틈이 생기기 시작한다. 이 불은 사람의 생각에서 되어진 것이 아니고 하나님의 능력 안에서 되어진 놀라운 기적의 불이었다. 그러나 이와 같은 것은 하나님의 사역과정에서 우리에게 중요한 교훈을 갖게 하여 준다.

본장에서 광야 여정이 본격적으로 진행되자 백성들 중에서 원망과 불평이 생겨나기 시작하는데 이에 대해 하나님은 메추라기를 보내심으로 원망을 잠재우셨다. 한편 지도자 모세를 보좌할 70인 장로가 선택되는데 이 제도는 훗날 최고 의결기관인 산헤드린의 기원이 된다.

✚ 묵상 : 이스라엘 백성이 하나님께 원망과 탐욕을 품게 된 원인은 무엇일까요?(민11:1,4,10)
모세의 간구를 들으신 여호와께서 응답하신 두 가지 내용은 무엇일까요?(민11:14,16~20)

● 시편 48편 이스라엘 백성을 죽기까지 인도하시는 여호와의 위대하심

본시는 하나님의 성전이 있는 거룩한 산 '시온'에 관한 찬양 시이다. 이 시는 하나님의 구원에 대하여 감사하는 또 하나의 시편이다. 이 시의 저작 동기를 여호사밧 왕 시대에 모압, 암몬, 에돔 연합군의 침공을 물리친 사건에 대한 감사에서 나온 것으로 보고 있다(대하 20:1-28).

한편 이 시에서는 이스라엘의 물리적인 군사력에 대해서는 침묵을 지키고 있는데, 이것은 당시 이스라엘의 승리가 전적으로 하나님의 능력에 의해 이루어진 것임을 나타내고 있는 것이다. 결국 이 예루살렘은 오늘날의 교회와 미래에 완성될 하나님의 나라를 예표한 것으로 신약에서는 "하늘의 예루살렘"(히 12:22) 혹은 "위에 있는 예루살렘"(갈 4:26)이라는 표현으로 등장하고 있다.

✚ 묵상 : 위대하신 여호와 하나님의 성을 보고 세상의 왕들은 어떤 행동을 했나요?(시48:1~6)
고라 자손은 위대하신 하나님이 선민을 언제까지 인도하신다고 했나요?(시48:14)

통일 주제 위대 (偉大, 뛰어나고 훌륭함)

연합 내용 성삼위일체 하나님은 위대하시다. 사람을 창조하신 후 불순종한 죄인을 구원하시기 위하여 이스라엘백성을 선택하셨다. 그들의 원망과 범죄 가운데서도 끝까지 인도하시고 용서하시며 중보자를 보내 주셨다.

● 이사야 1장 회개하고 들아오기까지 기다리시는 여호와의 위대하심

이사야서의 시대 배경은 북왕국 이스라엘의 멸망(주전 722년)이후, 남왕국 유다의 히스기야 왕(주전 728-687년) 통치 중간 시대이다. 이사야가 활동하던 북왕국 이스라엘이 앗수르에 패망하고 남왕국 유다 역시 앗수르의 위협에 놓였던 때이다. 이런 상황에서도 유다는 지도자로부터 온 백성이 죄에 오염되어 있었다. 1장은 이런 유다의 현실을 개탄하여 위선적인 신앙 행태를 지적하고 스스로는 자신을 구원할 수 없는 유다를 하나님께서 불러 사죄의 기회를 허락하시며, 죄를 깨끗하게 하려고 심판하신다는 사실을 천명한다.

✚ 묵상 : 이사야가 본 유다와 예루살렘의 죄 및 땅과 성읍의 모습은 어떠했나요?(사1:4~8,13,21)
이사야는 유다와 예루살렘의 백성에게 어떤 회개를 촉구했나요?(사1:16~17)

● 히브리서 9장 단번에 제물로 드려 죄를 없이 하신 예수 그리스도의 위대하심

성전은 아무나 들어갈 수 있는 곳이 아니다. 첫 장막 뒤, 성소에는 제사장들만이 들어갈 수 있고, 둘째 장막 뒤, 지성소에는 대제사장만이 그것도 일 년에 단 한 번 대속죄일에만 들어갈 수 있다. 우리의 대제사장 예수 그리스도는 자기의 피로 영원한 속죄를 이루셨다(11, 12절). 그리스도는 그의 피로 인하여 단번에 하나님과 우리 사이의 새 언약의 중보자가 되셨다(15절).

✚ 묵상 : 둘째 장막(지성소)과 온전한 장막에서는 어떤 제사가 드려졌나요?(히9:7,11~12,22)
대제사장이신 예수 그리스도가 친히 단번에 제물이 되신 이유는 무엇일까요?(히9:22,26)

기 도

- 주여, 질병과 가난으로 신음하는 이 민족을 구원하여 주옵소서.
- 주여, 유다와 예루살렘처럼 황폐해 가는 이 나라를 구원하여 주옵소서.
- 주여, 한번 죽는 것은 사람에게 정해진 것이요 그 후에는 심판이 있음을 알고 온전한 장막의 대제사장 되신 예수 그리스도를 확실히 믿게 하옵소서.

5월 05 May 착각

민12-13 / 시49 / 사2 / 히10

● 민수기 12-13장　열 지파의 수령인 부정적 정탐꾼들의 착각

12: 모세에게 지도력에 대한 미리암과 아론의 도전을 다룬다. 표면상은 모세의 결혼문제(그의 아내 십보라가 구스 출신일 수도 있고 새로이 구스 여인을 아내로 맞이했을 수도 있음)였지만, 실제로는 모세와 같은 위치에 서길 원하는 것이었다. "여호와께서 모세와만 말씀하셨느냐 우리와도 말씀하지 아니하셨느냐 하매"(2절). 하나님은 모세의 행위에 앞서 미리암과 아론의 모세를 향한 비난과 권위에 대한 도전 자체를 문제 삼으셨다. 공동체에 미치는 영향이 크기 때문이다. 지도자가 다소 부족하다 해서 그 권위에 도전하는 행위는 옳지 않다.

13: 각 지파에서 한 명씩 총 12명의 특공대를 선발하여 약속의 땅 가나안을 정탐한다. 정탐에 대한 결과는 크게 달랐다. 하나님이 주실 약속의 땅을 거주민을 삼키는 땅으로 보고하여 공동체에게 큰 절망을 주는 10명과 하나님이 주실 약속의 땅이므로 올라가 취하자고 주장하는 2명의 의견이 갈리었다.

✚ 묵상 : 여호와 하나님은 모세를 어느 정도로 인정하셨나요?(민12:3,6~8)
미리암이 모세를 비방하다가 어떤 두 가지의 벌을 받았나요?(민12:10,15)

● 시편 49편　재물이 많고 어리석어 깨닫지 못하는 자들의 착각

행복과 안전이 많은 재산에 있다고 여기는 교만한 자를 교훈하는 지혜시다. 빈부귀천에 상관없이 누구나 죽음에 직면하게 된다.(1-4절) 죽음 앞에서는 재물도 소용없으며 모두가 공평하다(5-11절). 부를 의지하는 어리석은 자들의 마지막은 스올(=죽음의 세계)이다.(12-15절) 반면 그들이 괴롭히던 의인들은 하나님이 스올에서 건지실 것이다. 부로 인하여 주어지는 세상 영광을 두려워할 필요가 없는 이유는 부를 의지한 자들의 거처가 결국 스올이 될 것이기 때문이다(16-20절).

✚ 묵상 : 고라 자손은 신신당부하면서 재물을 자랑하는 자 즉 어리석은 자의 최후를 어떻게 예언했나요?(시49:6~10,13)
고라 자손은 깨닫지 못하는 사람에 대해 무엇과 같다고 말했나요?(시49:12,18~20)

통일 주제 착각 (錯覺, 어떤 사물이나 사실을 실제와 다르게 느끼거나 잘못 지각함)

연합 내용 타락한 인간은 자기중심적일 때가 많다. 자기중심적 사고는 많은 착각을 일으킨다. 정탐한 일에 대한 주관적 착각, 재물을 가진 자의 교만한 착각, 불신자나 잘못된 가르침에 빠진 자의 착각 등이 자멸을 부른다.

● 이사야 2장 교만 거만 자고하고 부패한 야곱 족속의 착각

남왕국의 죄악상을 고발했던 이사야는 곧 닥쳐올 여호와의 날(심판의 날)에 대한 이상을 제시한다. 그 중 2장에서는 끝 날에 임할 평화와 당시 유다 전역에 성행했던 우상 숭배자들에게 임하게 될 준엄한 심판을 다시 예언하고 있다.

✚ 묵상 : 이사야는 유다와 예루살렘의 미래를 어떤 내용으로 예언했나요?(사2:1~3)
이사야는 주의 백성 야곱 족속의 죄악이 무엇이며 회개하지 않으면 어떤 결과가 도래하게 된다고 예언했나요?(사2:6,8,10~12,17,19,21)

● 히브리서 10장 율법과 제사 아래 있는 자와 불신자들의 착각

예수님이 오시기 전의 율법과 제사는 그림자와 같다(1-4절). 예수님은 자신의 몸으로 참된 제사를 드리셨다(5-10절). 그리스도께서 참된 제사를 드리셨기 때문에 우리에게 또 다른 제사는 필요치 않다(11-18절). 예수님 이전의 유대인들은 성전 뜰만 밟을 수 있었으며, 제사장은 성소에, 대제사장은 일 년에 단 한 번만 지성소에 들어갈 수 있었다. 이제는 예수님의 보혈의 힘으로 담대하게 하나님 앞에 설 수 있게 되었다(19-22절). 예수님의 보혈의 힘으로 하나님 보좌 앞에 서게 된 무리들은 한 공동체를 이루게 되었습니다. 바로 교회다. 교회는 사랑과 선행을 격려하며 함께 성전을 이루며 살아가야 한다(23-25절). 예수님을 영접한 유대인들은 동족으로부터 다시 기존의 유대인 공동체로 들어오라는 회유와 협박, 핍박을 많이 받았다. 히브리서 기자는 살아계신 하나님을 두려워하며 진리 가운데서 떠나지 말라고 경고한다(26-31절). 하나님의 약속을 받아 누리기 위해서는 믿음을 지키며, 인내해야 한다(32-39절).

✚ 묵상 : 히브리서 기자는 율법의 동물 피 제사와 예수의 죽으심으로 흘린 피의 제사가 어떻게 다르다고 설명했나요?(히10:1,4,9~12,14)
히브리서 기자는 예수를 믿는 자에게 어떤 권면을 하고 있나요?(히10:22~25,35,39)

기 도

- 주여, 하나님과 예수님께 성품과 충성을 인정받는 성도가 되게 하옵소서.
- 주여, 이 민족이 멸망을 받지 않기 위하여 불신앙과 불의를 버리게 하옵소서.
- 주여, 마지막이 가까움을 볼수록 주께 소망을 두고 더욱 모이기에 힘쓰게 하옵소서.

5월 06 May 책임

민14 / 시50 / 사3-4 / 히11

● 민수기 14장 원망하는 백성을 구하기 위한 모세 갈렙 여호수아의 책임

본장에서는 10명의 불신앙적인 보고 앞에 백성들의 원망은 극도에 달하였고 이로 인해 하나님은 이스라엘의 가나안 입성을 40년간 유보하시게 된다. 하나님은 자신의 약속을 믿지 않는 백성들, 더욱 원망과 불평하며 당신의 영광을 훼손하는 무리의 허물을 결코 간과하지 않으신다.

한편 하나님을 불신하는 자들은 "부르짖으며 밤새도록 통곡을 하였다." 이것은 불신의 대표적인 모습이다. 불신은 하나님이 없다. 불신은 하나님의 약속도 없다. 불신은 하나님이 주시는 소망도 없다. 그래서 슬피 울며 통곡한다. 그러나 하나님을 의지하고 믿는 자들에게는 슬픔이 벗어지고 기쁨이 넘치며 마음 안에 놀라운 평안이 있다. 이 평안은 세상에서 찾아볼 수 없는 놀라운 큰 평안이다.

✚ 묵상 : 백성들이 열 명의 정탐꾼의 부정적인 보고를 듣고 통곡하며 원망할 때 담대히 대안을 내세워 백성을 설득한 사람은 누구이며 무엇이라 말했나요?(민14:6~9)
출애굽한 백성이 광야에서 40년을 방황하게 된 이유는 무엇일까요?(민14:29,32~35)

● 시편 50편 제사하는 백성에게 주인되신 하나님을 알리기 위한 아삽의 책임

하나님의 언약에 백성이 신실하게 응답하며 헌신을 다짐하는 성전예배용 시다. 재판장이신 하나님은 언약 백성을 판결하시기 위한 증인으로 온 세상을 부르신다(1-6절). 하나님은 제물이나 번제로 성도들을 책망하지 않으시며 이방 신들처럼 배가 고파서 제물을 받으시는 분도 아니다(7-15절). 온 세상 모든 것이 다 그의 소유인데 무엇이 부족해서 제물에 집착하시겠습니까. 하나님이 원하시는 것은 감사제를 드림으로 서원을 갚는 것이다. 환난 날에 응답하신 하나님을 감사와 찬양으로 영화롭게 하는 것이다. 시인은 하나님의 율법을 싫어하며 지키지 않는 자를 악인으로 규정하고 그들에 대한 하나님의 심판을 선언한다(16-22절). 감사로 제사하는 자가 하나님을 영화롭게 한다(23절). 형식보다 하나님과의 인격적인 관계가 진정한 제사를 판가름한다.

✚ 묵상 : 아삽은 여호와 하나님이 누구를 부르신다고 했나요?(시50:5,8,14,23)
아삽은 여호와 하나님을 어떤 분으로 표현했나요?(시50:6~7,12,14)

통일 주제 책임 (責任, 맡아서 행해야 할 의무나 임무)

연합 내용 하나님의 선민이거나 예수를 믿고 하나님의 자녀가 된 자는 책임이 따른다. 또한 하나님께로부터 소명을 받은 일꾼들도 사명을 잘 감당할 책임이 따른다. 이를 행할 때와 그렇지 않을 때 구원과 심판의 갈림길에 서게 된다.

● 이사야 3-4장 범죄한 백성에게 하나님의 멸망과 회복을 알리기 위한 이사야의 책임

3: 이사야는 좀더 심층적이고 구체적으로 예루살렘과 유다에 임할 하나님의 심판을 선포한다. 그 날에 유다는 무정부 상태를 맞이하게 될 것임을 예언한다.

4: 유다에 임할 하나님의 심판을 통렬하게 외친 이사야는 이제 이스라엘의 회복에 대한 비전을 제시한다. 즉 심판 이후에 남은 자들을 중심으로 회복이 이루어져 하나님의 구원의 은총을 맛보게 될 것이라는 위로의 메시지를 전한다.

✚ 묵상 : 이사야는 하나님이 어떤 죄 때문에 예루살렘과 유다를 심판하신다고 했나요?(사3:1~3,8,14~15)
이사야는 여호와께서 어떤 자들을 회복시키신다고 예언했나요?(사4:2~3)

● 히브리서 11장 각 시대의 한계를 뛰어넘어 응답받은 믿음있는 자들의 책임

믿음은 바라는 것들의 실상이다(1절). 여기서 바라는 것은 내 꿈이 아니다. "하나님이 약속하신 것"이다. 우리가 믿음을 통해 얻는 것은 나의 꿈이 아니라 하나님이 나를 위해 준비하신 그의 나라다. 우리의 하나님의 나라, 하나님이 통치하시는 나라를 바라고 소망해야 한다. 믿음은 하나님의 약속을 보증해 준다. 믿음이 없이는 하나님을 기쁘시게 할 수 없다(6절). 선진들은 그들의 삶에 믿음의 증거를 가지고 있었다. 선진들은 나그네 인생을 살면서 영원히 살게 된 본향을 사모하며 살았다. 믿음으로 시험을 이겼다. 이 땅의 상이 아니라 영원한 상을 바라보았다. 믿음으로 고난을 이기고, 믿음으로 이 땅의 부와 영광을 포기했다. 그의 나라에서의 영광을 미리 내다 보았기 때문이다.

✚ 묵상 : 히브리서 기자는 아브라함의 믿음과 그의 삶을 어떻게 설명했나요?(히11:8,17~19)
히브리서 기자는 모세의 믿음과 그의 삶을 어떻게 설명했나요?(히11:24~29)

기 도

- 주여, 어떠한 상황에서든지 주의 약속을 믿고 합력하여 선을 이루게 하옵소서.
- 주여, 이 민족이 모든 죄를 회개함으로 하나님의 심판에 이르지 않게 하옵소서.
- 주여, 오직 믿음의 영웅들처럼 담대히 하나님의 역사를 이루어 가게 하옵소서.

5월 07 May 죄악

민15 / 시51 / 사5 / 히12

● 민수기 15장　이스라엘 회중과 개인이 부지중에 지은 죄악

15장에서 19장까지는 출애굽 제2년 가데스 사건 후 제40년 세렛 시내 앞까지의 38년 간 광야 생활 동안 전해진 말씀이다(신 2:14). 그중 15장은 레위기 제사 규례의 보충적 내용으로 장차 들어갈 가나안 땅에서 출애굽 제2세대가 준수해야 할 각종 규례가 소개되고 있다.

여호와께서는 모세를 통해 이스라엘 자손에게 말씀하셨다. 이곳에서는 제사에 관한 여러 가지 율례들 그리고 이 내용은 레위기에서 나온 내용의 반복된 부분도 있으나 여호와가 "내가 주어 살게 할 땅에 들어가서"(2절) 드릴 제사제도가 언급되면서 이방인까지 참여할 수 있게 하는 제사법 제도를 통해 신앙의 보편성과 구원의 개방성이 암시 되어지고 있다.

✚ 묵상 : 하나님은 이스라엘 자손에게 약속에 땅에 들어가면 무엇을 드리라고 했나요?(민15:2~4)
하나님은 부지 중에 범죄한 자들을 어떻게 용서하시겠다고 하셨나요?(민15:24~25,27~28)

● 시편 51편　다윗이 밧세바와 고의적으로 지은 죄악

다윗의 대표적인 참회시다. 죄사함을 구하는 서론적 기도(1, 2절), 죄의 고백(3-6절), 죄 용서의 간구(7-9절), 정결한 마음과 자원하는 심령을 구함(10-12절), 찬양과 가르침의 맹세(상한 심령이 드리는 기도, 13-17절), 시온의 회복을 위한 기도(18, 19절)로 구성되어 있다.

✚ 묵상 : 다윗은 자신의 죄악의 뿌리를 어디까지 거슬러 올라갔나요?(시51:5)
진심으로 회개한 다윗은 하나님에게 어떤 제사를 드렸나요?(시51:16~17,19)

통일 주제 죄악 (罪惡, 하나님의 계명이나 윤리에 어긋나거나 반하는 행위)

연합 내용 성경이 말하는 불법, 불의, 불선, 불신을 행하면 죄가 된다. 이스라엘 선민과 다윗이 불법을 행하고, 예루살렘과 온 유다가 불의와 불신을 행하며, 예수 그리스도를 믿는 자가 계명을 어기고 선을 행하지 않음으로 죄를 범하여 사망에 이르게 되었다. 오직 예수 그리스도의 보혈이 아니면 용서받지 못하고 구원에 이르지 못한다.

● 이사야 5장 예루살렘과 유다가 총체적으로 지은 죄악

본장은 '포도원의 노래'이다. 하나님을 선한 농부로 이스라엘을 포도밭으로 비유하여 하나님의 돌보심과 기대를 저버린 이스라엘 민족의 타락상과 그에 대한 하나님의 징벌의 경고가 주어지고 있다. 즉 포도원 농부로서 포도원을 애지중지하시는 하나님의 모습을 그리고 그의 기대에 미치지 못한 백성의 패역상 및 백성이 저지른 각종 죄악상을 고발한다. 또한 그러한 죄로 인해 포도원에 하나님의 심판이 임하게 됨을 소개하고 있다.

✚ 묵상 : 이사야는 예루살렘과 유다 즉 이스라엘 족속을 어떤 나무에 비유했나요?(사5:2)
이사야는 이스라엘 족속 중 어떤 자들에게 화를 선포했나요?(사5:8,11,18,20~22)

● 히브리서 12장 징계를 받을 무거운 죄와 얽매이기 쉬운 죄악

우리는 신앙의 경주자들이다. 우리를 응원하는 이 경주를 마친 믿음의 선조들이 있으며, 특히 믿음을 주시며 온전케 하시는 예수 그리스도를 우리는 바라보아야 한다(1-4절). 우리가 잘못된 길을 갈 때, 우리를 징계하시는 하나님을 만나게 된다. 그러나 이는 자녀 됨의 증거다(5-8절). 우리는 신앙의 경주나 죄로 인한 징계가 있을 때 인내해야 한다(9-11절). 믿음 위에서 연약한 형제들을 도우며(12-13절) 화평함과 거룩함을 추구해야 한다(14-17절). 우리는 흔들리지 않는 나라(하늘 성전)를 상속받았다(28-29절). 땅의 성전은 때가 되면 소멸될 것이다.

✚ 묵상 : 히브리서 기자는 믿음의 사람들에게 무엇을 힘쓰라고 강조했나요?(히12:1~3,12~13)
히브리서 기자는 믿는 사람들이 이른 곳을 어디라고 했나요?(히12:22~24)

기 도

- 주여, 천국으로 인도하시는 하나님을 향하여 온전한 예배를 드리게 하옵소서.
- 주여, 참된 회개를 통해 용서함을 받고 하나님을 높이는 자가 되게 하옵소서.
- 주여, 믿음의 주요 온전케 하시는 이인 예수를 바라보고 승리하게 하옵소서.

5월 08 May 교만

민16 / 시52-54 / 사6 / 히13

● 민수기 16장 모세를 향한 고라 다단 아비람의 교만

16장은 광야 생활 말기에 발생한 사건으로 40년간의 광야 생활에 지친 백성을 충동질하여 하나님이 세운 질서를 무너뜨리려 한 고라 일당의 반역 사건을 자세히 기록하고 있다. 고라는 레위의 증손 고핫의 손자 이스할의 아들, 즉 레위 지파 사람이었다. 또 그와 함께 르우벤 자손 3명, 곧 엘리압의 아들들 다단과 아비람과, 벨렛의 아들 온이 당을 짓고 이스라엘 자손 총회에 택함을 받은 자 곧 회중에 유명한 어떤 지휘관들 250명과 함께 일어나서 모세를 대적하였다.

✚ 묵상 : 레위의 후손인 고라와 그 자손들이 모세 앞에 잘못한 행동은 무엇이었나요?(민16:1~3,10)
모세는 이 문제를 풀기 위해 고라와 다단과 아비람에게 어떤 말을 했나요?(민16:6,~7,12,17)

● 시편 52-54편 다윗을 향한 도엑과 어리석은 자의 교만

52: 이 시는 표제에 나타난 바와 같이 다윗이 사울에게 쫓겨 다닐 때 자신을 돌보아 준 제사장 아히멜렉이 '도엑'의 밀고로 죽임을 당한 사건을 배경으로 쓰여졌다(삼상 21:1-9; 22:6-19). 이러한 배경에서 지어진 이 시의 문학적 형태는 탄식시라고 볼 수 있다. 다윗은 그의 답답한 심정을 위로하기 위하여 악인의 횡포를 통렬하게 비판하면서 의인의 승리를 선포하고 있다.

53: 본편은 영적 진리를 가르치는 지혜의 시이다. 이 시는 앞의 내용의 연속으로 보기 때문에 표제가 없다. 이것은 이 시의 특징이다. 이 시는 먼저 어리석은 자가 나오고 이어서 그것을 대하는 하나님의 통찰이 나온다. 이 점에서 이 시는 다른 시와는 다른 특징을 보여준다.

54: 본편은 다윗의 생애 가운데서도 가장 결박한 위기 상황 속에 그가 십 광야의 수풀 속에 숨어 있을 때에, 그곳 주민의 신고를 받은 사울이 추격함으로써 그의 목숨은 마치 풍전등화와 같이 되었던 것이다(삼상 23:19-29). 이 시는 이러한 위급 상황 속에서 하나님께 구원을 위한 기도이고, 다른 하나는 구원의 확신과 서원으로 구성되어 있다.

✚ 묵상 : 다윗은 사악한 자의 결말이 어떻게 될 것이라고 했나요?(시52:5,53:5,54:5)
다윗이 도망 다닐 때 하나님께 구한 기도의 내용은 무엇일까요?(시54:1,3,5)

통일 주제 **연합 내용**

교만 (驕慢, 하나님과 사람 앞에 잘난 체하는 태도로 겸손함이 없이 건방짐)

하나님이 가장 미워하시는 죄는 교만이다. 그러기에 하나님은 겸손한 자에게 은혜를 베푸신다. 고라, 다단, 아비람, 도엑, 이스라엘 선민, 유대인, 말씀으로 인도함을 받는 자 등은 모두 교만의 죄에 빠짐으로 하나님의 심판을 받았음을 기억하고 늘 겸손한 삶을 살아야 한다.

● 이사야 6장 듣지도 보지도 깨닫지도 못하는 자의 교만

이사야가 하나님의 선지자로 소명을 받는 장면이다. 그런데 이사야가 자신의 소명 사실을 이 부분에 이르러서야 비로소 다루는 까닭은, 앞장에서 선포한 바대로 유다의 패역함이 너무도 크고, 유다에 대한 하나님의 심판 의지가 아주 강렬하여 재앙의 날이 임박했음을 강조하려는 의도 때문이었다.

✚ 묵상 : 이사야는 하나님의 어떤 모습을 보고 무슨 음성을 들었나요?(사6:1~3,8)
이사야는 여호와 하나님께서 예루살렘과 유다 성읍들을 모두 황폐하게 하실 때에 얼마를 남겨 두겠다고 하셨나요?(사6:11~13)

● 히브리서 13장 말씀을 인도하는 자에게 순종하지 않는 교만

하나님이 기뻐하시는 산 제사를 드리는 삶에 대한 내용이다. 이웃을 사랑하기를 힘쓰며(1-3절), 계명을 지키며(4-5절) 말씀을 가르치고 인도하는 자들을 보고, 그들의 믿음을 본받아야 한다(6-8절). 이는 교회의 지도자나 먼저 믿은 성도들이 어떻게 살아야 하는지를 잘 보여주고 있다. 성전 제사(다른 교훈)와 성찬은 함께 할 수 없다(9-11절). 오직 예수님의 피로써만이 하나님 앞에 설 수 있기 때문이다. 그러므로 이제는 성 밖으로, 즉 유대종교와 유대문화 밖으로 나가야 한다(13절). 신행과 순종의 참된 제사를 드려야 한다(15-17절). 이제는 아론 계열의 구별된 제사장도, 레위인의 찬송도, 화목을 위한 제물이 필요하지 않다. 예수 그리스도가 대제사장이시며, 예수 그리스도가 순전한 제물이다. 제사는 성찬 및 예배를 통해 그리스도를 기념하고 경배하는 것으로 바뀌었다.

✚ 묵상 : 히브리서 기자가 일반적인 신앙윤리 외에 특별히 권면한 내용은 무엇일까요?(히13:7,17)
히브리서 기자는 예수 그리스도에 관하여 어떻게 설명했나요?(히13:8,12,20)

기 도

- 주여, 맡은 바 본분에 충실하고 높은데 처하려는 교만을 갖지 않게 하옵소서.
- 주여, 선한 사람을 무너뜨리기 위해 악한 자와 합하는 죄를 범치 않게 하옵소서.
- 주여, 양들의 큰 목자이신 우리 주 예수 그리스도를 바라보며 따르게 하옵소서.

5월 09 May 대안

민17-18 / 시55 / 사7 / 약1

● 민수기 17-18장　아론 제사장의 일을 넘보지 못하게 하신 여호와의 대안은 싹이 남

17: 고라 반란의 원인이 되었던 아론의 대제사장직이 지닌 신적 권위를 밝혀주는 부분이다. 즉 반란자들을 죽음으로 다스렸던 하나님은 이론의 지팡이에 싹이 나게 하심으로서 대제사장직이 범접할 수 없는 권위를 지니 것임을 확인시키는 부분이다.

18: 본장 역시 고라 사건의 연장선상에서 이해되어야 한다. 즉 하나님은 성역에 참여하는 제사장과 레위인 각각의 직분과 또 각각이 받을 분깃을 알려 주셨다. 그런데 아론의 권위에 대하여 고라와 그의 일당들이 도전을 하였다. 하나님의 일은 사람의 뜻이 아니고 하나님의 뜻에 따라서 되어 진다. 그래서 하나님은 그 일을 맡아서 처리하여야 할 아론에게 말씀하셨다. 고라의 사건 이후에 하나님은 모세에게 말씀하신 것이 아니고 아론에게 성소에 관해서 말씀하신다.

✚ 묵상 : 여호와는 이스라엘 자손이 다시는 아론의 제사장직을 거스르지 않도록 하기 위하여 어떤 대안을 말씀하셨나요?(민17:2,4~5,10)
여호와는 회막의 일과 제사장의 일이 레위인에게 무엇이 된다고 하셨나요?(민18:6~7)

● 시편 55편　원수의 위험에서 구원을 얻는 다윗의 대안은 간절한 탄원기도

이 시는 비탄 시이다. 비탄 시는 개인적 비탄 시와 민족적 비탄 시로 나뉜다. 신앙생활의 희로애락을 노래한 시편 중에서 비탄 시가 가장 많다는 사실은 시사적이다. 시의 성격은 위기에 처하였을 때에 구원을 바라는 내용이다.

따라서 오늘날 성도들도 고난을 당한 때에 본서의 비탄 시들을 읽으며, 신앙 각성을 통한 희망과 동기를 얻을 수 있는 것이다. 한편 본시는 다윗이 노년에 자신의 친아들 압살롬과 작전 참모 아히도벨에게 배반당하여 쫓겨 도망하는 치욕스러운 고통 중에 쓰여진 시이다.

✚ 묵상 : 다윗은 원수의 위험에서 어떤 기도를 드렸나요?(시55:1~3,9,16~17,23)
다윗은 자신의 원수가 어디에 있다고 했나요?(시55:13~15)

통일 주제 대안 (代案, 어떤 문제에 답이 될 만한 것이나 해결할 만한 방안)

연합 내용 모든 문제에는 답이 있다. 영적인 질서의 문제나 개인적인 인간관계의 문제, 더 나아가 국가의 문제나 성도의 삶의 문제에도 다 대안이 있다. 이 모든 대안은 하나님의 말씀과 구체적인 도우심에 있다.

● 이사야 7장 아람과 이스라엘의 동맹이 유다를 넘볼 때 주님의 대안은 임마누엘

북이스라엘 왕 베가와 아람 왕 르신은 자신들의 독립을 위협하던 앗수르에 대항하고자 모의하며 유다 왕 아하스에게 동참을 요청하게 된다. 겁에 질린 아하스에게 하나님은 선지자를 보내어 임마누엘 예언을 통해 위로했지만, 아하스는 끝내 앗수르에 의지함으로써 아하스와 그 나라는 심판을 면할 수 없게 된다. 하나님 없는 승리는 있을 수 없는 것이다.

✚ 묵상 : 유다왕 아하스가 아람과 이스라엘이 동맹하여 침략할 때에 두려워하는 것을 보고 하나님은 어떤 대안을 말씀하셨나요?(사7:4,7~9)
이사야는 여호와 하나님의 영원한 대안이 무엇이라고 예언했나요?(사7:14)

● 야고보서 1장 믿는 자들이 시험을 당할 때 승리하는 대안은 인내와 지혜

그리스인에게는 시험이 많다. 야고보는 시험을 잘 이기려면 지혜가 필요하다고 강조한다. 하나님은 구하는 자에게 시험을 이길 지혜와 인내를 주신다. 그래서 시험을 통해 더 견고하게 하신다. 고난도 영원하지 않고, 순탄한 삶도 영원하지 않으며, 풍요로움과 안락함도 언제나 지속되지 않는다. 사도는 시험의 두 종류인 '테스트'와 '유혹'을 구별하여 설명한다. 시험을 잘 분별해야 한다. 성도는 사탄의 달콤한 유혹에 속지 말아야 한다. 온갖 좋은 은사와 온전한 선물은 하나님이 주시는 것이다. 우리는 말씀을 행하는 자가 되어야 한다. 듣기만 하여 자신을 속이는 자가 되지 말아야 한다(22절).

✚ 묵상 : 야고보는 시험을 당하는 자들의 승리하는 대안은 무엇이라고 했나요?(약1:2~4,12)
야고보는 참된 경건에 대하여 어떤 삶의 모습을 강조했나요?(약1:22,26~27)

기 도

- 주여, 주의 일을 맡아 행하는 자에게 권위를 주사 흔들리지 않게 하옵소서.
- 주여, 하나님의 영원한 대안이신 임마누엘이 예수로 성취됨을 알게 하옵소서.
- 주여, 여러 가지 시험을 만났을 때 오직 인내와 지혜로 능히 이기게 하옵소서.

5월 10 May 부정

민19 / 시56-57 / 사8-9:1-7 / 약2

● 민수기 19장 시체를 접한 모든 것의 영적 상태적 상황적인 부정

본장은 부정을 제거하는 물에 대한 규례이다. 주검에 접촉한 자를 위한 정결의 물 만드는 법과 그 사용법이다. 가데스와 고라 사건 이후 이스라엘 안에 많은 주검들이 발생했고, 그것을 접촉함으로써 부정이 일어났기 때문에 이 법이 마련된 것으로 보인다.

여호와께서는 모세와 아론에게 말씀하셨다. 부정을 제거하는 물을 만드는 데 쓰인 제물은 암송아지이었다. 그것은 온전하고 흠이 없으며 아직 멍에를 메어본 적이 없는 어린 암송아지이어야 하였다. 그 송아지는 죄 없고 순전한 예수 그리스도를 상징한다. 이 법은 결국 선민의 전인적인 성결의 중요성을 깨우치고 있다.

✚ 묵상 : 여호와께서 모세와 아론에게 명령하신 속죄제 율례는 어떻게 지키는 것일까요?(민19:2~7,9)
시체와 연관되어 부정해진 것은 어떻게 정결하게 할 수 있을까요?(민19:12,17~19)

● 시편 56-57편 다윗의 원수들이 행하는 사악한 죄악의 부정

56: 원수들의 공격으로 생명의 위협을 느끼는 시인이 하나님의 도움을 구하고 있다. 배경은 다윗이 가드 왕 아기스에게 잡혀 죽을 뻔한 사건이다(표제어 참조). 내용은 도입 기도와 하나님에 대한 신뢰의 고백(1-4절), 원수들에 대한 고발(5-7절), 돌보심을 간구(8-11절), 응답에 대한 확신 및 감사제에 대한 맹세(12-13절)다.

57: 대적에 의해 위협을 받는 상황에서 구원을 간구하는 내용이다. 배경은 사울 왕에게 쫓기는 때다(표제어 참조). 구원에 대한 간구(1-4절), 하나님의 구원을 확신하며 찬양(6-10절), 후렴구(주의 영광이 선포되길 간구, 5, 11절).

✚ 묵상 : 다윗이 원수들의 사악함으로 힘들 때 가장 힘썼던 경건은 무엇일까요?(시56:1,4,8~10)
다윗이 사울의 핍박으로 인하여 힘들 때 그의 신앙고백은 무엇이었나요?(시57:7~11)

통일 주제 **부정 (不淨, 하나님 앞에서 율법을 어기거나 죄를 범하여 더러워진 상태)**

연합 내용 모든 사람은 죄인이다. 의인은 없나니 하나도 없다. 더러운 것을 만짐으로 부정해지고, 사람을 미워하고 괴롭힘으로 부정해지며, 주의 명령을 거역함으로 부정해지고, 행함없는 믿음으로 부정해진다. 이 모든 부정은 오직 예수 그리스도를 믿는 믿음으로 정결해진다.

● 이사야 8장-9장 1-7절　율법과 증거의 말씀을 떠난 백성과 사람들의 부정

임마누엘 징조에도 여전히 불안해하며 세상을 의지하려는 아하스와 유다 백성에게 하나님은 가까운 장래에 임할 대망과 위기, 그리고 이사야는 하나님의 예언은 이루어지되 유다 백성들은 하나님의 심판을 받게 될 것이라고 예언한다.

✚ 묵상 : 여호와께서 이사야의 아들의 이름을 통해 어떤 계획을 예언하셨나요?(사8:1,3~4,7~8)
여호와께서 인류를 구원하시기 위해 계획하신 놀라운 일은 무엇일까요?(사9:1~2,6~7)

● 야고보서 2장　사람을 차별하고 행동없는 믿음을 보인 신자의 부정

야고보서는 끊임없이 '행함이 없는 믿음은 죽은 믿음'임을 강조한다. 참된 믿음의 소유자는 사람을 편애하거나 차별하지 않는다(1-9절). 우리가 율법을 다 지킴으로써 의롭게 되는 것은 불가능하다(10, 11절). 그런 면에서 율법은 불완전하다. 율법을 통한 구원을 해결해 준 것이 바로 그리스도의 십자가 사랑이다. 예수 그리스도의 대속의 사랑을 힘입은 자는 사랑과 긍휼을 베풀어야 한다(10-13절). 행함이 없는 믿음은 무익하다(14-26절). 행함은 참믿음의 증표다. 믿음은 행함으로 증명이 된다.

✚ 묵상 : 야고보는 믿는 자가 범해서는 안되는 행동 중에 먼저 무엇을 말했나요?(약2:1~4,9)
야고보는 진정한 믿음은 무엇이 따라야 한다고 말했나요?(약2:14,17,21~22,26)

기 도

- 주여, 예수 그리스도의 보혈 안에서 늘 정결한 삶을 살게 하옵소서.
- 주여, 기묘자, 모사, 전능하신 하나님, 평강의 왕이신 주를 따르게 하옵소서.
- 주여, 사람을 차별하지 않게 하시고 행함이 있는 믿음으로 살아가게 하옵소서.

5월 11 May 섭리

민20 / 시58-59 / 사9:8-10:4 / 약3

● 민수기 20장 모세와 아론의 운명을 향한 하나님의 섭리

출애굽 40년, 모세의 가나안 입성을 불가능하게 만들었던 므리바 물 사건, 에돔 족속의 방해로 이스라엘이 먼 길을 돌아 가나안으로 나가야 했던 일, 대제사장 아론의 죽음과 그 아들 엘르아살이 대를 이은 내용이 소개된다. 이곳에서는 이와 같은 사건들은 이스라엘의 역사 속에서 가상 슬픈 사건 중의 하나이다. 이 사건은 미리암의 죽음, 아론의 죽음, 모세의 범죄(12절), 애곡이 나온다(29절). 이와 같은 것은 불신의 결과였다. 모세에 관하여 다음과 같은 것을 살펴본다.

✚ 묵상 : 모세가 에돔땅 변방 가데스와 호르산에서 당한 세 가지의 아픔은 무엇일까요?(민20:1~5,28)
모세와 아론이 약속의 땅에 들어가지 못하게 된 이유는 무엇일까요?(민20:7~12,24)

● 시편 58-59편 악을 행하는 자들을 향한 하나님의 섭리

58: 이 시는 다윗이 불의한 통치자들을 하나님께 고소하며 쓴 시로서 확실한 근거는 없으나 압살롬 시대에 쓰인듯하다. 이 시의 내용은 악한 통치자들의 모습과 공의를 저버리고 불의를 지지하는 재판에 대한 이 항의는 지금도 다를 바 없는 내용이다. 특히 이 시에는 적절한 비유법이 많이 사용되어 그 의미를 더욱 생생하게 전해주고 있다(4, 8, 9절).

59: 본편은 다윗이 사울의 박해를 받을 때 쓴 작품 중에서도 최초의 것으로 그가 사울이 보낸 자객에 의하여 죽을 위기에 처했을 때 아내 미갈의 도움으로 창문을 통하여 탈출하게 되는 사건을 배경으로 하고 있다(삼상 9: 11-17). 이 시에는 시인의 곤고함, 기도, 탄원 등이 교대로 섞여 있어서 구성상의 치밀함을 보여 주지는 못하고 있는데 이를 근거로 해서 이 작품을 무명 시인들의 단편집으로 보는 견해도 있다. 그러나 이 시편도 56편, 57편과 같이 구원을 바라는 시이다. 이 점에서 이 시는 하나님의 도우심을 간절히 사모하는 그러한 내용이다.

✚ 묵상 : 하나님은 악한 통치자에 대해 어떤 섭리를 가지고 계실까요?(시58:1~2,11)
다윗은 자신을 향하여 악을 행하는 자들에게 하나님이 어떻게 해 주시길 기도했나요?
(시59:1~2,11~13)

통일 주제 섭리 (攝理, 천지만물을 창조하신 하나님이 세상만물을 다스리는 뜻과 이치)

연합 내용 하나님은 만물을 창조하신 후 사람에게 맡기시고, 교제하시기 위하여 구약에서는 성전 중심으로, 신약에서는 예수 안에서 교회 중심으로 모이게 하셨다.

● 이사야 9장 8절-10장 4절 거역하는 이스라엘을 향한 하나님의 섭리

9장 1-7절은 '메시야의 탄생'에 관한 예언으로서 흑암의 백성이 모든 불행에서 구원되는 것은 오직 메시야가 오심으로써만 가능하다는 사실과 오실 메시야의 특징을 설명한다. 메시야 예언은 원시 복음에서 처음 암시되었고(창 3:15), 예수의 탄생으로 마침내 성취되었다(마 1:25). 이어 이사야는 북왕국 이스라엘의 멸망에 대해 예언한다.

✚ 묵상 : 이사야는 돌아오지 않는 불의한 이스라엘을 향한 여호와의 심판이 혹독함을 어떻게 표현했나요? (사9:11~12,17,21,10:4)
이스라엘 백성은 하나님의 심판 앞에서 어떤 태도를 보였나요?(사9:9~10,13,10:1~2)

● 야고보서 3장 마음과 혀의 결과에 권징을 보이시는 하나님의 섭리

믿음과 행함에 있어서 차별의 문제를 먼저 다룬 야고보는 이어서 말에 관한 문제를 다룬다. 큰 배를 작은 키가 조정하는 것처럼 또한 작은 불씨가 많은 나무를 태우는 것처럼 말은 우리의 모든 행동을 제어하는 강력한 힘을 가지고 있는데 혀를 길들이기란 웬만한 동물을 길들이는 것보다도 더 어렵다(1-8절). 한 입에서 가장 고결한 말인 찬송과 가장 더러운 말인 저주가 함께 나갈 수 있다(9-12절). 그러므로 지혜와 총명이 있는 자는 말이 아닌 선행과 행함으로 증명하라고 말한다(13절). 참된 지혜는 논쟁에서의 승리로 드러나는 것이 아니라 행함으로 드러난다. 위로부터 내려오는 신령한 지혜를 구하는 성도는 성결, 화평, 관용, 양순, 긍휼, 선한 열매를 거둘 것이다(14-18절).

✚ 묵상 : 야고보는 믿는 형제가 가장 조심해야 할 것이 무엇이라고 말했나요?(약3:2,5~10)
야고보는 위로부터 난 지혜가 무엇이라고 말했나요?(약3:17)

기 도

- 지난해의 아쉬움으로 좌절하지 않고 말씀 의지하여 다시 시작하겠습니다.
- 시작함에 있어서 모든 시작은 하나님의 섭리(손)에 달려 있다는 것을 기억하겠습니다.
- 그렇지만 나의 준비가 요구됩니다. 성령을 의지하고, 오로지 기도하며, 부활의 증인된 삶을 살아가겠습니다.

5월 12 May 전쟁

민21 / 시60-61 / 사10:5-34 / 약4

● 민수기 21장 아모리왕 시혼과 바산왕 옥에 대한 이스라엘의 전쟁

가나안을 눈앞에 둔 이스라엘은 출애굽 40년 만에 첫 승리를 거두지만 그들 내부의 적인 원망과 불순종에 의해 또 한 번 하나님의 심판, 즉 불뱀과 놋뱀을 경험하게 되는 장면이다. 이것은 역사상에 슬픈 일이고 불행한 일이다. 죄는 언제나 하나님과 가까이 하는 것이 아니고 하나님을 멀리 떠나서 자기의 길로 가게 한다. 우리가 실제로 가야 할 길은 그리스도 안에서 생명의 길을 걸어가는 것이다. 사람들의 마음에서 나오는 원망이 그 사람으로 하여금 패역의 길을 가게 한다. 마음이 하나님 안에서 만족이 없으면 그 사람은 다른 곳을 헤매게 된다. 그래서 사탄의 희생제물이 되기 마련이다.

✚ 묵상 : 이스라엘 백성이 호르마 승전을 한 후 하나님과 모세를 원망한 이유는 무엇일까요?(민21:4~5)
요단 동편에 있는 아모리왕 시혼과 바산왕 옥은 왜 이스라엘 자손에게 점령을 당했나요?(민21:21~26,33~35)

● 시편 60-61편 이방민족과 대적 원수에 대한 다윗의 전쟁

60: 본 시는 이스라엘이 요압 장군의 활약으로 아람&에돔 연합군과의 전쟁에서 승리한 것을 배경으로 하고 있다(삼하 8장). 그러나 시의 초반에는 에돔에 의한 패배에 대한 탄식이 등장한다(1-3절). 아마도 전쟁 초기에는 수세에 몰렸던 것으로 보인다. 시인은 하나님이 이스라엘을 승리케 하시고 주변의 여러 민족을 정복하게 하실 것을 소망한다(4-8절). 이스라엘은 초기의 실패를 딛고 마침내 승리할 것이다(9-12절).

61: 죽음의 문턱(=땅끝)이라고 생각될 정도로 어려운 상황에서 시인은 피난처요 견고한 망대가 되시는 하나님의 그늘 아래로 피한다(1-4절). 과거 하나님은 시인의 기도에 응답하셨으며 시인에게 기업을 주셨다(5절). 시인은 자신의 장수, 안정된 통치의 지속 그리고 하나님의 인자와 진리로 보호하여 주실 것을 간구한다(6-7절). 시인은 찬양과 서원의 이행을 약속한다(8절).

✚ 묵상 : 다윗은 전쟁을 대할 때마다 여호와 하나님을 어떻게 의지했나요?(시60:4,12)
다윗은 마음이 약해 질 때 주님을 어떤 분으로 믿고 어떤 기도를 드렸나요?(시61:2~3,5,8)

통일 주제 전쟁 (戰爭, 나라나 단체 또는 세력 사이에 전략과 무력을 써서 다투는 싸움)

연합 내용 성경에는 다양한 전쟁의 기록이 있다. 선민과 이방민족과의 전쟁, 다윗과 이방 장수와의 전쟁, 북왕국과 남왕국이 북방과 남방세력과 다투는 전쟁, 성도가 마귀와 악한 영에 대하여 싸우는 영적 전쟁 등 이다.

● 이사야 10장 5-34절 경건치 못한 이스라엘에 대한 앗수르의 심판 전쟁

하나님을 의뢰하고 더 이상 앗수르를 의지하지 말며, 하나님의 뜻을 거스른 결과는 멸망뿐임을 깨우치라는 것이다. 이사야는 또한 앗수르의 멸망에 대해 예언한다. 이사야는 유다 백성들에게 앗수르를 의지하지 말 것을 경고했다. 여기서 앗수르를 의지하는 일이 얼마나 무가치한 일인지를 말한다. 이사야는 이스라엘의 남은 자에 관해 예언한다. 심판 중에도 하나님을 의뢰한 신실한 백성들은 보호를 받을 것이라고 한다.

✚ 묵상 : 하나님은 경건치 못한 이스라엘 백성을 칠 도구로 어느 나라를 사용하였나요?(사10:5~6,24)
하나님은 앗수르 나라에 대해 어떤 이유로 어떤 계획을 가지고 계셨나요?(사10:7~15,25)

● 야고보서 4장 대제사장과 무식하고 미혹된 자 모두 속죄를 위해 헌물을 드림

야고보는 교회 공동체를 대상으로 공동체 윤리에 대해 권면한다. 즉 야고보는 허탄하고 세속적인 삶을 버리고 겸손하고 순결한 신앙으로 살도록 교훈한 뒤, 교만에서 오는 탐욕과 비방을 버리고 헛된 자랑을 산가하라고 당부한다. 따라서 모든 문제의 해결은 바로 나 자신에 대한 철저한 부정과 하나님의 말씀으로 나 자신과 싸워 승리하는 것임을 발견할 수 있다.

✚ 묵상 : 야고보는 믿는 형제들에게 무엇을 신신당부했나요?(약4:7~10)
야고보는 믿는 형제들이 어떤 생각을 가져서는 안된다고 했나요?(약4:13~15)

기 도

• 주여, 이 민족이 타 민족과 정치, 경제, 외교 전쟁을 할 때 승리하게 하옵소서.
• 주여, 이 민족이 경건치 못하여 하나님의 매를 맞는 일이 없게 하옵소서.
• 주여, 하나님을 인정하지 않고 미래를 계획하는 우를 범하지 않게 하옵소서.

5월 13 May 전략

민22 / 시62-63 / 사11-12 / 약5

● 민수기 22장 모압왕 바락이 이스라엘을 저주하기 위해 세운 전략

22장에서 민수기 마지막까지는 40년 광야 여정 중 최종 숙영지인 모압 평지에서의 사건들이 소개되고 있다. 그중 22장에서 24장은 이스라엘의 진격을 두려워한 모압 왕 발락이 술사 발람을 초대해 이스라엘을 멸하려 했던 사건이다. 발람은 구약에서 나오는 인물 중에서 우리에게 많은 교훈을 주는 사람이다. 그의 행적이 그러하였고 그가 남긴 결과도 중요한 교훈이 된다.

이스라엘 자손은 또 행진하여 모압 평지에 진을 쳤는데, 요단 건너편 곧 여리고 맞은편이었다. '요단 건너편'이라는 말은 '요단 이편'이라고 번역하는 것이 좋다. '요단 건너편'이라는 '요단 이편' 혹은 '요단 저쪽'이라고 번역될 수 있는 말이다. 구약성경의 처음 다섯 권은 모세가 쓴 책이며 민수기는 그가 요단 동쪽 모압 광야에 있었을 때 기록한 책이다.

✚ 묵상 : 모압왕 발락은 이스라엘이 시혼과 옥을 물리치고 자신의 지역에 들어왔다는 소식을 듣고 번민한 나머지 어떤 전략을 세웠나요?(민22:5~6,15~17)
여호와 하나님은 발람에게 어떤 표적을 보이시고 또 어떤 말씀을 하셨나요?(민22:22~35)

● 시편 62-63편 다윗의 원수들이 다윗을 넘어뜨리기 위해 세운 전략

62: 시인을 공격하려는 대적들의 공격 가운데서 시인이 하나님께 자신을 온전히 맡기는 '신뢰시'다. 신뢰의 고백(1-2절), 대적들의 위협(3-4절), 하나님을 신뢰하라는 권면(5-8절), 인간의 한계(9-10절), 하나님이 주시는 확신의 말씀(11-12절)으로 구성되어 있다.

63: 하나님이 제공하는 안전을 열망하는 시인의 기도가 담겨 있다. 시인은 고통 가운데서 하나님을 간절히 찾으며(1절), 성소에서 하나님과 교제했던 때를 회상하며 하나님의 위로를 경험한다(2-6절). 과거를 회상하며 자신의 미래를 확신한다(7-11절). 신실하신 하나님이 함께 하셨던 과거의 시간들을 기억함으로써, 미래를 확신하게 된다.

✚ 묵상 : 다윗은 자신을 넘어뜨리려는 원수들 앞에서 어떤 태도를 취했나요?(시62:1~5,8)
다윗은 물이 없고 마른 유다 광야에서 어떻게 승리할 수 있었나요?(시63:1~3,6~8)

통일 주제 전략 (戰略, 영적 생활이나 사회적 활동을 하는데에 있어서의 방법이나 책략)

연합 내용 세상은 경쟁하고 발전한다. 동시에 악하다. 따라서 모든 사람은 전략을 가지고 산다. 정치, 경제, 사회, 종교 영역 속에서 살아남기 위해 끊임없이 전략을 수립하고 싸운다. 믿는 자들은 참 전략으로 승리해야 한다.

● 이사야 11-12장　심판 후에 하나님이 유다를 회복시키기 위해 세우신 전략

11: 복음의 선지자답게 이사야는 메시야 예언을 많이 선포한다. 메시야의 오심과 그분의 의로운 통치 그리고 그로 인한 복음의 확산에 대한 비전이 소개된다. 이러한 메시야 왕국에 대한 소망은 불안하고 위협적인 이 땅에서 살아가는 하나님의 백성에게 크나큰 위로가 아닐 수 없다.

12: 선민의 죄로 인한 심판과 그와 동시에 펼쳐질 구원에 대한 메시지가 12장을 분수령으로 끝이 난다. 한편 심판과 구원의 격랑 중에도 감사하는 것은 하나님을 믿는 자의 당연한 태도이다. 이 12장은 시편의 여러 찬양 시와 마찬가지로 극심한 위기에서 오직 주의 사랑으로 구원된 자들의 감각을 잘 묘사하고 있다.

✚ 묵상 : 여호와 하나님은 이스라엘을 회복시키시기 위해 남은 자를 돌아오게 하실 때 누구를 통하여 이 일을 행하신다고 예언하셨나요?(사11:1~5,10~12,16)
이사야는 여호와 하나님의 은혜를 입은 자가 무엇에 힘써야 한다고 했나요?(사12:1~5)

● 야고보서 5장　재림이 가까운 말세에 자신과 교회의 형제를 지키는 전략

유대 지혜 문학과 묵시 문학이 혼합된 독특한 표현으로 보이는 본장의 주제는 미래를 준비하는 성도의 현실적인 삶에 대한 것이다. 여기서 중요한 관점의 대상이 되는 것은 성도의 오늘의 삶이다. 저자 야고보는 오늘을 살아가는 부자와 가난한 자의 행실을 단순히 현실적인 세상의 가치와 판단으로 측정하지 않고 종말론적 신앙의 안목으로 염려하고 격려한다.

✚ 묵상 : 야고보는 말세에 믿는 자가 무엇을 주의해야 한다고 경고하고 있나요?(약5:1~5)
야고보는 주의 재림이 가까이 올수록 믿는 형제들이 무엇에 힘써야 한다고 했나요?
(약5:7~8,10~11,13,15~16)

기 도

• 주여, 삶 속에 어려운 일이 다가와도 그릇된 방법을 추구하지 않게 하옵소서.
• 주여, 하나님께서 우리를 위해 보내 주신 예수님을 바로 따라 가게 하옵소서.
• 주여, 재림이 가까운 때에 청렴과 인내와 기도에 힘쓰는 자가 되게 하옵소서.

5월 14 May 음모

민23 / 시64-65 / 사13 / 벧전1

● 민수기 23장 이스라엘을 저주하려는 발락의 음모

뜻이 맞는 사악한 두 세력 발람과 발락이 만나 이스라엘을 멸망시키려 했으나 하나님의 주권적인 개입으로 오히려 이스라엘을 오히려 축복하게 된 사건이다. 선지자 발람이 모압 왕 발락에게 왔다. 발락이 발람의 말대로 준비한 후에 발락과 발람은 제단에 수송아지와 숫양을 드렸다. 바알의 산당에 오르니 하나님께서 발람에게 임하셨다. 하나님께서는 이방 선지자 발람에게도 임하셨다. 하나님은 탐심에 눈이 먼 발람의 전 인격을 주장하셔서 이스라엘을 보호하시고 인도하시는 당신의 거룩한 뜻을 드러내셨다. 그리고 이 같은 것은 하나님의 사람과 그와 관계된 사람들에 관하여 좋은 교훈을 가져다준다.

✚ 묵상 : 모압왕 발락이 발람에게 세 번씩이나 요청한 것은 무엇이었나요?(민23:11,13,27)
여호와가 발람을 통하여 모압왕 발락에게 하신 말씀은 어떤 내용이었나요?(민23:7~10,18~24)

● 시편 64-65편 다윗을 해하려고 악을 꾀하는 자의 음모

64: 이 시편의 저작 시기는 다윗이 사울의 박해를 받았을 때이거나 압살롬의 반란을 당했을 때로 주장되기도 하나 확실하지는 않다. 오히려 이 시에는 신변의 절박한 위협이 별로 기록되어 있지 않고 흉계에 대한 비난이 있는 것으로 보아(3-6절) 내적으로 정치적 파당이 조성되던 시기, 곧 압살롬의 반란이 무르익어 가던 시기로 추측할 수 있다.

본 시의 표제에 '다윗의 시'라고 했으나 시를 쓴 배경은 난해하다. 이 시의 내용은 다윗을 대적하는 원수들의 간계와 행악을 묘사하고, 이들을 징계하는 하나님의 심판을 다루고 있다.

65: 이 시편은 봄의 무교절이나 가을의 초막절에 성막에서 절기를 지키며 축제를 즐기는 것을 배경으로 한다. 그래서 이 시는 여러 곳에서 추수를 풍성하게 하신 하나님을 찬미하는 내용이 넘친다. 1-5절은 '영적 축복에 대해 찬양'했으며, 6-13절에서는 '자연의 축복에 대한 찬양'을 그렸다.

✚ 묵상 : 다윗은 악한 자의 음모를 어떻게 극복하고 승리했을까요?(시64:2,7,9~10)
다윗은 주께서 택하시고 가까이 오게 하사 주의 뜰에 살게 하신 사람의 복이 어떠하다고 했나요?(시65:4,9~13)

통일 주제 음모 (陰謀, 남모르게 나쁜 일을 꾸밈)

연합 내용 사탄은 하와를 꾀었다. 결국 그 음모에 의해 불순종의 죄를 짓게 되었다. 그 후 예수 그리스도의 보혈로 속죄함을 입은 성도는 계속 되는 마귀와 악한 자의 음모 속에서 시험을 당한다. 반드시 승리해야 한다.

● 이사야 13장 심판의 도구인 바벨론과 메대의 음모

바벨론에 임할 멸망이 예언된다. 한편 바벨론은 기원전 612년 앗수르의 수도 니느웨를 파괴함으로써 앗수르를 물리치고 세계적 강국이 된 신바벨론을 일컫는다. 가까운 미래로 시선을 돌렸던 이사야는 이제 먼 미래로 시선을 향한다(19-22절). 바벨론의 패망이라는 이 예언의 궁극적 성취는 그리스도의 재림으로 재건된 바벨론이 완전히 패망할 때 이루어질 것이다(계 14:8; 18:2).

✚ 묵상 : 이사야는 어떤 날이 무엇 때문에 다가오고 있다고 예언했나요?(사13:6,9,11,13)
이사야는 하나님의 진로를 당하는 자들의 모습이 어떻다고 했나요?(사13:7~8,14~16)

● 베드로전서 1장 택하신 자를 많은 시험으로 넘어지게 하려는 음모

그리스도인은 하늘에 속한 시민이며, 일시적으로 세상에 머무는 존재다. 이 땅에서 우리의 정체성은 디아스포라("흩어진 나그네", 1절)이다. AD 60년 초에 베드로전서가 기록될 당시에는 네로 황제에 의한 극심한 박해가 진행되던 시기다. 여러 가지 시험이나 박해로 근심할 수 있으나, 오히려 기뻐할 수 있음은(6절) 부활이 가져다 준 산 소망(3절)과 결코 쇠하지 않는 영원한 유업(4절) 때문이다. 예수 그리스도께서 고난(십자가 죽음)을 이기시고 영광(부활)을 누리신 것처럼, 성도들도 현재의 고난을 이기고, 영광을 얻게 될 것이다(11절). 그리스도의 보배로운 피로 구속함을 받은 성도는(19절) 거룩한 삶을 살아야 한다(15-16절). 하나님의 말씀이 영원한 것처럼 우리도 영원을 누릴 것이다(23-25절).

✚ 묵상 : 예수 그리스도로 말미암아 대속함을 받고 얻은 구원을 어떻게 지켜야 할까요?(벧전1:2,17~19)
베드로는 죄인을 거듭나게 한 말씀이 결국 무엇이라고 했나요?(벧전1:3,23~25)

기 도

- 주여, 거듭되는 재물의 유혹 속에서도 흔들리지 않는 절대적 신앙을 주옵소서.
- 주여, 다윗이 악한 자의 음모 속에서 승리했던 것처럼 저희도 이기게 하옵소서.
- 주여, 사탄의 여러 가지 시험 속에서도 복음을 굳게 붙잡고 승리하게 하옵소서.

5월 15 May 임재

민24 / 시66-67 / 사14 / 벧전2

● 민수기 24장 이스라엘을 축복하시기 위해 발람에게 임재하심

이스라엘을 멸망시키려던 발락의 악한 계획과 발람의 시도가 최종적으로 실패하게 되는 장면이다. 하나님은 악인들의 입술을 통해 당신이 선택한 이스라엘의 번영과 메시야 출현까지 예언하도록 주장하심으로서 당신이야말로 모든 인생과 역사의 참 주인이시오 특히 당신의 백성을 지극히 사랑하시는 분임을 알리셨다.

✚ 묵상 : 발람은 하나님의 영이 임하여 예언할 때 자신을 어떻게 표현했나요?(민24:3~4,15~16)
발람이 이스라엘에 대하여 예언한 내용은 무엇이었나요?(민24:5~9,17~19)

● 시편 66-67편 모든 민족과 나라를 통치하시기 위해 임재하심

66: 본편은 하나님께 대한 개인적인 감사의 시로 그 저작자는 다윗, 여호사밧, 히스기야 등으로 추정되고 있으나 확실한 증거가 없기에 일반적으로 유대의 한 왕으로 간주되고 있다. 이 기쁨에 찬 시편은 집단 찬양으로 시작한 뒤에 개인적 예배를 집중적으로 부각했다. 1-12절은 하나님께 공동체가 올려 드리는 찬양이며, 13-20절은 하나님께 드리는 개인적인 찬양을 담고 있다. 이 시편은 구원과 관련되어 있고, 또한 감사의 시로서 앞의 시와 관련되어 있다. 하나님을 갈망하는 자, 하나님 안에서 만족하는 자는 하나님께 감사한다.

67: 본편의 이 짧은 시는 하나님의 자비의 필요성과 결과와 미래에 온 우주가 하나님을 예배함이라는 두 가지 낙관적 주제로 전개된다. 본시는 하나님의 자비를 구하는 기도이며, 세상이 주를 예배하게 해달라는 간구이고, 하나님의 축복에 대한 기대를 그렸다. 이 시편은 65편과 같이 하나님의 업적을 찬양하는 시이다.

✚ 묵상 : 시편 기자는 온 땅이 하나님께 무엇을 해야 한다고 선포하고 있나요?(시66:1~4,8)
시편 기자는 하나님이 민족과 나라에 대해 어떤 일을 하신다고 믿었나요?(시67:2~5)

통일 주제 임재 (臨在, 하나님이 인생 속에 주권을 행사하시기 위해 나타나심)

연합 내용 성부, 성자, 성령 하나님은 세상 가운데 가시적으로 또는 불가시적으로 임재하신다. 특히 선택한 자들에게 나타나셔서 뜻을 가르쳐 주시고, 악한 자에 대해서는 심판을 행하시며, 성도에 대해서는 약속과 축복의 예언을 말씀하신다.

● 이사야 14장 교만한 바벨론을 멸망시키기 위해 임재하심

본장에서는 잔인하고 교만했던 바벨론의 멸망, 당시 최강국이던 앗수르의 파멸 그리고 선민의 오랜 적대국이던 블레셋의 멸망 등이 연대기적 서술을 취하지 않은 채 집대성되어 그려지고 있다. 어느 면에서 바벨론의 포로생활에서 해방되는 것을 언급하지만 이 장의 가장 중요한 관심사는 이 시작 단락(1-3절)에서 확인할 수 있다. 이사야 선지자는 환난의 마지막에 있을 최후의 바벨론을 바라보고 있다.

✚ 묵상 : 이사야는 교만한 바벨론의 멸망을 어떻게 묘사했나요?(사14:4~7,9~10,12~17)
여호와 하나님이 앗수르와 블레셋을 멸망시키신 이유가 무엇일까요?(사14:25~26,31~32)

● 베드로전서 2장 죄인을 구원하고 성도의 본이 되기 위해 임재하심

본장에서는 성도들이 옛 죄악을 버리고 예수의 말씀으로 계속 자라나야 하며, 삶의 모든 영역에서 거룩을 추구하되 특히 이방인 앞에서, 권세자 앞에서, 고난을 제공하는 자 앞에서 그리스도께서 보이신 모범을 따라 온전한 삶을 추구해야 한다고 가르치고 있다.

25절의 "목자와 감독", 그리스도는 그리스도인의 표준(21-23절)과 대속물(24절)일 뿐 아니라 그리스도인의 목자이기도 하시다(5:4. 참고, 사 53:6; 요 10:11). 구약성경에서 주님이 목자라는 호칭은 메시야를 가리킨다(겔 34:23, 24; 37:24. 참고, 요 10:1-18). 그 이외에도 박해와 비난을 당하던 그리스도인을 위로하려는 베드로에게 목자와 감독이라는 호칭은 그리스도를 가리키는 가장 적절한 묘사였다(12절). 이 두 용어는 영적인 지도자에게도 사용된다.

✚ 묵상 : 베드로는 믿는 자들에게 무엇을 버리고 무엇을 취하라고 했나요?(벧전2:1~2,4~5,9)
베드로가 까다로운 자들로부터 부당한 고난을 당하는 성도에게 예수님의 어떤 모습을 소개하고 있나요?(벧전2:21~24)

기 도

- 주여, 하나님이 선택한 자를 향해 항상 주님의 심정으로 축복하게 하옵소서.
- 주여, 구원받고 축복받은 대한민국이 하나님을 찬송하고 노래하게 하옵소서.
- 주여, 신령한 젖을 먹고 자라나 신령한 집을 짓고 신령한 제사를 드리게 하옵소서.

5월 16 May 진노

민25 / 시68 / 사15 / 벧전3

● 민수기 25장 모압 여자들과 신들을 가까이한 이스라엘에 대한 하나님의 진노

발람의 시도가 실패로 돌아갔지만 이스라엘은 더 큰 위기에 직면하게 된다. 즉 이스라엘은 요단강 바로 앞 싯딤에서 모압 여인들과 행음함으로써 거룩을 훼손했고, 그로 인해 죽음을 맞게 되었다. 이 같은 중요한 지방에서 이스라엘의 남자들의 음행행위는 심각한 문제가 되었다. 이들은 승리의 도취감과 긴 광야생활에서 얻은 방관적 생활에서 이와 같은 범죄를 한 것 같다. 하나님의 사람들은 언제나 자신을 지키는 자세가 필요하다. 바로 이곳에서 방만의 자세가 어떤 결과를 가져왔는가를 알게 하여 준다.

✚ 묵상 : 여호와 하나님이 가장 진노하시는 죄는 무엇일까요?(민25:1~4,9)
시므온인의 지도자 시므리가 미디안여인 고스비를 데리고 올 때에 여호와의 질투심을 대신 표현하여 이스라엘 자손을 속죄한 사람은 누구일까요?(민25:6~8,11~15)

● 시편 68편 다윗과 선민을 괴롭히는 원수들과 악인을 향한 하나님의 진노

일생동안 수많은 고난과 전쟁을 겪은 다윗은 대적들을 물리치고 승리를 주신 하나님을 찬양하라고 권한다(1-4절). 약한 자를 붙드시는 하나님은 지난날의 역사 가운데 이스라엘을 선하게 인도하시며 필요한 것을 공급해 주셨다(5-10절). 미리암의 노래(홍해에서의 승리, 출 15장), 드보라의 노래(가나안 왕 야빈과의 전쟁에서 승리, 삿 5장), 이스라엘 여인들의 노래(골리앗에 대한 다윗의 승리, 삼상 18장) 등을 보면 여인들이 승리를 노래한다. 가장 높은 바산이 아닌 평범한 시온산을 거처로 삼으신 하나님은 승리하셨으며 연약한 여인들에게까지 승리의 산물을 나누어 주심으로 여인들은 승리의 노래를 부른다(11-18절). 시인은 우리의 짐을 대신 지시고 함께 하시며 우리 대신 싸워 승리하시는 하나님을 노래한다(19-27절). 열방이 하나님께 돌아와 경배할 것을 내다보며 이스라엘 백성은 물론 온 열방에게 하나님의 위엄과 능력을 찬양하자고 제안한다(28-35절).

✚ 묵상 : 다윗은 하나님이 원수들과 악인에 대해 어떻게 진노하신다고 했나요?(시68:1~2,14,21)
다윗은 하나님의 은혜를 입은 백성이 무엇을 해야 한다고 했나요?(시68:4,19,26,34)

통일 주제 진노 (震怒, 엄위한 존재이신 하나님이 몹시 노함)

연합 내용 하나님은 사랑이시며 공의이시다. 공의의 하나님은 죄와 악을 싫어하시고 죄악에 대하여 크게 진노하신다. 믿는 자는 주님의 보혈로 정결하게 되었음으로 진노 아래 있지 않고 큰 축복 가운데 살아간다.

● 이사야 15장 통곡하며 울부짖는 피난민 모압을 향한 하나님의 진노

모든 민족 심판에 대한 예언의 네 번째 것으로 그 대상이 모압이다. 룻의 후손(창 11:31)인 모압은 이미 주전 13세기경에 서해의 동편 구릉 지대를 중심으로 그들의 왕국을 형성했었다. 주전 12-11세기를 거치는 동안 그들은 영토를 확장하여 본래 이스라엘의 르우벤 지파가 점령하고 있었던 사해 북쪽까지 차지하게 되었다. 특히 심판 예언에서도 다른 이방 나라들에 대한 심판들과는 달리 그들이 처절한 멸망에 대한 냉정한 표현보다 내심 안타까워하는 애처로운 장면들이 주종을 이루고 있음도 특이하다.

✚ 묵상 : 여호와 하나님은 모압에 대해 어떤 경고를 하셨나요?(사15:1)
여호와 하나님이 모압을 심판하신 후 그의 모습은 어떻게 될까요?(사15:2~3,5~6,8)

● 베드로전서 3장 노아 때에 복종하지 않던 자처럼 예수 앞에 악행하는 자를 향한 진노

성도의 올바른 인간관계와 환난 중의 올바른 자세를 가르치고 있다. 즉 베드로는 최소 단위의 사회라고 할 수 있는 가정 내에서 아내와 남편의 올바른 관계 정립과 고난에 직면한 성도의 자세, 끝까지 선을 추구하며 온유한 삶을 살 것, 그리스도께서 보여주신 모범 등을 소개하고 있다.

✚ 묵상 : 베드로는 아내와 남편에게 각각 어떤 교훈을 권면했나요?(벧전3:1~2,6~7)
초대교회 당시 핍박과 박해로 고난을 많이 당한 베드로는 믿는 형제들에게 어떤 자세를 가지고 살아가야 한다고 말했나요?(벧전3:9,14~17)

기 도

- 주여, 예수 그리스도를 온전히 닮게 하사 세상을 따라가지 않게 하옵소서.
- 주여, 하나님의 마음을 알아 공동체 안에서 악을 제하고 멀리하게 하옵소서.
- 주여, 고난 중에 인내하고 선으로 악을 갚아 모든 죄인을 구원하게 하옵소서.

5월 17 May 심판

민26 / 시69 / 사16 / 벧전4

● 민수기 26장 시내광야에서 계수된 자들을 심판하심

첫 번째 인구조사가 광야 여정 중에서의 효율적 진행을 위한 것이라면 두 번째는 가나안 땅을 효과적으로 정복하고 땅을 합리적으로 분배하기 위한 조사였다. 가데스 바네아 사건으로 구세대가 전멸했지만 이스라엘 인구는 1차 조사 비해 때에 불과 1,820명밖에 감소하지 않았다. 이것은 하나님의 은혜로우신 간섭의 결과라고 볼 수 있다.

이 인구조사에서 우리는 한 가지 교훈을 보게 된다. 하나님은 어느 시대를 막론하고 자신의 백성들이 힘이 없기나 약해지는 것을 원하지 아니하신다는 것이다. 우리들은 어려운 일을 당한 때에 낙심하고 포기하는 경향이 있다. 엘리야도 하나님의 의인들이 다 죽고 자기만 남았으나 자신까지도 죽이려고 한다고 한탄 하였으나 하나님은 바알에게 무릎을 꿇지 아니한 칠천 명의 의인들이 이스라엘 중에 있다고 하셨다. 하나님은 언제나 하나님의 백성을 보호하시고 지켜주신다.

✚ 묵상 : 염병 후에 여호와께서 모세와 엘르아살에게 20세 이상을 계수하게 하셨을 때에 그 총 수는 몇 명이었으며 그들에게 약속의 땅을 어떻게 나누라고 하셨나요?(민26:1~2,51,54~56)
시내광야에서 계수한 자와 모압평지에서 계수한 자의 수는 몇 명이며 시내광야에서 계수한 자가 약속에 땅에 들어가지 못한 이유는 무엇일까요?(민26:63~65)

● 시편 69편 다윗의 기도를 들으시고 대적자를 심판하심

본편의 저자에 대하여는 여러 가지 견해가 있으나 다윗의 작품이라는 견해가 일반적이다(22절; 롬11:9). 이 시편은 절망 가운데 부르짖는 기도이다. 다윗은 사람이 자기를 미워해서 죽일 수 있음을 깨닫게 되며, 절망 가운데 드리는 기도에서 그가 처한 상황을 서술하고 있다. 그런 상황에 처한 이유와 그가 바라는 상황에 대한 소망을 기록했으며, 구원의 약속을 기록하고 있다.

그리고 자신의 죄 때문에 하나님께 외치는 사람의 고난을 보여준다. 이 점에서 이 시는 하나님의 아들의 고난을 보여주는 것 같이 우리들이 무릎을 꿇고 읽어야 할 시이다. 앞에서 우리는 전적으로 절망적인 상태에서 하나님의 구원을 바라는 한 심령의 애절한 부르짖음을 보게 된다.

✚ 묵상 : 다윗은 자신의 심한 고통을 하나님께 어떻게 아뢰었나요?(시69:1~4,7,10~12,19~21)
다윗은 심한 고통에서 나오기 위해 어떤 기도를 드렸나요?(시69:6,13~14,16~18,29)

통일 주제 심판 (審判, 사람이 이 땅에서 행한 일로 하나님에게 잘잘못을 재판받음)

연합 내용 하나님은 악을 미워하신다. 인간은 늘 악에 유혹을 받고 결국 연약하고 부패하여 죄를 짓는다. 끝까지 회개하지 않는 자는 심판을 받는다.

● 이사야 16장 우상을 숭배하며 교만한 모압을 심판하심

15장에 이어서 본장에서도 모압의 멸망에 관해 예언하고 있다. 한편 이 예언은 바벨론 왕 느브갓네살에 의해 일부 성취되고, 그 후 로마나 나바테야 구역에 흡수 통합됨으로써 완전히 성취된다. 이후 모압은 역사 속에서 영영히 사라지고 만다.

✚ 묵상 : 이사야는 모압이 통곡하고 근심하게 된 이유는 무엇 때문이라고 했나요?(사16:6~7)
이사야는 모압이 멸절 될 때 어떤 상황이 벌어진다고 했나요?(사16:2,8,10,12,14)

● 베드로전서 4장 우리 육체의 고난을 담당한 예수를 대신 심판하심

본장은 3장의 연장선상에서 성도의 삶은 죄와 단절되어야 함을 역설하고, 또 고난 중에서도 종말을 고대하는 성도답게 기도와 사랑으로 하나님과 이웃을 대할 것을 가르치며, 고난 중에 인내할 수 있는 원동력과 고난에 직면한 성도들이 갖춰야 할 자세에 대해 언급하고 있다.

✚ 묵상 : 육체의 고난을 받으신 예수로 말미암아 새 삶을 살게 된 그리스도인은 어떤 철학과 모습으로 행동해야 할까요?(벧전4:1~2,7~10)
베드로는 고난을 대하는 그리스도인의 자세가 어떠해야 한다고 했나요?(벧전4:12~14,16,19)

기 도

- 주여, 선택받은 자로서 끝까지 구원에 이르도록 주 뜻 안에 살게 하옵소서.
- 주여, 모든 영혼을 긍휼히 여기고 선대함으로 인정받는 자가 되게 하옵소서.
- 주여, 주 안에서 받는 세상의 고난을 잘 감당함으로 면류관을 받게 하옵소서.

5월 18 May

퇴진

민27 / 시70-71 / 사17-18 / 벧전5

● 민수기 27장 이스라엘 지휘관들 감독된 자들이 재물과 가축을 헌물로 드림

앞서 상세히 언급된 가나안 땅 분배에 있어서 예의 조항, 즉 여성의 상속 문제가 마련되고 출애굽의 지도자 모세의 뒤를 이은 새 인물로 여호수아가 지명되는 장면이다. 이처럼 율법으로 대표되는 모세에게 가나안 입성이 불허된 것은 하나님 나라는 율법으로써가 아니라 은혜의 복음으로써 들어갈 수 있음을 보여주고 있다.

✚ 묵상 : 므낫세 지파의 슬로브핫의 딸들이 모세와 제사장 엘르아살과 지휘관들과 모든 회중 앞에서 어떤 문제를 언급했나요?(민27:1~4)
모세가 임종의 통보를 받고 난 후 여호와께 간청한 내용은 무엇이었나요?(민27:16~20)

● 시편 70-71편 낙심과 불안 중에 있던 다윗이 진심으로 자신을 헌물로 드림

70: 이 시편은 고난으로부터의 구원을 호소하고 있는 다윗의 탄원의 시로서 40편 13-17절의 내용과 일치하고 있다. 그러나 시편 40편에서는 '여호와'로 나오나 이곳에서는 '하나님'으로 나온다. 이 시편이 따로 독립된 이유는 분명하지 않으나 예배 때 사용하기 위해 분리된 것으로 보인다. 이곳에서는 하나님의 도움을 원하는 간절한 내용이 나온다. 이를 살펴보면, 하나님의 구원이며 하나님이 주신 승리이고, 하나님 안에서 누리는 기쁨이며, 하나님을 의지함을 노래했다.

71: 본편은 개인적인 탄원 시로서 압살롬의 반란 시기에 기록된 다윗의 시라는 주장이 있으나 분명하지는 않다. 본 시편 전체에서 풍기는 분위기로 보면, 이 시는 인생의 석양이 깃든 황혼의 들녘에서 지나간 날들을 회상하면서 쓴 익명의 노인의 감화 어린 작품으로 보인다. 여기서는 하나님께 드리는 노년의 여러 문제를 아뢰고 있다. 특히 하나님에 대한 신뢰의 고백, 기도로 표현한 하나님에 대한 신뢰, 하나님이 변호해주시리라는 믿음을 기록하고 있다.

✚ 묵상 : 다윗은 자신을 상하게 하는 악한 자들이 어떻게 되길 기도했나요?(시70:2~3)
다윗은 자신을 모해하는 자들로부터 구원하실 하나님을 향해 어떤 고백과 약속을 했나요?(시71:5~8,13~16,19,22~24)

통일 주제 퇴진 (退陣, 관여하던 어떤 일이나 지위, 직책에서 손을 떼고 물러남)

연합 내용 하나님은 세상의 역사 가운데서 사람에게 일을 맡기신다. 그러나 그 일을 온전히 감당하지 못할 때 결국 모든 영역에서 끝나게 하신다. 개인이든 공동체이든 국가이든 퇴진시키시고 새로운 인물을 세우신다.

● 이사야 17-18장 솔로몬이 술람미를 사랑함으로 자신의 것과 마음을 헌물로 줌

17: 기원전 734년경 연합하여 유다를 침공한 다메섹과 사마리아의 멸망에 관한 예언과 그들을 멸망시킨 앗수르 군대가 갈피를 잡을 수 없이 마구 흩어져 찢기게 될 것에 관한 예언이다. 이사야는 이 예언 가운데 다섯 번째 것으로 그 대상은 다메섹 사람들이 세운 수리아의 수도 다메섹과 이들과 연합하여 현제 나라 남왕국 유다를 침공한 북왕국의 수도 사마리아 등이다.

18: 이 부분은 이사야의 예언 가운데 여섯 번째 것으로 그 대상은 구스(에디오피아, 현재의 에티오피아와 다름)이며, 그 내용은 구스가 유다에게 예물을 바치게 되리라는 것이다. 지금까지의 이방인들에 대한 예언이 주로 저주, 책망, 심판 예언인 데 반하여 구스에 대한 예언은 그들에게 유다를 향한 하나님의 놀라운 구원 행동을 보고 깨달으라는 일명 권면의 예언인 점이 특이하다. 이런 상황에서 이사야는 이제 잠시 후 그들의 염려와는 달리 하나님께서 앗수르 군대를 멸해 주시므로(주전 701년, 왕하 19:35-37) 전쟁으로 인한 큰 손상을 입지 않게 되는 것을 그들이 목격하고 나면 그들이 크게 깨우쳐 하나님이 도우시는 유다에 예물을 바치게 될 것이라고 예언하고 있다.

✚ 묵상 : 이사야는 다메섹과 열방이 멸망하게 된 이유를 무엇이라고 했나요?(사17:10,14)
이사야는 구스의 미래가 어떻게 될 것이라고 예언했나요?(사18:4~7)

● 베드로전서 5장 대제사장과 무식하고 미혹된 자 모두 속죄를 위해 헌물을 드림

교회의 지도자, 직분자는 장차 나타날 영광을 바라보며(1절) 양 무리의 본이 되어야 한다(3절). 청년들은 교회의 리더십에 순복해야 한다(5, 6절). 때가 되면 하나님이 높이신다. 교회와 성도들을 하나님이 돌보신다(7절). 마지막 때를 살아가는 우리는 늘 깨어 마귀를 대적해야 한다(8, 9절).

✚ 묵상 : 베드로는 교회의 지도자인 장로들에게 어떤 권면을 했나요?(벧전5:1~3)
베드로는 젊은 자들에게 어떤 세 가지의 행동양식을 부탁했나요?(벧전5:5~9)

기 도

- 주여, 우리의 마지막 날을 계수하는 지혜와 끝을 잘 종결하는 충성을 주옵소서.
- 주여, 우리가 구원의 하나님을 향하여 항상 고백하고 서원하는 마음을 주옵소서.
- 주여, 목자나 성도가 모두 겸손하게 하셔서 주님께만 영광을 돌리게 하옵소서.

5월 19 May 시기

민28 / 시72 / 사19-20 / 벧후1

● 민수기 28장 매일 안식일 초하루 유월절 칠칠절의 제사의 시기

28장에서는 가나안 땅에 들어가 엄수해야 할 각종 제사와 관련된 내용이 조목조목 소개되고 있다. 먼저 상번제, 안식일 제사, 월삭, 유월절과 칠칠절 제사 등의 규례를 설명하고 있다.

하나님은 이스라엘과 하나님과의 관계를 위하여 좋은 제도를 만드셨다. 바로 그것이 제사제도이다. 이 제도를 통하여 하나님은 당신의 뜻을 이스라엘로 실천하게 하시고 그들의 죄와 불의를 사함 받게 하는 기회를 제공하여 주셨다. 이스라엘의 역사에서 번제를 비롯한 제사는 중요한 역사적 의미를 가진다.

✚ 묵상 : 여호와께서 이스라엘 자손에게 명령하신 절기는 언제일까요?(민28:3,9,11,16~17,26)
여러 절기에 드려지는 예물의 특징은 무엇일까요?(민28:3,9,11~14,16~17,26~30)

● 시편 72편 다윗이 실천한 기도의 시작과 기도의 마침의 시기

그리고 72편 1-20절은 대관식 시편으로 솔로몬 즉위식에서 그의 형통함을 비는 시편이다(왕상 2장). 신약 저자들 가운데 이 시편을 그리스도께 적용하는 사람은 아무도 없다. 그러나 다윗 계보의 왕들과 메시야의 통치는 구약 문헌에서 서로 함께 통합되기도 하므로 여기서 메시야에 대한 암시 구절들을 간과해서는 안 된다(7, 17절 참조, 사 11:1-5; 60-62장). 이 시편은 하나님과 왕, 자연, 모든 사회계급, 열방이 조화롭게 함께 살게 될 왕의 치세를 묘사한다. 72편 20절의 "끝나니라"는 이 시편 뒤에서 아삽의 시편들이 나온다(73-83편). 물론 뒤에 편집된 이 모음집에는 다윗이 지은 시편도 일부 있다(예를 들면, 시 86; 101; 103편). 이것으로 시편 2권이 끝난다.

✚ 묵상 : 솔로몬의 시인 다윗의 기도 안에는 왕이 무엇에 힘써야 함을 언급하고 있나요?(시72:2,4,9,12~14)
솔로몬의 시인 다윗의 기도 안에는 왕의 모든 주권이 어디로부터 옴을 보여 주고 있나요?
(시72:1,18~20)

기 도

- 주여, 주님과 가까워지기 위해 제정해 주신 절기를 온전히 지키게 하옵소서.
- 주여, 주께서 주신 모든 재능과 특권을 바르게 사용하도록 인도해 주옵소서.
- 주여, 신성한 성품을 훈련하여 주님 강림하실 때에 참 신부가 되게 하옵소서.

통일 주제 시기 (時期, 일정한 때)

연합 내용 하나님은 시간을 창조하셨다. 카이로스와 크로노스이다. 사람은 하나님이 일반적인 시간 속에 개입하셔서 역사하실 때 깨달아 반응함으로서 그 시기에 의미와 열매를 맺게 된다. 개인적이든 공동체적이든 자유의지로 동참할 때 하나님의 구원의 시기에 동역자가 되는 것이다.

● 이사야 19-20장 애굽이 심판받을 때와 여호와께 경배를 드릴 시기

19: 이방 예언 가운데 일곱 번째 것으로 그 주 대상은 애굽이며, 후반부에 앗수르와 구스가 첨가된다. 주전 725년 이전에 예언되었음이 분명한 이 애굽의 파멸은 역사적으로 주전 663년 앗술바니팔에 의해 성취되었다. 즉 애굽이 내란과 경제적 파탄, 무능한 지도자들 그리고 유다를 통해 애굽에까지 미칠 하나님의 복과 은혜가 각각 소개된다.

20: 이미 몇 번 지적한 대로 이사야는 자신의 예언서를 역사적 순서, 즉 시간 순으로 정리한 것이 아니다. 앗수르에 의해 애굽과 구스가 멸망되리라는 예언이 소개된다. 한편 이사야는 다가올 일에 대한 징조로서 자신이 직접 포로 복장을 하고 예언을 전하게 된다. 이런 예언 행동은 사르곤 2세의 군대장관이 블렛셋 도시 아스돗을 치던 해에 실시되었고, 실제로 그 일은 수십 년 후 앗수르 왕 에살핫돈 혹은 앗수르 바니팔 때에 성취된다.

✚ 묵상 : 여호와께서 애굽을 심판하시는 이유는 무엇일까요?(사19:1~4)
여호와는 애굽과 구스의 멸망에 대한 징조와 예표를 보여주기 위하여 이사야에게 어떤 모습을 하고 다니라고 하셨나요?(사20:2~4)

● 베드로후서 1장 부르심과 택하심을 권고한 베드로의 임종의 시기

본장은 성도가 하나님께 받음 특권과 거짓 선생을 물리치기 위해 성결한 삶이 요구됨을 역설하고, 그리스도의 재림의 확실성을 역설하고, 하나님의 말씀의 권위와 역할 및 그 말씀을 대할 때 주의할 점을 가르친다. 6절의 "절제"는 문자적으로 '자신을 붙들라'라는 듯이다. 베드로 시대에 자제력은 자기를 억제하고 스스로 훈련해야 하는 운동선수에게 주로 쓰였다. 이와 같이 그리스도인은 육신과 정욕, 육신의 욕망에 의해 지배되는 것이 아니라 그것들을 지배해야 한다(참고, 고전 9:27; 갈 5:23). 지식의 지도를 받는 덕성은 욕망을 제어하여 그것을 삶의 주인이 아니라 종으로 삼는다.

✚ 묵상 : 베드로는 신성한 성품에 참여하는 자가 어떤 단계로 성숙할 것을 말했나요?(벧후1:4~7)
베드로는 자신의 임종이 임박함을 알고 믿는 자에게 어떤 권면을 했나요?(벧후1:10~16)

5월 20 May 합리

민29 / 시73 / 사21 / 벧후2

● 민수기 29장 제사장의 성결과정과 제물의 양의 합리성

본장에서는 종교력으로 매년 7월 곧 일반 월력으로 신년에 해당하는 달에 드릴 제사들, 곧 나팔절, 대속죄일, 초막절이 소개 되고 있다. 이처럼 신년 정월에 제사들이 집중되어 있는 것은 한해의 시작을 하나님께 드리고 하나님께서 그 해를 인도해주시기를 바라는 경건한 의미가 담겨 있다고 본다.

그래서 이것은 이스라엘의 역사에서 중단될 수 없는 규례였고 영원히 지킬 내용이었다. 그뿐 아니라 월삭에도 제물을 드렸고 안식일에도 제물을 드렸으나 칠월에는 특별한 제물을 드렸다. 따라서 칠월은 이스라엘의 역사에서 독특한 날로 해석을 해야 하고 하나님의 크신 은혜 사역이 어떻게 드러났는가를 알게 해 주는 날로 여겨야 한다.

✚ 묵상 : 여호와께서 모세를 통해 많은 절기를 이스라엘 자손에게 주시고 그 절기를 지키도록 명령하신 이유는 무엇일까요?(민29:1,7,12)
장막절이 이레 동안 진행될 때에 수송아지 제물이 한 마리씩 줄어드는 이유는 무슨 의미가 있을까요?(민29:12~13,17,20,23,26,29,32)

● 시편 73편 악한 자의 범죄와 그를 향한 심판의 합리성

하나님을 경외하지 않는 악인의 번영은 경건한 사람들을 힘들게 하는 요인 중 하나다(1-3절). 누구나 겪는 죽음의 고통마저 겪지 않는 것처럼 보일 정도로 시인은 객관성을 잃은 채 상대적 박탈감과 깊은 상실감에 빠져 있다(4-12절). 경건을 통해 누리려던 평안을 악인이 누리고 있으며 자신은 도리어 고통을 받고있는 현실이다 보니 악인을 따라갈까 하는 유혹마저 생긴다(13-16절). 고통 속에서 성소를 찾은 시인에게 하나님은 겉으로만 평안해 보이는 악인의 운명을 깨닫게 하셨다(17-20절). 시인은 악인의 흥왕을 잠시나마 부러워했던 자신을 짐승 같다고 고백하며 하나님이 그의 오른손을 붙드셨음을 고백한다.(21~23절) 반석이며 영원한 분깃이 되시는 하나님이 그를 인도하실 것을 확신하며 하나님을 가까이함이 진정한 복임을 선포한다(24-28절).

✚ 묵상 : 아삽의 신앙과 삶은 어떠했나요?(시73:1~3,13~14,16~17,21~26,28)
아삽의 처음 불만과 나중 깨달음은 무엇일까요?(시73:4~12,18~20)

통일 주제 합리 (合理, 어떤 주장이나 행동, 결과 따위가 사리나 실상에 맞음)

연합 내용 세상의 대부분의 이치는 합리성을 갖고 있다. 원인이 있으면 결과가 있다. 심은 대로 거두고 행한대로 갚음을 받는다. 그러므로 모든 일을 할 때에는 철저한 준비과정이 있어야 하고 그 결과에 대해서는 합리적인 평가와 심판을 받게 됨을 알아야 한다.

● 이사야 21장 바벨론 두마 아라비아의 삶과 멸망의 합리성

유다와 우호 관계를 이뤘던 나라들의 멸망을 예언하고 있다. 즉 하나님이 선민 유다를 징벌하는 채찍으로 사용하신 바벨론이 스스로의 죄악으로 멸망할 것, 에돔 족속의 패망, 에돔과 바벨론 중간 위치에 있던 아라비아의 멸망이 소개된다.

✚ 묵상 : 바벨론이 멸망하게 되는 가장 큰 원인은 무엇일까요?(사21:9)
아라비아의 멸망의 모습은 어느 정도일까요?(사21:15~17)

● 베드로후서 2장 거짓 선지자와 의로운 자의 심판의 합리성

베드로는 거짓 교사의 출현을 경고하는데 그들은 도덕적, 성적 타락을 조장하고 성도를 이득의 도구로 여기며 탐심으로 헛된 가르침을 지어낸다(1-3절). 죄를 범한 천사의 추방, 노아 시대의 불의한 자에 대한 홍수 심판, 소돔과 고모라의 무법한 자들에 대한 심판에서 보듯이 하나님은 거짓 교사들을 심판하실 것이다(4-8절). 하나님은 경건한 자를 구원하시고 불의한 자를 심판하신다(9-11절). 거짓 교사들은 육적 본능을 따르는 이성 없는 짐승과 같으며 불의와 쾌락, 음란함으로 범죄하며 굳세지 못한 영혼을 유혹한다(12-16절). 허탄한 자랑과 정욕으로 유혹하는 멸망의 종에 불과한 그들은 해갈을 기대하고 찾아오는 사람에게 물을 줄 수 없는 속이는 자들이다(17-19절). 베드로는 배교의 위험성을 경고한다(20-22절).

✚ 묵상 : 교회 안의 거짓 선생들은 어떤 잘못을 행하는 특징이 있나요?(벧후2:2~3,14,18)
하나님은 의로운 자와 거짓된 자를 각각 어떻게 대하시나요?(벧후2:7~13,20)

기 도

- 주여, 여호와 절기의 현대적 의미를 파악하고 충성된 마음으로 지키게 하옵소서.
- 주여, 아삽의 신앙을 묵상하고 좋은 점을 본받아 향상 실천하게 하옵소서.
- 주여, 교회 안에 거짓 선생과 거짓 성도가 없게 하시고 늘 정결케 하옵소서.

5월 21 May 작심

민30 / 시74 / 사22 / 벧후3

● 민수기 30장 하나님께 보여 드리기 위해 자신의 뜻을 작심

30장에서 가나안 입성을 전제한 규례 특히 여자의 서원에 관련된 다양한 실례와 그 시행령이 소개된다. 이 부분은 신앙생활에서 우리들이 간직하여야 할 중요한 내용이다. 서원은 강제나 의무 조항이 아닌 하나님 앞에서 자발적인 맹세이다. 우리가 하나님과의 영적 관계를 유지하기 위해서는 여러 가지의 제도가 필요하다. 서원은 그와 같은 제도 중의 하나이다. 이곳의 내용은 "여호와의 명령"(1절)이다. 따라서 모세의 명령도 아니고 사람들이 정한 규례도 아닌 하나님의 직접적인 명령이다.

✚ 묵상 : 여호와는 여자의 서원에 대하여 어떤 기준을 가지고 계셨나요?(민30:5,8~9,12,15)
이스라엘 자손이 여호와께 서원이나 서약을 하려고 한 이유는 무엇일까요?(민30:2,14)

● 시편 74편 대적의 악에 대해 멸망을 기도한 아삽의 작심

이 시의 저자는 다윗과 동시대의 인물인 아삽이 아니다. 왜냐하면 이 시의 배경이 다윗 시대가 아니기 때문이다. 그러므로 여기서의 아삽은 여두둔이나 헤만과 같이 한 부족을 대표하는 이름으로서 아삽의 후손을 가리키는 것 같다. 이 시의 저작 시기에 대해서는 여러 가지 견해들이 있다. 따라서 이 시는 이스라엘이 바벨론에게 짓밟혀서 예루살렘과 거기 있는 성전마저 무너지게 될 민족의 위기를 통한해 하는 마음으로 지은 노래라고 할 수 있다.

한편 이 시의 주제가 '우리'로 표현된 바와 같이 저자는 개인주의적 안일을 초월하여 민족을 위하여 애통해 하며 하나님께 나아갔던 것이다. 시인의 애통은 자기 민족이 주께 속한 기업이며 언약의 백성을 생각할 때 더욱 고조되었다.

✚ 묵상 : 아삽이 하나님께 간절히 간구한 내용은 무엇이었나요?(시74:2~3,9,19,21~22)
아삽은 대적들의 불경건한 행태를 어떻게 표현했나요?(시74:4~8,10,18)

통일 주제 작심 (作心, 마음을 단단히 먹음)

연합 내용 하나님의 모든 사역은 완전한 작심이시다. 창조로부터 구원과 심판에 이르는 모든 역사는 다 주님의 뜻 안에 있는 작정인 것이다. 하나님의 형상을 따라 지음받은 사람도 자유의지에 따라 뜻을 정하고 작심하여 그 일을 진행할 수 있다. 하지만 그 모든 책임은 사람에게 있다.

● 이사야 22장 타락하고 회개하지 않는 유다의 세속적 작심

끝내 하나님의 경고를 무시하고 죄악에 빠진 유다가 이방에 의해 수치와 모욕을 당할 것과 탐욕과 부패로 물든 유다의 지도자들에게 미칠 하나님의 심판이 소개된다. 이처럼 하나님의 경고를 무시하고 회개를 거부하는 인생은 끝내 멸망하고 만다는 경고이다. 특히 유다인들이 하나님을 몰라서가 아니라 하나님의 애정 어린 권유를 무시하다가 멸망한 것이다.

✚ 묵상 : 여호와는 이사야를 통해 유다의 멸망의 원인이 무엇이라고 하셨나요?(사22:11~14)
국고를 맡고 왕궁 맡은 자 셉나의 사역이 엘리아김에게로 넘어간 이유는 무엇일까요?(사22:15~22)

● 베드로후서 3장 말세를 살아가는 성도들의 생활에 대한 작심

베드로는 구약의 선지자(그리스도의 오심)와 사도들(그리스도의 다시 오심)이 전한 말씀을 상기시키기 위해 이 글을 쓴다(1-2절). 베드로는 재림을 부정하는 거짓 교사들에게 하나님이 세상을 창조하시고 물로 심판하신 것처럼 불로 심판하실 것이라고 선포한다(3-7절). 다만 재림이 지연되는 것은 하나님이 택하신 자들이 모두 회개하고 돌아오지 못했기 때문이다(8-9절). 주의 재림과 심판은 예고 없이 찾아올 것이며 이로써 종말과 함께 새로운 창조가 시작될 것이다(10-13절). 주의 백성들은 평강 가운데 주의 재림을 기다려야 한다(14-16절). 성도는 거짓 교사들의 잘못된 가르침으로부터 자신을 지키며 그리스도의 은혜와 그를 아는 지식에서 자라가야 한다(17-18절).

✚ 묵상 : 베드로는 주께서 재림하실 때 어떤 현상이 있을 것이라고 했나요?(벧후3:3~4,7,10)
베드로는 말세를 살아가는 성도가 어떻게 행동해야 된다고 했나요?(벧후3:11~14)

기 도

- 주여, 연약한 우리가 확고한 신앙을 훈련하여 주께 작정하고 헌신하게 하옵소서.
- 주여, 참된 신앙 안에서 대적하는 자들을 향하여 담대히 기도하게 하옵소서.
- 주여, 말세를 살아가는 자로서 거룩한 행실과 경건함으로 구원을 이루게 하옵소서.

5월 22 May 사귐

민31 / 시75-76 / 사23 / 요일1

● 민수기 31장 승리 후 깨끗케 함과 헌금으로 여호와와 사귐

가나안 전쟁의 전초전에 해당하는 미디안 족속과의 전쟁과 승전 후의 정결례 및 전리품 분배 장면이다. 하나님은 이스라엘에 대하여 미디안에 대한 가혹한 응징을 명령하셨다. 하나님 이 이와 같은 지시를 하신 것은 미디안의 행적을 살펴보면 이해가 간다. 미디안은 탐욕스러운 백성의 상징이다. 따라서 이곳에서 나온 내용은 문자적으로도 역사적인 가치를 가지고 있지만, 영적으로도 범죄한 백성은 하나님의 준엄한 심판을 면할 길이 없다는 것을 보여주는 예표라고 할 수 있다.

✚ 묵상 : 모세는 죽기 전에 여호와께서 자신에게 주신 마지막 사명인 미디안전쟁을 승리한 후 이스라엘 자손에게 엄중히 명령한 일은 무엇일까요?(민31:19~24)
미디안전쟁에서 승리한 군대의 지휘관인 천부장과 백부장들은 여호와께 어떤 목적으로 헌금을 드렸나요?(민31:48~50,54)

● 시편 75-76편 살렘과 시온에서 예물로 재판장이신 하나님과 사귐

75: 시인은 하나님께 감사의 고백을 한다. 이유는 '주의 이름의 가까움(임재)과 주의 기이한 일들(주의 역사)' 때문이다(1절). 여기서 주의 기이한 일들은 다름 아닌 '심판'을 의미한다. 심판의 대상은 스스로를 높이며, 자기가 세상을 좌지우지한다고 착각하는 교만한 자들이다(4-5절). 높이는 일은 오직 하나님께 달려 있다(7절).

76: 하나님은 평화의 왕이시다. 하나님은 '화살과 방패와 칼과 전쟁을 없애시는 분'이다(3절). 그래서 이사야 선지자는 하나님에 의해 만들어질 완전한 평화의 세상을 선포했다(그 때에 이리가 어린 양과 함께 살며 표범이 어린 염소와 함께 누우며... 이사야 11장 참고). 하나님은 대적들을 제압하시고 승리자로 등극하실 것이며, 절대적인 평화를 이루실 것이다.

✚ 묵상 : 아삽은 낮추시고 높이시는 분이 오직 누구이시라고 했나요?(시75:2,4~5,7,10)
아삽은 살렘과 시온에 계신 하나님께 무엇을 가지고 나가 경외하라고 했나요?(시76:1~2,11)

통일 주제 사귐 (서로 얼굴을 익히고 가깝게 지냄)

연합 내용 하나님의 창조의 목적은 영광과 사귐이다. 하나님과 사람이 사귀고, 사람이 사람과 사귀며, 사람이 자연과 사귀고 더나아가 사람은 자신과도 사귄다. 그 모든 사귐에는 대상에 따라 도구와 표현양식이 따른다.

● 이사야 23장 두로와 시돈이 멸망 후 주가 돌보심으로 다시 사귐

본장은 열방에 대한 이사야의 예언 가운데 마지막 열두 번째 것으로 대상은 두로이다. 페니키아의 중요 항구 도시인 두로와 시돈에 대한 하나님의 질타와 경고를 언급하는데 특히 멸망한 두로가 70년 후 다시 복구될 것과 죄악에서 돌이키게 될 것이라는 회복의 메시지가 소개됨으로써 하나님 앞에서 참회하는 일이 얼마나 중요하고 소망 찬 일인가를 웅변적으로 말해주고 있다.

✚ 묵상 : 이사야는 두로와 시돈이 멸망하는 이유를 무엇이라고 말했나요?(사23:1,4,7~9,12,14)
이사야는 여호와께서 언제 두로와 시돈을 다시 돌보신다고 말했나요?(사23:15~18)

● 요한일서 1장 빛 가운데서 듣고 보고 만진바 된 예수와 사귐

요한복음과 밀접한 관계를 지니 이 책은 성육신하시어 이 땅에서 사랑과 진리의 원형을 제시하신 예수 그리스도의 삶과 인격과 가르침에 초점이 맞춰져 있다. 본장에서는 생명의 말씀이신 그리스도를 소개하고, 빛 가운데 행할 것을 권면한 후 죄의 고백을 통해 하나님과 바른 교제를 나눌 것을 권면하고 있다.

✚ 묵상 : 요한은 자신이 경험한 예수를 어떻게 설명했나요?(요일1:1~2,5)
예수 그리스도를 믿는 자가 자신의 죄를 고백하고 또 하나님과 사귐이 있다면 어떤 은혜가 있을까요?(요일1:6~9)

기 도

- 주여, 생명을 다하기까지 주님께서 주신 사명을 온전히 감당하게 하옵소서.
- 주여, 주 안에서 살 때 억울한 일을 만나면 재판장이신 주를 의지하게 하옵소서.
- 주여, 날마다 자신을 돌아보고 죄를 고백하며 주와 교제하는 자가 되게 하옵소서.

5월 23 May

기업

민32 / 시77 / 사24 / 요일2

● 민수기 32장 요단 동편은 르우벤과 갓과 므낫세 반 지파의 기업이 됨

가나안 전쟁이라는 긴박한 상황을 눈앞에 두고 두 지파, 즉 르우벤과 갓의 전쟁 불참과 요단 동쪽 당을 달라는 요구로 자칫 내분에 휩싸일 수 있었으나 모세의 권위 있는 대안 제시로 분란을 막고 동쪽 당을 분배해주는 장면이다. 건강한 공동체를 이루기 위해서는 무엇보다도 자신만을 생각하고 주장하는 이기심을 버리는 일이 최우선 되어야 한다는 것이다.

이것은 영적으로 좋은 교훈을 준다. 많은 것을 소유한 그리스도인들이 그리스도와 더 불어서 같이 가기를 원하지 아니하고 현재의 육신의 쾌락을 기뻐하며 부를 가지고 있으면서 믿음의 생활을 하기가 힘들다는 것과 그와 같은 여건에서는 자신의 유익을 먼저 생각하게 된다는 것을 교훈하여 준다.

✚ 묵상 : 르우벤 자손과 갓 자손이 모세와 제사장 엘르아살과 지휘관들 앞에서 요구한 사항은 무엇이었나요?(민32:1~5)
모세가 르우벤 자손과 갓 자손의 요구를 수락한 이유는 무엇이었나요?(민32:16~22)

● 시편 77편 하나님은 믿고 따르는 모든 자에게 친히 영원한 기업이 되심

전반부(1-9절)는 고난 가운데 있는 시인이 하나님께 드리는 탄원이며, 후반부(10-20절)는 인간의 역사 가운데 하나님이 행하신 기이한 일들을 언급하며 하나님을 찬양한다. 고통 가운데 하나님을 찾고 있는 시인에게 탄식과 좌절, 불안이 찾아오고 있다(7-9절). 죄도 떠올렸으며(5절), 그럼에도 불구하고 하나님을 떠나지 않으려 애쓰며 찬송했던 것도 기억하고 있다(6절). 고난 가운데 있을 때 우리가 드리는 기도, 태도가 시인에게서도 잘 나타난다. 복잡한 심경 가운데 있던 시인은 하나님이 이전에 행하셨던 일을 기억한다(10-12절). 특히 출애굽 역사에서의 하나님의 신실하신 행적들을 기억하면서(13-20절) 하나님이 어떤 분인지에 대한 확신을 갖게 되고, 그 확신이 마음에 찾아오면서 절망 속에서 하나님께 소망을 두는 법을 다시 배우게 된다.

✚ 묵상 : 아삽은 불안하고 근심할 때 무엇에 힘썼나요?(시77:1~3,6~9)
아삽은 하나님의 능력과 인도하심을 기억하고 무엇을 말했나요?(시77:11~14,16~20)

통일 주제 기업 (基業, 기반이 되는 사업 또는 대대로 계승되는 사업과 재산)

연합 내용 유리하는 유목민이었던 이스라엘 선민에게는 땅이 없었다. 하나님은 인류구원의 계획을 실현하시기 위해 이스라엘 선민에게 약속의 땅을 허락하셨고 그 땅을 각 지파에게 기업으로 나눠 주셨다. 하지만 레위인에게는 땅 대신 자기 자신을 그들에게 기업으로 주셨다.

● 이사야 24장 율법을 범하고 언약을 깨뜨림으로 땅은 무너진 기업이 됨

13장부터 각 민족의 멸망에 대한 예언이 등장했는데, 24장에서는 온 세상을 대상으로 한 종말론이 등장한다. 온 땅이 여호와의 심판의 대상이 될 것인데(1-3절), 온 땅이 심판을 받게 된 이유는 백성들이 율법을 어기고, 언약을 깨뜨렸기 때문이다(4-13절). 여호와를 아는 자(남은 자)들은 이 심판에 대해 크게 환호할 것이다(14-15절). 남은 자의 노래가 계속 울려 퍼지는 가운데, 언약을 파기한 자들에게는 하나님의 심판이 임할 것이다(16-20절). 그러므로 이스라엘은 하나님께로 돌아와야 한다. 세상의 왕들은 멸망할 것이며, 진정한 왕이신 하나님이 통치하실 것이다(21-23절).

✚ 묵상 : 이사야는 왜 세계 여러 민족 중에 황폐한 일이 일어난다고 했나요?(사24:1~6,10~13)
이사야는 여호와께서 세상을 심판하신 후에는 어떤 날이 도래할 것이라고 예언했나요?(사24:21~23)

● 요한일서 2장 의로우신 대언자 예수 그리스도는 믿는 자에게 기업이 되심

예수님은 대언자이다(1절). 대언자는 원어(고대그리스어)로 '파라클레토스'인데 '파라'는 '곁에서', '클레토스'는 '돕는 자'라는 뜻을 가지고 있다. 따라서 파라클레토스는 상담자, 변호자, 위로자, 도움을 주는 자의 의미를 가지고 있다. 예수님은 곁에서 우리를 돕는 분이다. 우리가 알고 있는 단어 '보혜사'가 바로 '파라클레토스'이다. 부활하셔서 승천하시면서 예수님이 '나와 같은 보혜사'를 보내신다고 하셨는데, 그분이 바로 보혜사 성령이다. 예수님이 공생애 기간에 하셨던 당신의 백성을 돕는 기능을 지금은 성령님이 한다. 대언자이자 화목제물 되시는 예수님으로 인하여 하나님과 화목케 된 우리는 하나님의 사랑을 이 땅에서 형제 사랑으로 구현하라는 주님의 명령 앞에 서게 된다.

✚ 묵상 : 요한이 믿는 자들에게 가장 많이 강조한 계명은 무엇일까요?(요일2:8~11,15~17)
요한은 어떤 자가 적그리스도라고 했나요?(요일2:22~23)

기 도

- 주여, 하나님이 우리에게 주신 분깃과 기업을 잘 관리하고 사용하게 하옵소서.
- 주여, 어떤 상황 속에서도 하나님의 능력과 인도하심을 믿고 따르게 하옵소서.
- 주여, 적그리스도를 분별하고 멀리하여 하나님의 나라를 바로 세우게 하옵소서.

5월 24 May 사랑

민33 / 시78:1-37 / 사25 / 요일3

● 민수기 33장 노정 중에 보여주신 기이한 일과 보호하신 사랑

33장은 출애굽 이후 가나안 입성 직전까지의 전 과정을 상세히 설명하고 있다. 이곳의 내용은 광야의 여정으로서 "모세가 여호와의 명령대로 그 노정을 따라 그 행진한 것을 기록"(2절)한 것이다. 이 기록은 이 점에서 독특하고 특이하다. 이어서 여호와는 모세에게 요단을 건너 가나안에 들어가서, 그 땅 거민을 너희 앞에서 몰아내고, 그 새긴 석상과 부어 만든 우상과 산당을 다 깨뜨리고 그 땅을 점령하여 그곳에서 거주하라고 하셨다. 이와 같은 것은 하나님의 준엄한 지시 사항이었고, 그 땅을 이스라엘의 산업으로 준 곳에서(52절) 할 일이었다.

✚ 묵상 : 모세가 여호와의 명령대로 대오를 갖추어 행진한 노정의 모든 지역을 기술한 이유는 무엇일까요?(민33:2,5~37,41~49)
여호와께서 모세를 통해 이스라엘 자손에게 가나안 땅에 들어가면 꼭 지켜야 할 어떤 엄중한 말씀을 하셨나요?(민33:51~56)

● 시편 78편 1-37절 반복된 죄를 용서하시고 기이한 일을 행하신 사랑

본편은 하나님의 성전에서 찬양대로 하여금 찬양하게 하였던 특수한 시이다. '마스길'은 '묵상, 교훈의 시'라는 의미로서 이 시는 이스라엘의 역사 곧 모세로부터 다윗까지의 시대를 진술함으로써 거기에서 얻어지는 영적인 교훈을 백성들에게 전달해 주는 역사 시이다.

이 교훈적 시편은 하나님이 그 조상들의 반역과 감사하지 않음에도 과거에 얼마나 큰 은혜를 베푸셨는지 아이들에게 가르치기 위한 목적으로 쓰였다. 자녀들을 훈계하고 가르치라는 권면이고, 하나님의 은혜로우심에 대한 설명이며, 이스라엘 역사에 대한 암송과 역사적 교훈의 복귀를 약속하는 내용이다.

✚ 묵상 : 아삽은 조상들이 후대에게 무엇에 관하여 전해야 한다고 했나요?(시78:1~7,11~16,23~29)
아삽은 이스라엘 자손의 죄악된 역사를 어떻게 나열했나요?(시78:8,10,17~19,32,37)

통일 주제 사랑 (다른 사람을 아끼고 위하며 소중히 여기는 마음)

연합 내용 하나님은 사랑이시다. 예수님도 마지막 순간에 세상에 있는 자기 사람을 사랑하시되 끝까지 사랑하셨다. 성령도 충만한 자에게 사랑의 열매를 주신다. 성도은 어떤 가운데서도 하나님의 사랑을 입고 승리한다.

● 이사야 25장 성실함과 진심함으로 가난한 자를 건지신 사랑

이사야는 24장에서 언급한 인간의 보편적 죄에 대한 하나님의 보편적 심판에 이어 25장에서는 관점을 달리하여 새로운 왕국에 들어가서 하나님의 위대한 구속 사업을 찬양하는 성도(이스라엘)들의 노래를 예언자적 환상을 통해 하나님께 찬양 돌리고 있다. 이 종말론적 찬양은 구원받은 자들의 찬양과 이방 모든 민족들이 회개하고 돌이키리라는 예언 그리고 모압으로 대표되는 죄인들이 하나님의 심판으로 멸망하게 될 것이라는 예언이 선포된다.

✚ 묵상 : 자기 백성의 수치를 제하시고 빈궁한 자, 환난 당한 가난한 자의 피난처가 되어 주시는 하나님은 무엇을 받으시기에 합당하실까요?(사25:1,4,8)
이사야는 하나님이 모압을 치시는 이유를 무엇이라고 했나요?(사25:10~12)

● 요한일서 3장 희생의 은혜를 입은 자가 말과 혀로만 하지 않는 사랑

우리는 예수님이 재림하시는 날에 그의 참 모습과 함께 예수님과 같이 거룩한 존재가 된 우리 자신을 보게 될 것이기에 이 소망 안에서 깨끗하게 살아가야 한다(1-3절). 하나님의 자녀는 죄를 미워하고 형제를 사랑하지만 마귀에 속한 자는 불법을 행하며 죄를 짓는다(4-12절). 세상이 그리스도인을 미워하더라도 그리스도인은 사랑하며 살아가는 존재이다(13-16절). 형제를 사랑하는 것은 우리가 사망에서 생명으로 옮겨진 존재임을 증명한다. 우리는 행함과 진실함으로 참 사랑을 나타내야 한다(17-20절). 아들 예수 그리스도를 믿고 그 안에 거하며 서로 사랑할 때 구하는 것을 응답받게 된다(21-24절).

✚ 묵상 : 요한은 무엇이 죄라고 하였나요?(요일3:4,8)
요한은 그리도인이 어떻게 살아야 한다고 했나요?(요일3:14,18,23)

기 도

- 주여, 세상의 염려와 재리의 유혹이 밀려와도 절대 우상은 숭배하지 말게 하옵소서.
- 주여, 후손에게 신앙과 계명과 행하신 기적을 가르쳐 온전히 주를 따르게 하옵소서.
- 주여, 죄 없으신 예수님 그리스도를 알고 닮아가며 빛의 삶을 살게 하옵소서.

5월 25 May 자비

민34 / 시78:38-72 / 사26 / 요일4

● 민수기 34장 땅의 경계를 알려주시고 차지하게 하신 하나님의 자비

가나안 정복 전쟁에 앞서 차지할 땅의 동서남북 경계가 지정되고 가나안 땅을 공정히 분배할 일꾼들로 각 지파의 대표자들이 선출된다. 한편 여호와께서는 가나안을 정복한 이스라엘에게 경계를 세우셨다. 그래서 이들도 그 경계 안에서 살게 하셨고 더 나아가서 이들로 서로 간에 선을 그어서 그 안에서 그 땅을 주관하게 하셨다.

전반적으로 경계가 분명하다. 남쪽은 신 광야에서 잘 드러난다. 이곳은 천연적인 요새요 지역 경계선이었다(3절). 동쪽은 염해 끝이고 서쪽은 대해이고(6절) 북쪽은 대해, 호르산, 하맛, 스닷에 미치는 곳이었다. 이것은 이스라엘 사방 경계였다.

✚ 묵상 : 여호와께서는 이스라엘 자손의 기업인 약속의 땅에 무엇을 정해 주셨나요?(민34:3,6,~7,10)
여호와께서는 각 지파의 기업 분할 책임자로 누구를 임명하셨나요?(민34:17~29)

● 시편 78편 38-72절 범죄한 백성을 참으시며 끝까지 돌보신 하나님의 자비

이스라엘 역사에 관한 이야기가 계속된다. 이스라엘은 거듭 범죄 하였으나(40-41절) 하나님은 믿음의 조상과의 약속대로 출애굽의 역사(42-51절), 홍해의 구원(52-53절), 시내산 언약체결과 약속의 땅 입성(54-55절)까지 신실함으로 그의 백성들을 인도하셨다. 그러나 그들은 다시 범죄하였고, 하나님은 그들의 죄에 대해 징계하셨다(56-66절). 유다 백성들은 북이스라엘의 멸망을 통해서 들려주시는 하나님의 음성을 듣고 깨달아야 한다(67-72절).

✚ 묵상 : 아삽은 이스라엘의 변덕스러운 범죄 내용을 어떻게 열거했나요?(시78:38~42,56~58)
아삽은 하나님이 변함없이 돌보아 주신 은혜를 어떻게 표현했나요?(시78:43~55,65~72)

통일 주제 자비 (慈悲, 사람들에게 즐거움과 복을 주고 고통과 괴로움을 없게 함)

연합 내용 계시의 말씀인 성경에는 하나님의 도덕적 속성이 나온다. 그 중에 하나가 자비로우심이다. 땅을 기업으로 주시는 자비하심, 범죄한 자를 용서하시고 돌보시는 자비하심, 무엇보다 독생자 아들을 주심으로 인류를 구원하신 자비하심은 모든 사랑과 교훈의 뿌리가 된다.

● 이사야 26장 유다 땅을 의로운 나라로 회복시키시는 하나님의 자비

본장은 새 왕국에서 부르는 종말론적 이스라엘의 찬양이라고 할 수 있다. 본서의 다른 내용들이 그러하듯이 바벨론 포로 회복의 감사 찬양이지만 궁극적으로는 죄악으로 물든 세상에서 완전한 구원을 얻은 성도들이 새 하늘과 새 땅에서(벧후 3:10; 계 21:1) 부를 성도의 찬양을 가리킨다. 특히 2개 이상의 독립된 찬양으로 구성되었는데 그중 1-7절은 유다의 승리가 하나님으로부터 왔다는 사실을 소재로 한 찬양이며, 8-19절은 하나님을 신뢰하면서 대적들로부터 구원해 달라는 간구의 찬양이다.

✚ 묵상 : 여호와께서는 유다 땅을 의로운 나라로 만드실 때 어떤 자를 세우실까요?(사26:1~3,15)
이사야는 여호와 하나님이 땅을 심판하실 때 세계의 거민은 무엇을 배운다고 하였나요?(사26:8~9,20~21)

● 요한일서 4장 독생자를 화목제물로 보내셔서 속죄하신 하나님의 자비

예수님의 성육신을 부인하는 자들이 교회를 어지럽히고 있었다. 요한이 이 글을 쓸 당시 영지주의자들은 예수님이 육신을 입고 이 땅에 오신 것을 부인하고, 영으로 오신 것이라고 주장했다(2절). 그들은 육을 악한 것으로 보았다. 예수님은 육신을 입고 이 땅에 오셨다(14절). 우리는 사도들이 보고, 듣고 전한 복음의 가르침을 따라야 한다. 하나님의 영에 속한 자들은 서로 사랑한다(7-12절). 우리 안에 성령님이 내주하셔서 예수를 주로 고백하게 하시고(13-15절), 하나님의 사랑 안에 거하게 하신다. 하나님의 사랑은 형제 사랑으로 이어져야 한다(16-21절).

✚ 묵상 : 요한은 거짓 선지자와 적그리스도의 영을 가진 자가 무엇을 부인한다고 했나요?(요일4:1~3)
요한은 사랑이신 하나님을 하는 자는 무엇을 할 수 있다고 했나요?(요일4:7~12,16)

기 도

- 주여, 주신 명령인 말씀과 경계인 범위와 재능인 능력을 잘 사용케 하옵소서.
- 주여, 하나님이 한번 세우신 계획은 변개하심이 없음을 알고 따르게 하옵소서
- 주여, 오직 서로 사랑함으로써 거짓 선지자와 적그리스도를 이기게 하옵소서.

5월 26 May

도피

민35 / 시79 / 사27 / 요일5

● 민수기 35장 우발적인 살인자가 레위의 성읍인 도피성으로 도피

성막 봉사를 책임진 레위인에게 가나안 전역의 48개 성읍을 분배하고 그 중 6개의 성읍을 구별하여 도피성을 마련한 내용을 담고 있다. 하나님을 위하여 성전에 봉사할 레위인들을 위해서 하나님은 특별한 조치를 취하셨다. 이것은 하나님의 배려 속에서 이들의 생활이 정해진다는 것을 알게 해 준다. 레위인들은 성소에 관한 일을 취급하는 하나님의 일꾼들이었다. 이곳에서는 이들에 대한 하나님의 특별한 배려가 나온다. 이들의 분깃은 여호와였고 따라서 이들에게는 땅의 기업이 없다. 그래서 여호와는 이들에게 대하여 특별한 조치를 취하셨다.

레위의 후손들은 함께 사는 것이 아니고 사방에서 흩어져 살아야 한다. 물론 이것은 나름대로의 이유가 있다. 이들은 여러 지역에서 백성들을 가르치는 직업에 종사하였고, 백성으로 우상을 멀리하고 하나님의 뜻대로 살도록 보살피는 중책을 감당하여야 한다(신 33:10; 말 2: 4-8). 그래서 하나님은 이들을 각 지파 속에 분산하여 거주하게 하셨다. 그러나 이들의 분산으로 이들은 상당히 고립된 삶을 살아야 했다.

✚ 묵상 : 여호와 하나님은 모세에게 이스라엘 각 지파의 기업 중에서 누구의 것을 나눠 주라고 말씀하셨나요?(민35:1~8)
레위지파의 48개 성읍 중에서 도피성은 어디에 몇 개씩 정하라고 하셨나요?(민35:13~15)

● 시편 79편 주의 백성이 이방나라들의 압제로부터 주께로 도피

'아삽의 시'란 아삽의 후손들이 보관해 둔 시라는 의미이다. 이 시의 저작 시기는 74편과 마찬가지로 바벨론 침공에 의한 예루살렘 멸망의 때, 곧 BC 586년 이후이다. 이 시는 한마디로 민족의 멸망을 애도한 탄식의 시이다. 그러나 저자는 나라가 외국 세력의 압제 하에서 신음하고 있을 때에 구원을 갈망하는 내용이다. 시에서 나오는 내용을 보면 예루살렘을 '돌무더기가 되게 한' 나라는 바벨론이다. 이 시편은 재앙 속에서 하나님이 외면하시는 것처럼 생각될 때 그 고통을 표현하는 데 도움이 된다.

✚ 묵상 : 아삽은 성전과 예루살렘을 더럽힌 이방 나라들에게 무엇이 있길 기도했나요?(시79:1~3,6,10)
아삽은 주의 백성인 자신들을 어떻게 해 달라고 기도했나요?(시79:8~9,11)

통일 주제 도피 (逃避, 어떤 일이나 상황으로부터 도망하여 몸과 맘을 피함)

연합 내용 인간은 죄인이다. 원죄를 가지고 태어나 죄인으로 살다가 사망에 이른다. 구약에는 도피성을 통해 하나님께 피함으로 죽음을 면했다. 이제는 예수 그리스도를 믿고 그에게 피함으로 영생에 이르게 된다.

● 이사야 27장 이스라엘 자손들이 그 날에 포도원지기에게로 도피

27장에는 4편의 짧은 예언을 통해 이스라엘의 궁극적인 회복이 언급되고 있다. 대적자 리워야단의 멸망, 포도원에 대한 하나님의 관심과 사랑, 하나님의 백성의 범죄에 대한 은혜로운 연단 그리고 하나님의 백성을 거룩한 나라로 인도해 맞이하실 것에 대한 하나님의 약속이 소개된다.

이사야 선지자는 중요한 주제 중 하나를 반복한다. 장차 새로 회복된 이스라엘이 시온산에서 예배하리라는 것이다(24:23; 25:6, 7, 10).

✚ 묵상 : 이사야가 예언한 그 날에 포도원지기는 누구일까요?(사27:1~4)
이사야는 그 날에 포도원에 모인 이스라엘 자손들이 무엇을 할 것이라고 예언 했나요?
(사27:2~3,12~13)

● 요한일서 5장 사망에 이른 죄인이 영생을 주시는 예수에게로 도피

본장은 사랑을 주제로 한 이 책의 결론부분으로서 형제 사랑은 곧 하나님의 모든 계명을 순종하는 일과 절대 관계에 있음을 밝히고, 믿음의 주체이신 예수께서 하나님의 아들이심과 그 아들 안에 참 생명이 있음을 소개한 후, 이 세상을 살아가는 성도들에게 기도와 성결의 필요성을 일깨우고 있다.

✚ 묵상 : 요한은 하나님을 사랑하는 자가 어떤 두 가지를 행한다고 했나요?(요일5:1~3)
요한은 하나님의 아들을 믿는 자에게 어떤 두 가지의 축복이 주어졌다고 했나요?
(요일5:10~11,13,18,20)

기 도

- 주여, 하나님께서 우리에게 나눠주신 분깃을 소중히 관리하며 살게 하옵소서.
- 주여, 세상을 심판하시는 그 날을 기억하고 날마다 깨어 기도하게 하옵소서.
- 주여, 하나님과 예수 그리스도를 사랑하고 그 계명을 온전히 지키게 하옵소서.

5월 27 May 외침

민36 / 시80 / 사28 / 요이1

● 민수기 36장 길르앗 수령들의 기업에 대한 합리적 외침

하나님은 36장에서 상속권을 지닌 여자는 반드시 지파 내 남자와 결혼하여 지파의 땅이 다른 지파의 땅이 되지 않게 하는 특별법을 제정하셨다. 이스라엘의 자손들은 그들의 지파에 따라서 가나안 땅을 기업으로 받았다. 그리고 이 기업은 그들 각자의 지파와 씨족과 가족의 계통에서 영원한 기업이 되었고 기업은 하나님이 그들에게 주신 기업으로 간주되어 자손들에게 상속되었다. 특히 8절에서 "기업을 이은 딸들"은 아들이 없는 부친의 땅을 유산으로 상속받은 딸들이라는 의미이다. 슬로브핫의 달들에게 적용되었던 이 특별법이(27:1-11) 마침내 온 이스라엘의 통상법으로 확정된다.

이같이 남자가 없고 여자만 후손이 있을 경우에 대비해서 하나님은 모세를 통하여 기업 상속의 법을 제정하신 것처럼 이와 같은 하나님의 약속 성취는 영원하다고 볼 수 있다.

✚ 묵상 : 므낫세의 손자 마길의 아들 길르앗 자손 종족들의 수령들은 모세에게 어떤 주장을 했나요?(민36:1~4)
길르앗 자손 종족들의 수령들이 주장한 것에 대해 모세는 어떤 대안을 주었나요?(민36:5~9)

● 시편 80편 아삽의 이스라엘 민족에 대한 신원적 외침

이 시의 표제문에 있는 '소산님 에듯'은 '증거의 백합화'라는 뜻으로, 시의 배경은 북이스라엘이다. 이는 본문의 요셉, 에브라임, 베냐민, 므낫세라는 이름들이 북이스라엘을 대표하는 이름들이기 때문이다. 이 시는 주전 722년 북쪽의 열 지파들이 포로로 잡혀가는 모습을 보고 충격을 받아 예루살렘에서 쓴 것으로 보인다. 저자는 고난과 위기에 처한 하나님의 백성을 구원하여 줄 것을 기도하며 쓴 내용이다. 이곳에서 특별히 유다 10지파로서 '이스라엘'(1절)이 나온다. 이 시에서 성전은 서 있으나 나라가 심히 고난 중에 처한 모습이 나온다. 이 시에서 믿음의 기도와 포도나무로 비유된 이스라엘의 형편이 나타난다.

✚ 묵상 : 아삽은 목자이신 하나님께 이스라엘의 처지를 어떤 내용으로 기도드렸나요?(시80:1,4~6,12~13)
아삽은 이스라엘 민족이 세워지는 과정을 무엇으로 비유하였나요?(시80:8~11)

통일 주제 외침 (자신의 주장이나 억울한 일을 큰 소리로 전함)

연합 내용 사람은 중요한 것에 대해 목소리를 높여 크게 외친다. 정의로운 자, 속죄적 중보의 기도를 드리는 자, 주의 뜻을 대언하는 자, 사랑하는 자에게 위험을 경고하는 자는 사명감을 갖고 더욱 그렇게 행동한다.

● 이사야 28장 이사야의 에브라임을 향한 예언적 외침

교만한 에브라임(북왕국)에 대한 심판과 타락의 책임이 있는 지도자에 대한 경고, 예루살렘 지도자에 대한 경고, 택한 백성을 위해 일하시는 하나님의 경륜을 차례로 소개한다. 특히 종교 지도자들을 향한 경고와 정치 지도자들을 향한 경고, 그리고 이 모든 일을 당할 선택된 백성에게 농부의 비유를 통해 주시는 하나님의 교훈으로 나눌 수 있다.

✚ 묵상 : 이사야는 에브라임의 멸망의 원인이 무엇이라고 외쳤나요?(사28:1~3,7,14~15)
이사야는 세상을 다스리시는 여호와 하나님의 방법과 경영을 어떤 비유로 설명했나요?(사28:22~29)

● 요한이서 1장 요한의 택함받은 부녀와 자녀를 향한 권면적 외침

하나님의 택하심을 받은 자들은 진리 가운데 거하며 서로 사랑함으로 진리를 확증한다(1-6절). 요한이 살던 시대에는 영지주의 이단이 성도를 미혹했다. 영지주의는 거룩한 영이신 하나님이 더러운 육체를 입고 이 땅에 오실 수 없다고 주장했다. 그러므로 예수 그리스도의 성육신을 부인하는 자에게 속지 않도록 주의해야 한다(7-11절). 마지막으로 같은 신앙을 고백하는 수신자에게 인사한다(12-13절). 성도는 진리를 부인하는 자들과 함께할 수 없다.

✚ 묵상 : 요한은 누구에게 이 편지를 왜 썼나요?(요이1:1~2,7~8)
요한은 그리스도의 교훈 안에 거하지 않는 자를 어떻게 대하라고 했나요?(요이1:10~11)

기 도

- 주여, 주님이 주신 모든 것을 지혜와 선포로 온전히 차지하게 하옵소서.
- 주여, 우리의 멸망의 원인이 무엇인지 찾아 회개하고 회복하게 하옵소서.
- 주여, 주님의 신성과 인성을 믿지 않는 적그리스도를 멀리하게 하옵소서.

5월 28 May

진심

신1 / 시81-82 / 사29 / 요삼1

● 신명기 1장 이스라엘을 향한 모세의 진심어린 설교

가나안 입성을 앞두고 신세대에게 준 모세의 설교이다. 모세는 출애굽과 광야 생활을 회고하면서 이스라엘의 무능과 연약함을 고백하고 그럼에도 불구하고 자신을 구원해주실 뿐 아니라 축복을 허락하신 하나님의 은혜를 찬양하며 시내 산에서 받은 하나님의 율법들을 상기시키고 있다.

✚ 묵상 : 신명기는 모세가 언제 어디에서 무엇을 선포한 말씀일까요?(신1:1,3,5)
모세는 신명기의 첫 장에서 어떤 두 가지 큰 일을 언급하고 있나요?(신1:10~15,21~25)

● 시편 81-82편 이스라엘을 향한 아삽의 진심어린 권면

81: 제의에 참여한 공동체를 향해 찬양을 요청한다. 시인은 찬양의 제의로 초대하면서 '율례와 규례를 따르라'고 촉구한다(1-4절). 이어서 이스라엘 백성들이 하나님의 은혜를 경험하지 못하는 이유에 대해 가르치면서 하나님의 말씀을 듣고 순종하며 우상을 떠나라고 가르친다(5-12절). 시인은 다시 한번 '듣고 따를 것'을 권하며 순종을 요청한다(13-16절).

82: 82편은 시인이 환상 가운데 하나님의 천상 회의를 본 듯한 인상을 준다(1절). 하늘 법정의 재판관이신 하나님은 세상의 다른 신들을 책망한다(1-4절). 여기서 '다른 신'이라는 표현은 다른 많은 신들이 존재하고 있음을 시인이 인정한 것이 아니라, 문학적인 표현으로서 하나님이 가장 크고 위대한 진정한 신임을 강조하기 위한 표현이다. 헛된 우상들은 결국 무너지고 사라지게 될 것이다(5-8절).

✚ 묵상 : 아삽은 출애굽 사건을 회상하면서 이스라엘 자손들에게 어떤 일은 하고 어떤 일은 하지 말라고 말했나요?(시81:1~3,9~10,13)
아삽은 하나님을 사랑하는 자가 누구를 잘 돌봐야 한다고 했나요?(시82:3~4)

통일 주제 진심 (眞心, 거짓이 없는 참된 마음)

연합 내용 하나님은 진실하시고 성실하시다. 그래서 하나님은 진실하고 성실한 자를 일꾼으로 부르신다. 하나님의 일을 했던 구약의 모세, 아삽, 이사야와 신약의 요한은 모두 진심을 다해 자신에게 맡겨진 말씀선포와 기도사명을 충실히 감당했다.

● 이사야 29장 예루살렘을 향한 이사야의 진심어린 탄식

유다의 친애굽 정책에 분노한 앗수르가 유다를 침공할 때에 하나님의 강권적인 역사로 위기를 모면한 사실과 이런 구원에도 여전히 죄악을 행한 예루살렘에 대한 심판 선언, 그럼에도 여전히 주의 백성에 대한 신실한 사랑을 잃어버리지 않는 하나님의 인내하심을 소개하고 있다. 한편 하나님을 새롭게 찬양하고 공경하게 되면서 이전의 완고한 자들은 영적인 지각능력을 얻게 된다.

✚ 묵상 : 이사야는 예루살렘의 패망의 원인이 무엇이라고 탄식했나요?(사29:1~4,13~16)
이사야는 동시에 무너진 예루살렘이 어떻게 될 것을 예언했나요?(사29:18~20,22~24)

● 요한삼서 1장 가이오를 향한 요한의 진심어린 축복기도

저자는 사도 요한이다. 1절에서 그는 장로라고 말한다. 이 말은 사도의 나이가 많았다는 것과 그의 권위, 그가 예수의 사역에 참여해 기독교의 기초가 놓이는 시기에 가졌던 존재감을 보여준다(참고, 요이 1).

아무튼 장로로 일컬어지는 글쓴이의 사신(私信)애 해당하는 편지글이다. 그 내용은 인사말과 온전한 신앙을 소유했고, 또 사랑을 실천했던 가이오에 대한 칭찬, 교회를 대항하던 디오드레베의 악행과 그에 비교되는 신실한 믿음의 사람 데메드리오의 신앙을 소개하고 문안과 방문 약속으로 끝을 맺는다.

✚ 묵상 : 장로인 요한은 사랑하는 가이오에게 어떤 복을 빌어 주었나요?(요삼1:1~2)
장로인 요한은 디오드레베의 어떤 잘못을 지적하고 닮지 말라고 했나요?(요삼1:9~11)

기 도

- 주여, 삶 속에서 베풀어주신 은혜를 잊지 말고 주어진 일에 더 충실하게 하옵소서.
- 주여, 자신도 모르게 밀려오는 우상의 미혹을 분별하고 물리치게 하옵소서.
- 주여, 영혼이 잘됨같이 범사가 잘 되고 강건한 그리스도인이 되게 하옵소서.

5월 29 May 정도

신2 / 시83-84 / 사30 / 유1

● 신명기 2장 정도를 걸어야 할 이스라엘의 광야생활

가나안 정복 시 애돔과 모압, 암몬 등 세 나라와는 평화를 유지하고 아모리 족속은 반드시 진멸하라는 명령이다. 하나님은 이스라엘의 하나님이실 뿐 아니라 온 세계 모든 민족의 하나님이시기도 하다. 따라서 이스라엘은 선민이지만 아무 땅이나 임의로 차지 할 수 없었고, 하나님께서 허락하신 약속의 땅만 차지할 수 있었다.

✚ 묵상 : 여호와는 왜 모세에게 세일과 모압과 암몬과는 다투지 말라고 하셨나요?(신2:4~5,9,19)
여호와는 모세에게 아모리 사람 시혼과는 싸우라고 하시면서 무엇을 약속하셨나요?(신2:24~25,31)

● 시편 83-84편 정도를 걸어야 할 주의 백성의 신앙생활

83: 83편은 공동체가 대적으로 인해 고난을 겪는 상황을 전제한다. 하나님은 침묵하시는 가운데 대적들의 공격은 지속되고 있으며, 시인은 하나님께 탄원한다(1-8절). 시인은 과거에 하나님이 대적을 이기셨던 역사를 거론하면서(9-12절) 대적들이 수치와 멸망당하기를 기도한다(13~17절). 하나님의 이름이 온 세계에 선포되기를 기도한다(18절).

84: 본 시는 성전의 아름다움과 성전에서 누리는 기쁨과 복을 노래하고 있다. 시인은 마음이 쇠약해질 정도로, 병이 날 정도로 성전을 사모한다(2절). 비록 성전이 바벨론의 침공으로 파괴되었지만, 폐허가 된 성전에 둥지를 틀고 사는 참새와 제비를 향해 늘 성전에 살며 노래하니 얼마나 복이 있느냐고 말한다(3-4절). 우리가 하나님을 이렇게 기뻐했으면 좋겠다. 자신의 힘의 근원을 하나님께 두는 자는 복이 있다(5절). 비록 예루살렘은 망하고 성전은 파괴되었지만 시인은 하나님이 패배한 것이 아님을 믿으며 '주께서 기름 부으신 자의 얼굴을 살펴 달라'고 간구한다(9절). 다시 왕과 제사장을 세워달라는 중보기도로 여겨진다. 하나님의 임재 안에서 사는 것이 가장 행복하다(10-12절).

✚ 묵상 : 아삽은 왜 에돔과 모압과 암몬과 연합한 자들 모두에게 낭패와 멸망을 당하게 해 달라고 기도했나요?(시83:2~8,12)
고라는 주의 집에 살며 의지하는 자가 어떤 복을 누린다고 했나요?(시84:4~7,11~12)

통일 주제 정도 (正道, 사람이 행해야 할 바른 도리)

연합 내용 하나님은 천지만물을 창조하실 때 조화와 질서를 이루셨다. 그리고 사람에게 이 모든 것을 바로 다스리도록 정도를 가르쳐 주셨다. 사람은 하나님과의 관계를 위해 사람과의 관계를 위해 바른 길을 가야 하는 것이다. 그러나 많은 자들이 그릇된 길을 가므로 하나님을 대적하였다.

● 이사야 30장 정도를 걷지 않는 이스라엘의 세속생활

이사야는 또다시 유다가 맞이할 위기에 대해서 언급한다. 이 같이 같은 내용을 거듭 말하고 있는 것은 자기 백성을 올바로 인도하시려는 하나님의 열심과 사랑의 반영이다. 또한 자기 백성을 향한 하나님의 은혜가 언급되고 있다. 이처럼 하나님께서 자신을 떠나간 백성들을 끝까지 사랑하시는 까닭은 그들이 언약의 백성이기 때문이다. 따라서 유다가 하나님보다 애굽을 더 의지했기 때문에 받은 심판과 그 심판 후에 주어질 회복의 약속을 소개하고 있다.

✚ 묵상 : 이사야는 이스라엘의 죄악된 세속생활과 불신앙을 어떻게 나열했나요?(사30:9~12,16)
이사야는 이스라엘이 여호와 앞에 어떻게 행동하면 풍성하게 회복하실 것이라고 언급했나요?(사30:15,18~19,21~22,26,29~30)

● 유다서 1장 정도를 걷지 않는 거짓교사들의 타락생활

본서는 그 강조하는 바를 매우 상한 필체로 기록한다. 특히 이 서신은 교회를 어지럽히는 자들을 거짓 교사요 불신자로 간주하고, 이 서신을 읽는 독자들에게 믿음의 도를 굳건히 지킬 것을 권면하고 있다. 이 서신의 처음과 나중은 형식으로나 내용으로나 일반서신의 서론과 결론부에 해당한다. 본서 24, 25절의 '유다의 송영(축도)'은 신약성경에서 가장 장엄한 것들 가운데 하나이다(참고, 롬 11:33-36; 16:25-27; 고후 13:14; 히 13:20, 21). 이 단락은 유다가 시작할 때 발전시키고자 했던 구원의 주제(참고, 3절)로 돌아가서 그리스도가 현재 배교가 성행한 상황에서 그들을 보호하실 것을 깨닫도록 용기를 북돋운다.

✚ 묵상 : 야고보의 형제인 유다가 유다서를 쓰게 된 이유는 무엇일까요?(유1:1,3~4,8,10,16)
유다는 마지막 때에 어떤 자들이 나타날 것이라고 했나요?(유1:17~19)

기 도

- 주여, 주의 뜻에 따라 싸울 자와 싸우게 하시고 나눌 자와 나누게 하옵소서.
- 주여, 세상 속에 빠지는 세속생활과 거짓된 불신앙을 쫓지 않게 하옵소서.
- 주여, 성도에게 단번에 주신 믿음의 도리를 위하여 힘써 싸우게 하옵소서.

5월 30 May 명령

신3 / 시85 / 사31 / 계1

● 신명기 3장 여호수아가 모세의 대를 이어 약속의 땅을 얻도록 명령

가나안 정복 전쟁에 앞서 요단 동쪽 땅을 정복하던 때의 사건들을 열거하고 있다. 이러한 일련의 승전보에 관한 기사는 곧이어 전개될 가나안 정복 전쟁의 승리를 확신하게 하고 전쟁의 승패가 인간의 힘이 아닌 역사의 주관자이신 하나님께 달려 있음을 명확하게 보여주고 있다.

✚ 묵상 : 여호와 하나님은 이스라엘 백성에게 시혼의 땅 뿐만이 아니라 어떤 땅도 허락하셨나요?(신3:1~4,10)
모세는 르우벤과 갓과 므낫세 반 지파에게 요단 동편의 땅을 기업으로 주면서 어떤 약속을 상기시켰나요?(신3:18~20)

● 시편 85편 주의 백성이 어리석은 데로 돌아가지 말도록 명령

공동체 애가로서 고난받은 공동체의 간구다. 본문의 공동체는 고난에서 구원받은 경험이 있는데 바벨론 내용상 포로생활에서 귀환한 것으로 보인다(1절). 하나님이 진노를 거두시고 공동체의 죄를 용서해 주셨다(2-3절). 그때처럼 지금도 진노를 거두시고 인자를 나타내시길 간구한다(4-7절). 시인은 머지않아 하나님이 기쁜 소식(=인애와 진리가 만나고 의와 화평이 입 맞추는 하나님의 완전한 구원)을 들려주실 것을 기대한다(8-10절). 즉 하나님의 사랑과 공의가 만나는 것인데 이러한 구원의 결정체가 바로 십자가다. 십자가에서 하나님의 사랑(=나의 생명을 대신하는 사랑)과 공의(=나의 죄에 대한 공의로운 집행)는 완전히 하나가 되었다. 하나님은 우리에게 가장 좋은 것을 주시는 분이다(11-13절).

✚ 묵상 : 고라 자손이 쓴 시편에는 여호와께서 주신 무엇에 대한 내용이 있나요?(시85:1,9,12)
고라 자손은 여호와 하나님께 어떤 기도를 드렸나요?(시85:4~7)

통일 주제 명령 (命令, 윗사람이 아랫사람에게 무엇을 하도록 시킴)

연합 내용 여호와 하나님은 각 시대마다 필요한 일꾼을 부르신다. 그리고 그들에게 구원의 역사를 이루어 가도록 명령을 내리신다. 지도자나 선지자나 제자는 그 명령을 실행함으로써 하늘의 면류관과 상급을 받는다.

● 이사야 31장 애굽을 의지하지 말고 여호와를 의지하도록 명령

애굽을 의지하지 말라는 경고와 세상을 의지하지 않고 오직 하나님을 바라는 자들에게 주어질 평안에 대한 약속이 소개된다. 과연 인간이 무엇을 의지해야 구원을 얻을 수 있는지를 분명히 제시해주고 있다.

31장의 문장 전개도 29, 30장과 유사하다. 물론 이 방법은 본서 전체의 특징이기도하다. 즉 하나님이 아니라 인간을 의지하는 유다 백성을 향한 하나님의 책망과 하나님은 끝내 하나님의 백성을 완전히 멸절시키지 않으시며 돌이키는 자에게는 다시금 영원한 구원을 주실 것으로 구성되어 있다. 또한 31장의 역사 배경도 앞장들과 마찬가지로 앗수르의 이스라엘 2차 침입 전후이다.

✚ 묵상 : 여호와는 남쪽의 어느 나라와 북쪽의 어느 나라를 멸하실 수 있으실까요?(사31:1~3,8)
이사야는 누가 이스라엘 자손의 영원한 보호자라고 했나요?(사31:5,9)

● 요한계시록 1장 아시아의 일곱 교회에 예언의 말씀을 전하도록 명령

계시, 이 단어에서 영어가 유래했으며 그 의미는 '드러내다', '계시하다'이다. 이것이 어떤 사람을 가리킬 때는 그 사람이 분명하게 드러났다는 의미이다. 그런 의미에서 제1장은 계시의 출처와 진정성을 밝히고 있다. 일곱 교회를 향한 문안 인사 후 요한이 목격한 환상의 배경과 그리스도의 명령, 교회의 중심이 되신 그리스도에 대한 환상 등이 소개되고 있다.

✚ 묵상 : 요한은 아시아의 일곱 교회에 누구의 이름으로 은혜와 평강을 빌었나요?(계1:4~5)
요한은 자신을 어떻게 표현했으며 어떤 사명을 받았다고 했나요?(계1:9~11)

기 도

- 주여, 하나님의 축복을 받은 자로서 반듯이 주어진 의무를 다하게 하옵소서.
- 주여, 어떤 상황 속에서도 사람을 의지하지 말고 하나님을 바라보게 하옵소서.
- 주여, 주께서 맡기신 예수 복음을 땅 끝까지 전하는 전도자가 되게 하옵소서.

5월 31 May 주관

신4 / 시86-87 / 사32 / 계2

● 신명기 4장　이스라엘의 규례생활과 도피자의 은둔생활을 주관

이스라엘의 번영과 행복의 관건이 하나님의 명령과 규례와 법도를 준행하는 데 달려 있음을 강조한다. 하나님이 주신 율법은 하나님 백성의 영혼과 육체와 삶을 생기 있고 윤택하게 만들어주는 생명의 메시지이다. 따라서 하나님의 백성은 하나님의 말씀인 율법을 항상 마음에 두고 그 말씀에 귀 기울이며 준행하여야 한다.

✚ 묵상 : 모세가 이스라엘 백성에게 가르친 규례와 법도 중 제일 중요하게 강조한 것은 무엇일까요?(신4:16~19,23,39)
모세는 이스라엘 백성에게 여호와 하나님을 어떤 분으로 설명했나요?(신4:5,7,24,31)

● 시편 86-87편　다윗의 기도에 대한 응답과 땅에 대한 생성을 주관

86: 큰 위기 가운데 있는 다윗이 간구한다. 다윗의 유일한 소망은 하나님이다(1-7절). 당시에는 지역마다, 분야마다 각각의 신이 있었지만 다윗은 오직 하나님만이 유일한 참 신임을 고백한다(8-13절). 다윗은 대적들의 교만함과 포악함을 고발하며 구원을 호소한다(14-17절).

87: 고라 자손의 시다. 인간적인 눈으로 볼 때 예루살렘은 당시의 세계적인 도시인 바벨론이나 이집트의 성보다 규모도 작고 초라했다. 그러나 하나님은 시온(예루살렘)을 사랑하셨기에 하나님의 성이라 부르기에 충분하다. 우리 존재가 그렇다. 우리는 보잘것없는 존재이지만, 하나님이 우리를 선택하심으로 인해 우리는 온 세상의 주인이신 하나님의 소유가 되었다.

✚ 묵상 : 다윗이 드린 기도내용 안에는 자신의 경건과 하나님의 성품이 나타납니다. 그렇다면 다윗이 고백한 하나님의 성품은 무엇일까요?(시86:5,13,15,17)
고라 자손은 모든 땅과 인생의 근원이 어디에 있다고 했나요?(시87:1,4~7)

기 도

- 주여, 외식적인 신앙이나 우상을 섬김으로 하나님의 분노를 사지 않게 하옵소서.
- 주여, 날마다 말씀을 묵상하므로 하나님의 성품을 더 알고 체험하게 하옵소서.
- 주여, 우리 교회가 책망 받은 내용은 회개하게 하시고 칭찬도 받게 하옵소서.

통일 주제 주관 (主管, 어떤 일의 주가 되어 그 일을 책임지고 맡아 다스림)

연합 내용 창조주 하나님은 만물의 근원이시다. 그러므로 모든 피조물은 그가 주관하신다. 선민도 살인자도 다윗도 천지도 죄도 복도 교회도 모두 하나님의 뜻과 섭리 안에서 다스림을 받는다.

● 이사야 32장 이스라엘의 죄에 대한 심판과 복에 대한 회복을 주관

외세의 도움으로 나라의 안정을 추구하려 한 유다의 통치자들과는 완전히 다른 의로써 이스라엘을 다스릴 왕의 출현, 위기에도 불구하고 여전히 타락과 부패로 유다의 멸망 예언 그리고 성령의 역사로 복과 평화가 넘치는 메시야 왕국이 도래할 것에 대한 소망 찬 메시지가 소개된다. 그러므로 이 예언의 핵김은 죄악 된 세상, 곧 멸망될 세상에서 돌이켜 영원한 새 나라의 백성들이 될 준비를 하라는 것이다.

✚ 묵상 : 이사야는 한 왕이 공의로 통치하면 그 나라는 어떻게 된다고 했나요?(사32:1~4,15~18)
이사야는 심판받을 자들을 어떻게 불렀으며 어떤 멸망의 현상이 있어날 것이라고 했나요?(사32:9~11,13~14)

● 요한계시록 2장 일곱 교회의 칭찬과 책망에 대한 결과를 주관

계시록이 기록될 당시에 있었던 일곱 교회에 주시는 메시지다. 에베소 교회는 거짓 사도들을 잘 분별하고 그들을 용납하지 않았기에 칭찬을 들었지만, 처음 사랑을 버렸다는 책망을 듣는다(1-7절). 처음 사랑을 회복하지 않으면 촛대를 옮기실 것이다(주님의 은총에서 단절됨). 현재 고난 가운데 있는 서머나 교회는 더 극심한 고난을 겪게 될 것이다. 그러나 서머나 교회는 믿음 가운데 부요한 교회(천국을 소유함)다(8-11절). 핍박의 날이 지날 때까지 잘 견디면 생명의 면류관을 받게 될 것이다. 버가모 교회는 핍박에도 믿음을 지킨다는 칭찬을 듣지만, 니골라당의 교훈을 지키는 자들을 용납함으로 인해 책망을 듣는다(12-17절). 니골라당의 교훈은 세상과의 타협(우상 제물을 먹는 문제, 육체적 행음, 황제숭배)을 의미다. 두아디라 교회는 나중 행위가 처음보다 많다는 칭찬을 받지만, 이세벨을 용납한 것으로 인해 책망을 듣는다(18-29절). 그들의 열심[교회의 선한 사업(행위), 사랑과 믿음과 섬김과 인내]은 인정할 만했지만, 거짓 선지자를 용납하여 우상숭배와 음행에 빠지게 되었다. 즉 영적, 도덕적 순결함을 잃고 타락한 교회가 되었다.

✚ 묵상 : 에베소교회와 서머나교회가 칭찬받은 내용은 무엇일까요?(계2:2~3,6,9)
버가모교회와 두아디라교회가 책망받은 내용은 무엇일까요?(계2:14~15,20~21)

6월 01 June 중보

신5 / 시88 / 사33 / 계3

신명기 5장 하나님의 계명을 백성에게 전달하는 중보

출애굽 원년에 시내 산에서 이스라엘에게 주신 십계명에 관한 소개이다. 십계명은 하나님의 백성이 생명처럼 여기며 준행해야 할 법이요 규례이다. 동시에 십계명은 하나님의 거룩한 의지와 품성이 담겨 있는 하나님의 영원불변한 언약이다. 따라서 하나님의 백성은 율법을 준행함으로 하나님과 생명적인 관계를 유지할 수 있다.

✚ 묵상 : 모세는 하나님이 주신 십계명을 이스라엘에게 전하고 지키라고 했습니다. 그 내용은 무엇일까요? (신5:7~21)
하나님의 백성이 십계명을 지켜야 할 이유와 그 방법은 무엇일까요?(신5:1,6,24,28,31,33)

시편 88편 이스라엘의 아픔을 하나님께 간구하는 중보

보통 시편은 탄원의 기도가 드려진 이후 찬양으로 마무리되는 데 반해, 88편은 탄원과 간구로만 이루어져 있다. 매일 죽음을 생각할 정도의 절망에 빠져 밤낮으로 부르짖는 시인을 보게 된다(1-9절). 심지어 "죽은 자가 어찌 하나님을 찬송할 수 있느냐?"며 죽을 것 같은 고통에서 제발 건져 달라는 역설적인 호소도 한다(10-12절). 마지막 부분에서도 상황이 달라지지는 않지만, 그는 기도하는 아침이 소망의 시간임을 고백하며, 어릴 적부터 고난을 당해 왔으며, 사랑하는 자들을 떠난 보낸 아픔도 있지만 그럼에도 불구하고 지금도 기도하고 있다고 고백한다(13-18절). 고통이 제거되지는 않았지만, 여전히 기도를 들으시며 붙드시는 하나님을 신뢰하는 것이다.

✚ 묵상 : 고라 자손의 찬송 속에 담긴 안타깝고 아픈 사연은 무엇일까요?(시88:3~8,14~16,18)
고라 자손은 이 아픈 한을 어떻게 해결하고 있을까요?(시88:1~2,9,13)

통일 주제 중보 (中保, 하나님과 사람의 사이를 화해시키고 교제를 유지하도록 하는 일)

연합 내용 창조주와 피조물 사이에는 사귐이 있다. 그러나 인간이 타락한 후에는 교제를 위한 중보자가 있어야 한다. 구약은 지도자, 제사장, 선지자가 중보하였고 신약은 예수, 성령, 제자들이 중보하였다.

● 이사야 33장 여호와의 이스라엘 회복을 선포하는 중보

유다와 예루살렘이 앗수르의 산헤립에 의해 환란을 당하나 앗수르 군대의 멸망에 의해 구원되는 사건들의 예언이 전개되고 있다. 특히 하나님의 택한 백성과 이방 민족 사이의 알력과 투쟁이 대비를 이루어 전개되고 있다.

앗수르의 위협과 침략이 좀 더 구체화되고, 또 그 결말이 어떠한가를 보여주고 있다. 즉 하나님의 심판의 도구로 사용되었으나 오히려 스스로 교만함으로써 하나님의 심판을 자초하게 된 앗수르의 운명을 소개하고, 그와 함께 회복된 시온의 모습을 묘사함으로써 평화로운 메시야 왕국의 실현을 예언하고 있다.

✚ 묵상 : 이사야는 지극히 존귀하신 여호와께 이스라엘의 구원을 간구하면서 동시에 어떤 회복의 내용을 선포했나요?(사33:2~3,5~6,10)
이사야는 하나님의 백성들에게 어떤 자가 높은 곳에 거하게 된다고 했나요?(사33:15~16)

● 요한계시록 3장 예수의 계시를 일곱 교회에 대언하는 중보

본장에서는 나머지 세 교회에 보내진 그리스도의 천사가 소개되고 있다. 이 서신들에서 보듯 예수께서는 각 교회의 실상을 꿰뚫어보고 계시며, 더욱이 각 교회의 문제점을 치유하실 방법까지도 알고 계신다. 또한 그런 맥락에서 믿음의 승리를 독려하고 계신다. 그러므로 그리스도의 관심과 그 말씀 안에 거하는 교회는 궁극적으로 승리할 수밖에 없음을 알려주고 있다.

✚ 묵상 : 사데 교회와 빌라델비아 교회와 라오디게아 교회의 특징은 무엇일까요?(계3:1,8,15)
요한은 라오디게아 교회가 어떻게 해야 예수의 보좌에 함께 앉게 된다고 했나요?(계3:16~21)

기 도

- 주여, 성경을 통해 배운 모든 계명을 날마다 준행하는 자가 되게 하옵소서.
- 주여, 죄악과 고난과 회복을 위해 간절히 기도하는 신앙인이 되게 하옵소서.
- 주여, 옳고 부한 줄로 착각하는 교회나 미지근한 교회가 되지 않게 하옵소서.

6월 02 June 경청

신6 / 시89 / 사34 / 계4

● 신명기 6장 이스라엘이 여호와의 명령과 규례와 법도를 경청함

이스라엘 백성에게 두 가지가 강조된다. 하나님의 법에 순종하는 것(1-3절)과 하나님을 사랑하는 것(4-9절)이다. 하나님의 법에 대한 순종의 여부가 약속의 땅에서의 장수와 번영을 결정지을 것이다. 특히, 이스라엘 백성은 쉐마('들으라')로 일컬어지는 4, 5절에 주목해야 한다. "우리 하나님 여호와는 오직 유일한 여호와시니"라는 선언은 유일신에 대한 선언이다. 주변 민족들이 다신론의 입장에 있지만 이스라엘은 유일하신 하나님을 선언한다. "마음과 뜻과 힘을 다하여"는 우리의 내적 감동과 외적 행동, 즉 우리의 전 존재와 삶을 드려 하나님을 사랑하는 의미다. 이스라엘 백성은 약속의 땅에서 풍요로움을 누릴 때(10-11절) 하나님을 잊지 말고(12-13절), 이방신을 따르지 않으며(14-15절) "정직하고 선량한 일", 곧 여호와의 율법을 준행하는 삶을 살아야 한다(16-19절). 우리는 자녀들에게 여호와의 율법은 여호와를 경외하며 복을 누리게 하려고 주신 것임을 가르쳐야 한다(20-25절).

✚ 묵상 : 모세가 전한 여호와의 명령과 규례와 법도의 핵심내용은 무엇일까요?(신6:4~9)
모세가 이스라엘에게 명령한 가장 무섭고 중요한 경고는 무엇일까요?(신6:12~15)

● 시편 89편 성도들이 여호와의 언약과 환상 중의 말씀을 경청함

시인은 하나님이 다윗언약(삼하7:13-16)을 기억하사 인자와 성실하심으로 고난 받는 공동체를 회복하여 주실 것을 믿는다(1-4절). 하늘위에서 비할 데 없이 가장 위대하신 하나님은 땅의 역사에 개입하셔서 당신의 뜻을 이루시며, 대적을 제압하시고 승리하시는 분이다(5-13절). 하나님은 의와 공의, 인자와 진실함으로 다스리시는 통치자이시다(14-18절). 다윗을 왕으로 삼으시고 대적을 물리쳐 주시며, 인자와 성실을 베푸신 하나님은 후대에도 언약을 지키시며 인자와 성실을 거두지 않으실 것이다(19-39절). 회초리와 채찍은 언약을 파기할만한 죄가 있어도 언약을 지켜 나가시겠다는 하나님의 의지가 반영된 것이다.

✚ 묵상 : 본 시편의 교훈(마스길) 속에 나타난 여호와의 성품 중 가장 강조된 두 가지 도덕적 성품은 무엇일까요?(시89:1~2,5,8,14,24,28,33,49)
본 시편의 교훈 속에서 주가 환상 중에 말씀하신 내용은 무엇일까요?(시89:19~37)

통일 주제 경청 (傾聽, 남의 말을 귀 기울여 주의 깊게 들음)

연합 내용 성경은 하나님의 말씀이다. 믿음의 사역자들이 성령의 감동을 받아 기술하고 하나님의 백성들에게 전한 것이다. 그러므로 각 시대의 선택된 모든 자들은 어떤 위치에 있든지 집중하여 경청하고 행하여야 한다.

● 이사야 34장 열방이 여호와의 심판과 보복에 대한 경고를 경청함

본장은 다른 그 어떤 장보다도 피와 불과 야수들의 울부짖음으로 가득 찬 심판의 끔찍한 장면을 충격적인 이미지로 제공함으로써 바로 뒤이은 메시야 시대의 구원과 종말론적 낙원 회복의 기쁨을 노래하는 35장과 명확하게 대조되고 있다.

또한 에돔으로 대표되는 죄악 된 영혼들이 멸망당한 상황과 예언을 친히 이루실 하나님에 의해 그 같은 예언이 주어졌음을 소개한다. 여기서 하나님은 역사의 주관자로서 주께 도전하는 모든 세력을 응징하시는 심판자로 소개 된다.

✚ 묵상 : 여호와 하나님이 열방에 심판과 보복을 단행하실 때 이사야 선지자를 통하여 반드시 우선적으로 나타내시는 것은 무엇일까요?(사34:1,5,8,16)
여호와께서 열방에 심판과 보복을 선포하신 진정한 이유는 무엇일까요?(사34:2~4,17)

● 요한계시록 4장 요한이 성령에 감동되어 하늘 보좌의 음성을 경청함

요한은 성령에 감동되어 하늘 보좌를 본다(1-2절). 하나님의 영광과 위엄은 인간의 언어로 다 설명할 수 없다(3절). 하나님의 보좌 주위에는 24개의 보좌가 있고 그 보좌에는 24장로가 거룩을 상징하는 흰 옷을 입고 왕의 권세를 상징하는 금관을 쓰고 있다(4절). 24장로는 구원받은 하나님의 백성을 의미합니다. 하나님의 보좌 앞에는 일곱 등불이 있는데 이는 하나님의 일곱 영으로서 충만한(=7은 완전을 상징하는 숫자) 상태의 성령님을 의미한다(5절). 수정 같은 유리바다는 하나님의 초월적 속성을 나타낸다(6절) 하나님의 영광을 나타내는 영적 존재인 네 생물이 영광과 존귀와 감사를 드리고 있으며 24장로는 하나님을 경배한다(7-11절).

✚ 묵상 : 요한이 성령에 감동되어 본 하늘 보좌에 앉으신 이의 모습은 어떠했나요?(계4:2~4)
네 생물과 이십사 장로가 보좌에 앉으신 이에게 경배한 내용은 무엇일까요?(계4:7~11)

기 도

- 주여, 주의 명령과 규례와 법도를 듣고 가르치며 철저히 지키게 하옵소서.
- 주여, 주의 인자하심과 성실하심을 믿고 무슨 일을 하든지 담대하게 하옵소서.
- 주여, 성령을 받아 환상을 보며 네 생물과 이십사 장로처럼 찬양하게 하옵소서.

6월 03 June 거처

신7 / 시90 / 사35 / 계5

● 신명기 7장 약속의 땅 가나안은 성민 이스라엘의 새로운 거처

이스라엘의 가나안 정복 전쟁은 단순한 약탈이나 땅을 빼앗는 차원에서가 아니라 하나님의 나라를 건설하는 거룩한 사업이었다. 따라서 가나안 정복에서는 그 무엇보다 죄악과 부패를 완전히 재거하는 것이 우선되어야 했다. 왜냐하면 하나님은 절대 거룩하신 분이요, 그 백성 역시 거룩하게 구별된 백성이기 때문이다.

✚ 묵상 : 이스라엘 자손이 약속의 땅에 들어갔을 때 할 일과 하지 말아야 할 일은 무엇일까요? (신7:2~3,5,9,11,16,22,25)
모세는 약속의 땅을 진멸하러 들어가는 이스라엘 자손에게 무엇을 갖으라고 했나요?(신7:1,17~19,21)

● 시편 90편 유한한 인생을 구원하신 하나님은 영원한 거처

하나님의 은총이 아니면 인생은 허무하다. 모세는 인생의 허무함을 고백한다. 세상 모든 것은 하나님에 의해 창조되고 유지되며, 그에 반해 인간은 유한하다(1-5절). 인간은 시간이 지날수록 쇠잔해 가며 고작 70-80세를 살아간다. 하나님 앞에서 죄를 숨길 수 없는 연약한 존재이기에 하나님께 인생의 지혜를 구해야 한다(6-11절). 연약한 인간은 하나님의 사랑과 은총을 구해야 하며, 하나님만이 인생의 허무함을 극복하고 복된 인생이 되게 하실 수 있다(12-17절).

✚ 묵상 : 모세는 어떤 지혜를 달라고 기도했나요?(시90:10,12,14~15)
모세가 기도 중에 언급한 두 가지의 일은 무엇일까요?(시90:16~17)

통일 주제 거처 (居處, 일정하게 자리를 잡고 머무는 곳)

연합 내용 모든 피조물은 거처가 있다. 창조주 하나님은 모든 피조물에게 그 거처를 지정해 주셨다. 하나님도 자신의 거처를 하늘에 두셨다. 더 나아가 하나님은 스스로 구원받은 영혼의 영원한 거처가 되어 주셨다.

● 이사야 35장 거룩한 길을 통해 들어가는 회복된 시온인 새 거처

장차 임할 메시야 왕국의 생명력과 기쁨을 소개한다. 이처럼 기쁨이 충만한 시적 감흥은 이사야 후반부의 밝은 분위기와 바벨론에 포로 잡혀갔던 유다인들이 예루살렘으로 귀환하는 감격적인 사건을 연상하게 된다. 이사야의 예언은 어두운데서 밝은 데로, 늪에서 마른 땅으로 발을 내디뎠을 때와 같이, 지금까지의 음울한 분위기와는 다른 밝은 승리감을 불어넣어 준다. 하나님의 진노하심에 대한 선지자의 선포로 인하여 주눅이 들어 있던 당시의 이스라엘 백성들이나 죄짐에 눌리어 허덕이는 오늘날의 성도들에게 있어서 이 한 편의 서정적 예언시는 새로운 소망을 불러일으키기에 족하다고 할 수 있다.

✚ 묵상 : 하나님이 이루시는 새로운 곳은 어떤 특징을 가지고 있을까요?(사35:1~2,5~7)
하나님이 새롭게 세우신 영원한 나라에는 거룩한 길을 통해 어떤 사람이 들어갈까요?(사35:8~10)

● 요한계시록 5장 보좌에 앉으신 이와 어린양이 함께 거하는 천상 거처

본장에서는 그리스도께 대한 예배 장면이라고 할 수 있다. 본장은 특히 종말의 비밀을 담고 있는 두루마리를 개봉하실 어린 양(그리스도)이 출현하여 그 두루마리를 취하시는 장면과 네 생물과 24장로들의 예배와 모든 천사들과 만물의 찬양 등이 소개되고 있다.

✚ 묵상 : 보좌에 앉으신 하나님의 오른 손에 있는 두루마리는 누가 취했나요?(계5:1~2,5,7)
만만 천천의 천사들과 모든 피조물은 누구에게 찬양을 드렸나요?(계5:11~13)

기 도

- 주여, 저희에게 담대한 마음을 주사 주신 언약을 온전히 성취하게 하옵소서.
- 주여, 우리 날 계수함을 가르쳐 주사 지혜로운 마음을 갖고 살아가게 하옵소서.
- 주여, 보좌에 앉으신 하나님과 죽임을 당하신 예수님을 늘 찬양하게 하옵소서.

6월 04 June 마음

신8 / 시91 / 사36 / 계6

● 신명기 8장 이스라엘이 좋은 땅을 차지하도록 인도하시는 사랑의 마음

여호와의 계명을 지키고 그분의 은혜를 결코 잊지 말라는 명령이 주어지고 있다. 하나님의 백성에게 있어서 가장 중요한 덕목 가운데 하나는 하나님의 은혜를 항상 감사하고 그분이 원하는 바를 좇아 순종하는 것이다.

특히 2절의 "기억하라"는 이스라엘은 하나님이 자신들을 위해 행하신 일을 기억하고(참고, 5:15; 7:18; 8:18; 9:7; 15:15; 16:3, 12; 24:9, 18; 25:17) 잊지 말아야 한다.

✚ 묵상 : 여호와께서 이스라엘에게 허락하신 땅은 어떤 땅일까요?(신8:7~10)
출애굽과 광야생활을 인도하신 하나님은 은혜를 기억하는 이스라엘 자손에게 어떤 능력을 주셨다고 모세는 말했나요?(신8:14~16,18)

● 시편 91편 주를 의뢰하는 자를 건지시고 높이시며 영화롭게 하시는 마음

큰 곤경에 빠졌거나 전쟁을 앞둔 것으로 보이는 공동체가 하나님께 신앙을 고백하고 구원과 보호를 의뢰한다. 시인에게 하나님은 '피난처', '요새', '방패', '거처'이다. 하나님의 구원과 보호는 하나님이 악인에 대하여 보응(심판)하시는 것까지 포함된다(8절). 또한 우리는 악인에 대한 하나님의 보응을 지켜보는 수준이 아닌 그들을 발로 밟으며, 누르는 데까지 나아간다(13절). "믿는 자들에게는 이런 표적이 따르리니 곧 그들이 내 이름으로 귀신을 쫓아내며 새 방언을 말하며"(막16:17). 하나님은 우리를 건지시고 높이신다.

✚ 묵상 : 시편 기자는 여호와 하나님을 자신에게 있어서 어떤 분으로 믿고 있나요?(시91:2~4,9)
여호와는 자신을 의뢰하는 자에게 어떻게 대해 주신다고 했나요?(시91:3~4,11,14~16)

통일 주제 마음 (감정이나 생각, 기억 따위가 깃들이거나 생겨나는 곳)

연합 내용 성삼위일체 하나님은 위대하시다. 사람을 창조하신 후 불순종한 죄인을 구원하시기 위하여 이스라엘백성을 선택하셨다. 그들의 원망과 범죄 가운데서도 끝까지 인도하시고 용서하시며 중보자를 보내 주셨다.

● 이사야 36장 랍사게의 교만한 마음과 엘리아김 셉나 요아의 나약한 마음

예루살렘에 대한 앗수르의 침공 사건이다. 당시 앗수르 왕 산헤립은 베네게(페니키아)와 블레셋을 정복한 여세를 몰아 유다와 예루살렘에 대한 제2차 침입을 감행했다. 사실 이것은 유다의 죄악에 대한 징계의 수단으로서 하나님께서 앗수르를 사용하신 것이다.

✚ 묵상 : 앗수르 왕 산헤립은 대군을 거느린 랍사게 장군을 예루살렘에 보내면서 어떤 말을 전하게 했나요?(사36:4~6,8~10,13~17,20)
이 때 유다의 히스기야 왕은 백성들에게 어떤 명령을 내렸나요?(사36:7,18,21)

● 요한계시록 6장 마지막 때에 구원과 심판을 행한 대로 갚으시는 공의의 마음

어린 양 예수 그리스도는 일곱 인을 떼기에 합당하시다(계 5:4). 어린 양이 첫째 인을 떼니, 흰 말을 탄 자가 나타난다(1-2절). 그는 승리의 상징인 면류관을 받았다. 둘째 인을 떼니, 붉은 말을 탄 자가 나타나 땅에서 화평을 제한다(3-4절). 전쟁과 살육에 대한 예언으로 종말의 징조다. 셋째 인을 떼니, 검은 말을 탄 자가 손에 저울을 가지고 나아와 말을 한다(5-6절). 검은 말을 탄 자는 기근을 상징한다. 하루 삯으로 온다. 넷째 인을 떼니, 사망으로 명명된 청황색 말을 탄 자가 나타난다(7-8절). 여기서 사망은 전염병을 의미하는 것으로 보인다. 다섯째 인을 떼니, 순교자의 영혼이 보인다(9-11절). 때가 이르면 하나님과 그리스도의 원수로 행한 악인들에 대해 공의의 심판을 행하실 것이다. 여섯째 인을 떼니 우주적인 종말의 징조가 보인다(12-17절). 악인에 대한 심판이 이루어지는 날은 그리스도 안에서 인내하며 고난과 죽임을 당했던 성도들이 궁극적으로 승리하는 날이다.

✚ 묵상 : 어린 양이 봉인된 두루마리의 인을 떼실 때에 어떤 일이 일어났나요?(계6:1~8)
다섯째 인과 여섯 째 인을 떼실 때에 나타날 징조는 무엇일까요?(계6:9~17)

기 도

- 주여, 여호와께서 재물 얻을 능력을 주셨음을 믿고 지혜롭게 경영하게 하옵소서.
- 주여, 어떠한 위험 속에서도 나약한 마음이 아니라 겸손한 마음을 주옵소서.
- 주여, 말세 환난이 있을 때에 깨어 신앙의 절개를 지킴으로 승리하게 하옵소서.

6월 05 June 기도

신9 / 시92-93 / 사37 / 계7

● 신명기 9장 이스라엘을 위한 40주40야의 속죄의 기도

약속의 당에 들어간 이스라엘이 혹시 범죄하게 될지도 모를 교만과 죄에 대해 경고하기 위해 과거 이스라엘의 악행을 회상한다. 모세는 이스라엘의 범죄에도 불구하고 그들이 가나안에 입성할 수 있었던 이유는 전적으로 하나님의 사랑과 긍휼에 있었다고 회고하고 있다.

✚ 묵상 : 이스라엘 자손이 강한 일곱 족속의 땅을 차지하게 된 이유는 무엇일까요?(신9:1,4~5)
모세가 40주 40야 금식을 한 이유는 무엇 때문일까요?(신9:7~9,12,14,16~18,25)

● 시편 92-93편 안식일에 성도가 부르는 곡조있는 기도

92: 본편의 저자와 저작 배경은 알려져 있지 않으며 그 문학적 형식은 개인적인 찬양 시로서 포로 시대 이후에 이스라엘 백성이 안식일 예배에서 찬송가로 사용하였다. 이 시는 표제가 '안식일의 찬송시'이다. 유대 전승에 의하면 이 시는 유월절 아침과 또한 초막절 둘째 날에 불렀다고 한다. 일반적으로 이 시는 안식일에 불렀고, 이런 의미에서 이 시는 예배의식에서 중요한 자리를 차지하였다.

93: 본편은 높으신 하나님의 왕권을 찬양하는 군왕시이다. 본편은 92편과는 달리 표제가 없다. 저자도 쓴 때와 그 배경에 대해서도 알 수가 없다. 이 시도 '찬양의 시'라는 것은 의심할 여지가 없다. 이 시는 여호와의 위대하신 장엄성을 선언하고, 그 여호와께 만물이 의지하며 그는 영원 전부터 왕이시고, 그의 권능에 의해서 우리가 큰 은혜를 받는다고 한다.

✚ 묵상 : 여호와를 믿는 성도는 안식일에 어떤 찬송을 불러야 할까요?(시92:1~5,12~15)
여호와 하나님의 권위는 어디에서 오는 것일까요?(시93:1~2,5)

통일 주제 기도 (祈禱, 인간이 하나님께 자신의 일거수일투족을 아뢰는 것)

연합 내용 기도는 성경의 가르침이다. 기도는 믿는 자의 생명선이다. 기도는 하나님과 교제하는 기적의 통로다. 예수 그리스도가 기도하셨고 모세도 이사야도 순교자도 기도했다. 기도는 성도의 의무요 권리인 것이다.

● 이사야 37장 산헤립과 랍사게의 교만을 상대하는 기도

본장에서는 히스기를 통한 구원의 약속과 산헤립이 재차 굴욕적 항복과 기적에 의한 앗수르 군대의 전멸과 산헤립의 비참한 최후를 기록하고 있다. 그러한 위기 상황에서 유다 왕 히스기야가 보여 준 신앙적인 태도를 다루고 있다. 히스기야는 앗수르의 사신 랍사게의 협박 소식을 듣고, 선지자의 도움을 구하고 직접 하나님께 구원을 위해 기도한다.

✚ 묵상 : 앗수르의 침공을 받은 히스기야 왕은 여호와께 어떻게 기도했나요?(사37:1,14~17,20)
앗수르왕 산헤립의 교만하고 무례한 침략에 대해 근심한 히스기야 왕의 요청을 받은 이사야는 여호와께 기도한 후 어떤 응답을 받았나요?(사37:2,4,6~7,36)

● 요한계시록 7장 큰 환난에서 나온 흰옷 입은 자들의 찬양과 기도

본장에서는 여섯째 인과 일곱째 인 사이에 등장하는 평화와 예배에 관련된 계시이자 신성한 분노 속에서 서로 구별되는 두 무리가 살아남을 것이다. 이것은 이 땅의 복음 전도자들에 대한 답변으로 144,000명의 하나님의 백성과 흰옷 입은 큰 무리에 관한 내용을 담고 있다.

✚ 묵상 : 살아계신 하나님의 인을 받을 자의 수와 대상은 누구일까요?(계7:2,4~8)
이 일 후에 각 나라와 족속과 백성과 방언에서 능히 셀 수 없는 흰 옷을 입은 큰 무리가 나와 어린양 예수를 찬양하는데 이들은 누구일까요?(계7:13~14,17)

기 도

- 주여, 받은 복과 평안이 나의 의로부터 비롯되었다고 착각하지 않게 하옵소서.
- 주여, 주일을 온전히 성수할 수 있도록 인도하여 주시고 늘 찬송하게 하옵소서.
- 주여, 환난 중에 눈물로 기도하게 하시고 흰 옷을 입은 후 찬송하게 하옵소서.

6월 06 June 소외

신10 / 시94 / 사38 / 계8

● 신명기 10장 소외된 고아와 과부를 위해 정의를 행하시는 하나님

금송아지 숭배 사건으로 훼손되었던 하나님과 이스라엘 간의 언약 관계가 회복되는 장면이다. 금송아지를 섬겼던 이스라엘 백성과 마찬가지로 우리 인간은 연약하여 날마다 실수하고 범죄할 수밖에 없다.

그래서 본장에서는 그럼에도 불구하고 하나님께서 그러한 인간을 사랑하시고 품어주시고 하나님의 백성으로 끌어안아주신다는 사실을 보여준다. 모세는 여기서 사건들을 짧게 말한다. 나중에 성막을 지을 때 새 돌판 둘이 이 궤에 안치한다.

✚ 묵상 : 여호와께서는 모세에게 십계명을 쓰고 넣을 무엇과 무엇을 만들라고 했나요?(신10:1~2,4~5)
여호와 하나님이 이스라엘 자손에게 요구하시는 것은 무엇일까요?(신10:12~13,16,20)

● 시편 94편 소외된 과부와 고아들을 위해 복수하시는 하나님

억울함과 원통함이 극에 달한 시인은 재판관 되시는 하나님의 개입을 강력히 호소한다(1-2절). 악인들이 하나님의 백성을 핍박하고 과부와 나그네와 고아를 죽이며 심지어 하나님마저 무시하고 있는데 심판은 속히 이루어지지 않고 있다(3-7절). 그러나 하나님은 악인들의 모든 생각을 알고 계신다(8-11절). 하나님은 자기 백성을 징계를 통하여 진리의 길로 인도하시고 악인들로 인해 고통당하는 자를 평안케 하신다(12-15절). 악인으로 인해 실족하지 않게 하시며 악인들의 죄를 그들에게로 돌린다(16-23절). 이 시편 속에는 악인을 응징하라는 저자의 절규가 도처에서 나온다. 이 점에 의하면 이 시는 심한 고난을 당할 때에 쓴 듯하다. 이 시는 이와 같은 성격 때문에 시편 14, 58, 75편, 그리고 82편과 유사하다.

✚ 묵상 : 시편 기자는 하나님이 교만하고 오만하며 자만한 자에게 어떤 하나님이 되신다고 했나요?(시94:1~2,4,9~10)
시편 기자는 하나님이 어떤 자에게 어떤 복을 주신다고 했나요?(시94:12~15,22)

통일 주제 소외 (疏外, 혐오나 무관심 등으로 주위에서 꺼리며 따돌림)

연합 내용 하나님은 모두를 사랑하신다. 죄인도 사랑하신다. 하지만 죄인이 회개의 길을 열어 놓았음에도 돌아오지 않을 때는 심판의 매를 드신다. 반면 인간은 모두를 사랑하지 않는다. 많은 경우 자신에게 이익이 되는 자만을 사랑한다. 가난하고 힘없는 많은 사람을 무시하며 소외시킨다.

● 이사야 38장 병으로 죽게 되어 소외당한 왕을 구원하신 하나님

히스기야가 죽음의 운명 앞에서 하나님께 간구하여 15년 간 생명을 연장 받고 치유 받은 사건이 소개된다. 한편 치유의 은총을 받은 히스기야가 드린 찬양은 시편 6편과 그 내용이 흡사하다. 사실 이사야의 편집에서 본장은 39장의 사건배경을 설명해 주는 구실을 하는 것으로 그 자체의 의미 강조보다 다리 역할을 하고 있다.

✚ 묵상 : 병들어 죽게된 유다 히스기야 왕은 여호와께 어떤 기도를 드렸나요?(사38:2~6)
이사야는 주께 음성을 듣고 왕에게 어떤 징조와 치료방법을 가르쳐 주었나요?(사38:7~8,21)

● 요한계시록 8장 소외당한 성도의 기도로 땅을 심판하시는 하나님

일곱 봉인 중 마지막 봉인이 개봉되자 곧이어 두 번째 종류의 재앙인 일곱 나팔 재앙이 시작된다. 다시 말해서 본장에서의 일곱째 인을 떼고 또 일곱 나팔 재앙이 준비되는 장면이 언급되고 뒤이어 첫 번째 네 번째 나팔 재앙이 급속히 전개되며, 마지막으로 계속해서 나타날 다섯 번째, 여섯 번째 재앙에서 일곱 번째 나팔 재앙에 대한 경고가 제시되고 있다.

✚ 묵상 : 금향로에 받은 많은 향과 성도의 기도는 어디에 드려졌나요?(계8:3~5)
천사들이 첫째 나팔을 불 때부터 넷째 나팔을 불 때까지 어떤 일들이 일어났나요?(계8:6~12)

기 도

- 주여, 주의 말씀을 받기 위해 늘 합당한 그릇을 준비하는 자가 되게 하옵소서.
- 주여, 병든 영혼과 육체를 위해 기도하는 자에게 치료의 은혜를 주옵소서.
- 주여, 환난과 핍박 속에서도 인내의 기도를 함으로 끝까지 승리하게 하옵소서.

6월 07 June 행함

신11 / 시95-96 / 사39 / 계9

● 신명기 11장 하나님이 주신 책무 법도 규례 명령을 행함

축복과 저주, 번영과 실패가 하나님의 말씀에 대한 순종 여부에 달려 있다는 메시지이다. 하나님의 말씀에 대한 순종은 하나님의 백성에게 당연한 의무이지만 이는 단순한 의무로 그치지 않고 영혼의 미래와 현재의 복과 저주를 결정짓는 중요한 선택임을 보여주고 있다.

✚ 묵상 : 모세는 거듭 이스라엘 자손에게 무엇을 지키라고 당부했나요?(신11:1,13,18,22,27,32)
모세는 이스라엘 자손에게 여호와의 모든 명령을 지키면 어떤 복을 받는다고 거듭 선포하고 있나요?(신11:8~9,11~12,14~15,21,23~25)

● 시편 95-96편 크신 하나님께 노래하며 경배함을 힘써 행함

95: 우리는 하나님을 찬양하고, 그의 음성에 순종하며 살아야 한다. 우리가 하나님을 찬양해야 하는 이유는 그가 우리의 창조주며(1-4절), 목자가 되고(5-7절), 우리에게 안식을 주는 분이기 때문이다(8-11절).

96: 여호와 하나님은 창조주며, 세상의 왕이며 다스리시는 분이다. 창조주 하나님을 보는 눈, 세상을 통치하시는 하나님을 보는 눈, 그리고 심판하시는 하나님을 보는 눈을 가지고 부르는 노래, 세상의 노래와는 분명히 다른 노래, 바로 이 노래가 새 노래다. 우리는 새 노래로 여호와를 찬양해야 한다.

✚ 묵상 : 시편 기자는 크신 하나님이시요 왕께 무엇을 하자고 외쳤나요?(시95:1~3,5~8)
시편 기자는 여호와를 노래해야 할 이유로 무엇을 들었나요?(시96:1~6,10,13)

통일 주제 행함 (하나님께서 말씀하신 것을 온전히 따름)

연합 내용 하나님은 모든 만물의 창조주이시며 구원자이시다. 따라서 주관자요 통치자이시다. 그러므로 모든 피조물, 특히 그를 믿고 따르는 자들은 하나님이 주신 모든 말씀을 철저히 경청하고 행하여야 한다.

● 이사야 39장 은혜를 잊고 교만한 왕에게 심판예언을 행함

38장의 결론부인 본장의 짧고 별다른 감정 표출이 없는 객관적 기사에서 다음 사실을 알아야 한다. 히스기야는 15년 간 생명을 연장 받고 하나님을 찬양하던 히스기야였지만 순간적인 방심으로 인해 국가의 기밀들을 바벨론의 사신에게 공개하는 실수를 범하고 만다. 이로 인해 히스기야와 그 나라의 멸망이 선포된다. 본문의 내용은 열왕기하 20장 13-19절에도 똑같이 나와 있다.

✚ 묵상 : 히스기야 왕은 므로닥발라단 왕의 글과 예물을 받고 무엇을 보여 주었나요?(사39:1~2,4)
이사야는 히스기야 왕이 바벨론 왕 므로닥발라단에게 모든 것을 보여주며 자랑한 것을 보고 어떤 예언을 했나요?(사39:5~8)

● 요한계시록 9장 주의 명령을 받은 천사들이 땅에 재앙을 행함

다섯째 나팔이 울리자 하나님은 천사(=별)에게 무저갱(=바닥없는 구렁텅이로 사탄과 그의 짐승들이 갇혀 있는 곳)을 열게 하심으로 황충이 올라오게 하신다(1-10절). 황충(=악한 세력)은 하나님의 인이 없는 악인에게만 고통을 준다. 종말론적 재앙 중에는 악인에게만 내리는 재앙도 있다. 황충 재앙이 얼마나 고통스러운지 악인들은 죽고 싶어 하나 스스로 죽을 수가 없다. 황충들의 왕은 무저갱의 사자로 히브리어로 아바돈(=파괴라는 뜻), 헬라어로는 아볼루온(=파괴자라는 뜻)으로 불린다(11절). 아직 두 개의 화가 더 남았다(12절). 여섯째 나팔이 울리고 유브라데에 결박되어 있던 네 천사(=악한 영)가 풀려나 상상할 수 없는 큰 세력(이만만=2억)을 거느리고 악인들의 1/3을 죽인다(13-19절). 다섯째 재앙이 악인들에게 큰 고통을 안겨준데 반해 여섯째 재앙은 악인들을 죽인다. 그러나 여섯째 재앙에서 살아남은 사람들은 여전히 회개하지 않는다(20-21절). 회개하지 않는 것은 하나님을 대적하는 것이다.

✚ 묵상 : 다섯째 천사가 나팔을 불었을 때 어떤 일이 일어났나요?(계9:1~4)
여섯째 천사가 나팔을 불었을 때 어떤 일이 일어났나요?(계9:13~18)

기 도

- 주여, 주께서 주신 책무와 법도와 규례를 잘 준행하여 복을 누리게 하옵소서.
- 주여, 위대하신 하나님이시요 왕이신 주를 노래하며 온전히 경배하게 하옵소서.
- 주여, 주의 은혜로 살아감을 잊고 교만함으로 인해 멸망에 이르지 않게 하옵소서.

6월 08 June 예배

신12 / 시97-98 / 사40 / 계10

● 신명기 12장 자기 이름을 두시려고 택하신 곳에서 예배

12장 1절에서 16장 17절까지에서 모세는 이스라엘이 가나안에 들어가 하나님을 공적으로 예배하는 일과 연관된 구체적인 규범을 가장 먼저 제시한다.

본장은 이스라엘이 가나안 땅에 정착하여 지켜야 할 각종 성결에 대한 규례이다. 하나님 나라는 하나님이 가중히 여기는 죄악과 부정을 제거하는 것으로부터 시작된다. 따라서 하나님의 백성에게 무엇보다 요구되는 것은 생활과 인격에 있어 부정과 죄악을 제거하는 성결한 삶이다.

✚ 묵상 : 모세는 이스라엘 자손이 차지하게 하신 약속의 땅에 들어갔을 때 예배를 어떻게 드리라고 했나요?(신12:1,5~7,11~12,14,18,26)
모세가 이스라엘 자손에게 절대적으로 금한 두 가지는 무엇일까요?(신12:2~4,23,30)

● 시편 97-98편 여호와의 다스림 의 심판 거룩한 이름을 예배

97: 태초부터 영원까지 다스리시는 하나님은 진정한 왕, 통치자시다. 왕이신 하나님을 높이는 제의를 배경으로 하고 있다. 왕이신 하나님은(1절) 당신이 창조하신 세계를 다스리시며(2-6절), 그의 통치는 영원할 것이다(8-12절). 반면 우상 숭배자들은 수치와 심판을 받을 것이다(7, 8절).

98: 98편도 하나님의 통치를 찬양하는 제왕시다. 언약에 신실하신 하나님(1-3절)을 지음받은 모든 피조물이 찬양한다(4-9절). 하나님을 찬양하고 즐거워하는 것이 우리의 본분이다.

✚ 묵상 : 시편 기자는 하나님의 무엇으로 인하여 예배하라고 했나요?(시97:1~2,6~7,9,12)
시편 기자는 하나님께 무엇을 사용하여 예배하라고 했나요?(시98:1,4~6,8)

통일 주제 예배 (禮拜, 거룩하신 하나님께 존경과 숭배를 나타내는 의식과 행동)

연합 내용 오직 예배의 대상은 전능하시고 거룩하신 하나님이시다. 하나님 아버지를 예배하는 데는 장소와 내용과 방법이 매우 중요하다. 성전에서 의식을 진행하는 예배와 세상에서 사명을 감당하는 예배가 있다.

● 이사야 40장 영원하시고 위대하신 여호와를 앙망하는 예배

바벨론 포로에서 구원해주실 것이라는 하나님의 약속과 하나님의 구원의 능력을 확인시켜주는 내용 및 어떤 상황에서도 여호와만을 바라보라는 권면이 소개된다.

✚ 묵상 : 이사야는 영원하시고 위대하신 여호와의 임재와 통치를 어떻게 예언했나요?(사40:3~5,9~10)
영원하신 창조주 하나님은 자신을 앙망하는 자에게 어떤 삶을 주시나요?(사40:28~31)

● 요한계시록 10장 작은 두루마리를 가진 힘센 천사의 순종하는 예배

하나님의 권세를 부여받은 한 천사가 나타나 큰 소리로 외치자 일곱 우레가 말을 하였고 요한이 그 말을 기록하려 하자 기록하지 말고 봉인하라는 음성이 하늘에서 들린다(1-4절). 봉인된 말씀은 교만한 자들에게는 감추어져 있고 어린아이와 같은 자들에게는 열려져 있는 복음의 진리를 보여준다. 천사는 창조주 하나님께 지체하지 않겠다고 맹세한다(5-6절). 종말론적 심판이 곧 다가올 것이며 하나님의 구원과 심판은 곧 완성될 것이다(7절). 요한은 입에는 달지만(=구원) 배에는 쓴(=박해) 두루마리를 먹는다(8-10절). 모든 민족과 백성 가운데 두루마리에 적힌 계시 즉, 복음이 전파되어야 한다(11절).

✚ 묵상 : 구름을 입고 하늘에서 내려오는 힘 센 천사는 무엇을 가지고 있었나요?(계10:1~2,8)
힘 센 천사의 모습과 두루마리의 가치와 먹어 버린 요한과는 어떤 함수관계가 있을까요?
(계10:1~3,5~11)

기 도

- 주여, 하나님 아버지의 이름을 두신 거룩한 곳에서 온전히 예배하게 하옵소서.
- 주여, 하나님의 성품과 역사를 알고 다양한 방법으로 늘 예배하게 하옵소서.
- 주여, 하나님의 임재와 통치를 믿고 앙망하여 약속하신 복을 누리게 하옵소서.

6월 09 June 유일

신13-14 / 시99-101 / 사41 / 계11

● 신명기 13-14장 거짓된 우상을 용납지 않는 유일하신 진리의 하나님

13: 모세는 보다 강한 어조로 거짓 선지자들을 멀리하고 우상을 철저하게 배격함으로 여호와 신앙의 순수성을 유지하라고 명령하고 있다. 성도는 아무리 하찮은 우상 숭배나 우상 문화도 용납해서는 안 된다.

14: 거룩한 백성 이스라엘은 구별된 삶을 살아야 하는데 슬픔과 기쁨의 감정에 있어서도 타락한 이방 우상의 악행을 버려야 한다. 그리고 생활의 사소한 부분에서도 성결을 유지해야 하며 무엇보다 자신의 모든 소유가 하나님께서 주신 것임을 인정해야 한다.

✚ 묵상 : 모세가 이스라엘에게 엄히 경계하도록 명령한 내용은 무엇일까요?(신13:1~3,5~10,13)
모세는 또 음식문제와 십일조문제를 어떻게 명령했나요?(신14:3,6,9,11,22,28)

● 시편 99-101편 찬송을 받으시기에 합당한 유일하신 거룩의 하나님

99: 본편의 주제는 과거와 현재와 미래에 걸쳐 나타나는 여호와의 통치에 대한 찬양으로서 주제별로는 감사와 찬양의 시로 분류된다. 이 시는 여호와의 왕권을 찬양하는 시 중의 한 편이다.

100: 하나님의 통치를 찬양하는 시들(95-100편) 중 마지막으로 소개된 본시는 예배 때 또는 찬양의 시로서 간결하고도 압축된 감사의 표현을 통해 신선한 감동을 주고 있다. 저자는 줄곧 즐거움으로 하나님께 찬양드릴 것을 권면하고 있는데 그 이유는, 그가 우리의 창조주시며, 우리에게 선하심과 인자하심을 영원토록 베푸시기 때문이다. 그가 하나님이심을 모든 백성 앞에서 찬송하고 경배하는 모습이 이곳에서 나온다.

101: 본시는 다윗의 시로서 치세에 임한 신정(神政) 왕국의 왕으로서의 정치 철학을 담은 군왕의 시이다. 여기서 다윗은 지고한 왕의 모습이 아니라 하나님의 인자와 공의를 간절히 구하는 신앙인의 모습으로 나타나는데, 가장 높은 곳에서 가장 낮게 처신할 수 있는 것이 바로 다윗의 위대함이며, 하나님 앞에서의 이상적인 왕의 모습을 잘 보여 주고 있다.

✚ 묵상 : 시편 기자는 여호와의 가장 근본이 되는 속성으로 무엇을 말했나요?(시99:3,5,9)
다윗이 말하는 완전한 마음과 완전한 길은 무엇일까요?(시101:1~2,6)

통일 주제 유일 (有一, 오직 한 분이신 하나님)

연합 내용 모든 문제에는 답이 있다. 영적인 질서의 문제나 개인적인 인간관계의 문제, 더 나아가 국가의 문제나 성도의 삶의 문제에도 다 대안이 있다. 이 모든 대안은 하나님의 말씀과 구체적인 도우심에 있다.

● 이사야 41장 모든 신들 위에 뛰어나신 유일하신 창조주 하나님

법정을 배경으로 하여 하나님께서 직접 재판장이 되어 열방들을 소환하고 심문하시는 장면이다. 특히 고레스에 대한 심문에 이어 허탄한 우상들과 이스라엘을 회복시키신 하나님을 친히 대조시켜 주의 참된 도움이 되심을 일깨우며, 이방 백성들을 향하여 우상과 주를 비교하고 시험해볼 것을 권면하는 장면 등이 소개되고 있다.

✚ 묵상 : 여호와께서는 선택한 이스라엘을 어떻게 대하시겠다고 하셨나요?(사41:8~10,13~15)
여호와께서는 거짓 신들인 우상에게 무엇을 선포하셨나요?(사41:21~24,26~29)

● 요한계시록 11장 온 세상과 천국의 주시요 유일하신 통치자 하나님

일곱 나팔이 울리기 전(10:1-11:14) 교회가 사명을 감당하는 모습을 보여준다. 교회 공동체는 고난당하면서도 담대히 하나님의 나라를 선포하는 곳이다. 고난은 결코 영원하지 않다. 하나님은 고난 속에서도 복음이 승리하는 권능을 주신다. 예수님의 뒤를 따르는 교회와 성도는 핍박을 받게 마련이다(7-10절). 세상은 복음의 진리를 싫어하기 때문이다. 그러나 교회는 주님과 함께 영광을 받게 될 것이다(11-14절). 일곱 번째 나팔이 울리자 마침내 하나님의 통치가 온전히 실현된다(15-19절). 이날은 심판의 날이면서, 상을 주시는 날이다.

✚ 묵상 : 요한은 이방인들이 42개월 동안 거룩한 성을 짓밟을 때 하나님의 두 증인이 나타나 무엇을 할 것이라고 예언했나요?(계11:1~6,10)
일곱째 천사가 나팔을 불 때 들린 음성의 내용과 보여진 장면은 무엇일까요?(계11:15~19)

기 도

- 주여, 먹고 마시는 일도 물질의 소유와 사용의 일도 말씀따라 행하게 하옵소서.
- 주여, 거룩하신 하나님의 자녀로서 완전한 마음과 그 길을 쫓아가게 하옵소서.
- 주여, 악한 세상에 나가 주께서 주신 능력으로 담대히 복음을 전하게 하옵소서.

6월 June 10

긍휼

신15 / 시102 / 사42 / 계12

● 신명기 15장 면제와 자유를 허락하시는 하나님의 긍휼

가나안 땅에서 이스라엘이 이웃과 하나님께 대해 반드시 지켜야 할 거룩한 책무에 관한 규례이다. 하나님의 은혜로 구원받은 자는 반드시 그 은혜에 합당한 삶을 살아야 한다. 성도는 먼저 하나님의 구원의 능력을 높이 찬양하고 영원히 기념하며 주위의 가난하고 연약한 이웃을 사랑하며 은혜를 베풀어야 한다.

✚ 묵상 : 하나님은 이스라엘 자손에게 재물에 대하여 어떤 원칙을 주셨나요?(신15:1~2,7~11)
채무로 인해 동족을 종으로 둔 자는 일곱째 해에 어떻게 해야 할까요?(신15:12~17)

● 시편 102편 심한 고난에 응답하시는 하나님의 긍휼

본편은 고난을 당하는 자가 하나님께 자기의 사정을 털어 놓는 비탄의 시로서 이 시의 표제는 "고난당한 자가 마음이 상하여 그의 근심을 여호와 앞에 토로하는 기도"이다. 다른 시에 비해서 표제가 특이하다. 다른 시는 '다윗의 시', '성전에 올라가는 시', '감사의 시'와 같은 표현을 사용하나 이곳의 표제에는 매우 특이하게 곤고한 자의 곤고함이 나온다. 그 저작 연대는 이스라엘의 포로 시대에 해당되는데 저자는 민족적인 비극의 날에 자신의 고통과 아픔을 하나님께 하소연하고 있다. 그러나 저자는 절망에만 사로잡혀 있는 것은 아니다. 이러한 그의 한탄 기도는 예루살렘의 회복을 간절히 소원하며, 하나님의 긍휼의 때를 기다리던 저자는 영광 중에 나타나실 그분의 임재를 묵상하면서 위로를 얻고 있다.

✚ 묵상 : 심한 고난을 당하는 자는 하나님께 어떻게 기도해야 할까요?(시102:1~5,8~9,11)
긍휼하신 하나님은 자기의 백성에게 어떻게 응답하실까요?(시102:13,17~20)

통일 주제 긍휼 (矜恤, 불쌍하고 가엾게 여겨서 도와줌)

연합 내용 하나님은 모든 영혼을 사랑하시되 특히 죄인과 소외된 자를 긍휼히 여기신다. 채무가 있는 사람, 약하여 고난에 처한 사람, 포로로 잡혀가고 맹인 된 사람, 복음을 위해 핍박을 받는 사람을 불쌍히 여기신다.

● 이사야 42장 흑암에 있는 자를 회복하시는 하나님의 긍휼

여호와의 종의 노래와 그 종의 사명이 소개된다. 이어서 새 일을 이루신 하나님이 새 노래로 찬양 받으시는 장면과 주의 백성을 도우시는 하나님의 신실함이 소개된다. 그럼에도 불구하고 여전히 죄악 된 모습으로 살아가는 주의 백성을 향한 하나님의 피 맺힌 호소가 언급된다.

✚ 묵상 : 이사야는 주의 종이 나타나 어떤 사역을 할 것이라고 예언했나요?(사42:1~4,6~7,16)
이사야는 여호와의 교훈을 듣지 않는 이스라엘을 무엇에 비유했나요?(사42:18~20,24)

● 요한계시록 12장 아이를 낳고 도망한 여자를 보호하시는 하나님의 긍휼

12장은 일곱 대접재앙이 전개되기 전에 삽입된 계시로 7년 대환난의 전반기인 3년 반의 환난기 때 지상 교회의 운명에 대한 예언이 소개되고 있다. 즉 여자로 상징된 교회가 해산하는 환상, 용으로 상징된 사탄이 타락할 것에 대한 예고와 교회가 용에게 맹렬히 핍박당하는 환상이 소개되고 있다.

특히 14절의 "큰 독수리의 두 날개"는 실제 새의 날개가 아니라 하나님의 섭리로 이스라엘을 보호하심을 비유적으로 표현한 말이다(참고, 출 19:4). 날개는 때로 보호를 의미한다(참고, 신 32:9-12; 시 91:4; 사 40:31).

✚ 묵상 : 해를 옷 입고 발 아래에 달이 있으며 열 두 별의 관을 쓴 한 여자는 누구이며 어떤 아이를 가졌나요?(계12:1~6)
큰 용, 옛 뱀, 마귀, 사탄, 온 천하를 꾀는 자와 그의 사자들은 하늘전쟁에서 어떻게 되었으며 그 후 무슨 짓을 했을까요?(계12:7~17)

기 도

- 주여, 주신 재물을 검소히 사용하고 어려운 자와 나누는 삶을 살게 하옵소서.
- 주여, 고난 중에 기도할 때 긍휼히 여기시는 하나님의 역사를 보게 하옵소서.
- 주여, 마귀의 유혹과 핍박에 흔들리지 않고 늘 승리하는 자가 되게 하옵소서.

6월 June 11 송축

신16 / 시103 / 사43 / 계13

● 신명기 16장 절기를 지킬 수 있도록 소산을 주신 주를 송축

거룩한 백성이 언약을 지키시며 또 거룩을 유지하기 위한 규례들이다. 이스라엘은 하나님이 명하신 절기를 준수하고 그 절기에 담긴 하나님의 은혜와 거룩한 뜻을 기억하고 기념해야 한다.

✚ 묵상 : 여호와께서 이스라엘에게 지키라고 명한 3대 절기는 무엇일까요?(신16:1,10,13,16)
여호와 하나님은 각 성에서 지파를 따라 누구를 세우라고 말씀하셨나요?(신16:18~19)

● 시편 103편 긍휼과 은혜와 용서가 풍성하신 주를 송축

이 시는 다윗의 찬양의 시로서 밝고도 힘찬 분위기가 감동적으로 표현되어 있으며, 다윗 시의 진수를 보여주고 있다. 이 시는 다윗이 쓴 여러 시편 중의 하나로 아름답고 우아한 문장을 처음부터 끝까지 발견할 수가 있다. 옛날부터 이 시의 성격 때문에 성도들이 애호하는 시편이 되어 왔다. 죄와 허물을 사하시는 일에서(3:8-12:17) 드러난 하나님의 인자하심, 자식들을 대하는 어버이 같은 하나님의 따뜻한 사랑하심, 그리고 심령에 풍성한 은혜를 주시는 내용이 곳곳에서 넘치고 있다. 이 시는 아마도 다윗이 하나님의 은혜에 감사하는 마음이 충만하였을 때에 쓴 듯하다. 그런 배경을 바탕으로 해서 쓰여졌기 때문에 도처에서 하나님에 대한 확신과 신뢰가 넘친다. 다윗이 언제 이 시를 썼는지에 대해서는 알 수가 없다.

✚ 묵상 : 다윗은 여호와를 송축해야 할 자들이 누구라고 말했나요?(시103:1~2,20~22)
다윗은 여호와 하나님이 우리에 대해서 어떻게 행하신다고 말했나요?(시103:8~13,17)

통일 주제 송축 (頌祝, 기쁜 일을 기리고 축하함)

연합 내용 창조주요 구원자이신 여호와 하나님을 송축함이 마땅하다. 특히 송축해야 할 내용과 방법과 시기를 잘 분별하여 합당한 송축을 드려야 하고 사단이나 짐승의 기적을 보고 그릇된 경배에 빠져서는 안 된다.

● 이사야 43장 창조와 구속과 지명하여 부르신 주를 송축

이스라엘을 포기하지 않으시는 하나님의 거룩한 집념과 구원의 의지가 소개된다. 이스라엘이 구원받을 수 있는 것은 바로 하나님의 무조건적인 선택과 끝없는 사랑 때문이다. 그러나 하나님이 메시야 시대에 이스라엘을 용서해주신다고 해도 그 중간 시기에는 여전히 그 죗값을 치려야 한다.

✚ 묵상 : 여호와 하나님은 자신이 창조하시고 구속하신 백성에 대해 어떤 영원한 뜻을 가지고 계실까요? (사43:1~7)
이스라엘의 구속자요 거룩한 이요 왕이신 여호와 하나님은 애굽에서 그들을 구원하셨듯이 어느 나라로부터 구원하실 것이라고 약속하셨나요?(사43:14~17)

● 요한계시록 13장 신성을 모독하는 짐승을 심판하실 주를 송축

13장은 1-10절에서는 '바다의 짐승'과 11-18절에서는 '땅의 짐승'으로 나뉘어 진다. 먼저 '바다의 짐승', 즉 사탄은 공중 권세를 차지하기 위하여 별이 빛나는 하늘에다 거주지를 정하였는데 그곳은 자신의 추방을 둘러 싼 싸움의 중심 터로 묘사되고 있다. 그리고 '바다의 짐승'에서는 거룩한 계획에 맞서 싸우는 사탄의 주요한 대행자들을 지닌 모습과 행동을 본다.

즉 7년 대환난 중 전반기 환난을 언급한 12장에 이어 본장에서는 환난의 강도가 더욱 더 강력해지는 후반기 3년 반 환난이 언급되고 있다. 즉 본장에는 바다에서 나온 짐승, 즉 적그리스도의 환상과 땅에서 올라온 거짓 선지자를 상징하는 짐승의 환상이 소개되고 있다.

✚ 묵상 : 바다에서 나온 짐승의 모양과 특징과 하는 일은 무엇일까요?(계13:1~7)
땅에서 올라온 다른 짐승의 모양과 특징과 하는 일은 무엇일까요?(계13:11~17)

기 도

- 주여, 하나님과 깊은 사귐을 나눌 수 있는 절기와 주일을 성수하게 하옵소서.
- 주여, 긍휼과 은혜가 풍성하시며 노하기를 더디하시는 주를 송축하게 하옵소서.
- 주여, 용과 짐승의 미혹과 핍박 앞에서 인내와 믿음으로 승리하게 하옵소서.

6월 12 June 이치

신17 / 시104 / 사44 / 계14

● 신명기 17장 이치에 맞게 삶의 문제를 해결하고 왕을 세움

이스라엘의 바른 종교생활과 공동체의 공의를 위해 주어진 규례이다. 하나님의 직접 통치를 받는 이스라엘은 거룩과 공의가 완전히 실현되어야 한다. 특히 재판장이나 왕 등 이스라엘을 이끌어갈 지도자들은 교만하게 행하지 말고 하나님 앞에 선 자로서 겸손하고 정직해야 한다.

✚ 묵상 : 모세는 이스라엘 자손에게 문제가 발생하면 어떻게 해결하라고 했나요?(신17:8~11)
모세는 약속의 땅에서 왕을 세우고자 할 때 어떤 원칙을 지키라고 했나요?(신17:14~19)

● 시편 104편 이치에 맞게 모든 만물이 돌아가도록 창조함

본편은 세상을 창조하신 여호와를 찬송한 찬양의 시로서 창세기 1장의 내용과 평행을 이루고 있으며, 하나님께서 지으신 대자연에 대한 묘사가 마지막 한 폭의 그림을 보는 듯이 자연스럽다. 이 시는 표제가 없다. 이 시편의 저자, 이 시를 쓴 연대 그리고 저자의 사상적 배경에 대해서도 아는 것이 아무것도 없다. 이 시는 자연 속에 나타난 하나님의 은혜로운 사역, 특히 천지 창조에서 드러난 하나님의 은혜를 보여준다. 이런 면에서 볼 때에 이 시는 창세에 나오는 창조사에 관한 저자의 찬미도 될 수 있고, 우주에 드러난 하나님의 능력에 대한 찬양도 될 수 있다. 이 시는 곳곳마다 창조 속에서 드러난 하나님의 장엄성이 확실하게 드러나고, 그곳에서 하나님을 송축하며 만물의 주인공이신 여호와를 노래하는 내용으로 이루어진다.

✚ 묵상 : 시편 기자는 하나님이 창조하신 모든 만물의 조화로움을 보면서 무엇을 할 수 밖에 없었나요?
(시104:1,5~15,19~24,31~33,35)
시편 기자는 하나님이 창조하신 모든 만물을 어떻게 새롭게 하신다고 했나요?(시104:30)

통일 주제 이치 (理致, 사물의 정당하고 당연한 조리와 법)

연합 내용 세상의 모든 이치는 창조주 하나님이 수립하셨다. 그러므로 모든 만물은 그 이치에 따라 돌아간다. 오직 사람만이 그것을 거역하고 불순종하였다. 따라서 하나님은 다시 새로운 이치를 정하셨다. 그것은 독생자 예수 그리스도를 통한 구원과 심판의 이치다.

● 이사야 44장 이치를 알지 못하고 우상을 만든 자를 심판함

본장의 문장 전개는 43장과 대칭대면서 더욱 확산되는 점층적 전개 신앙을 띠고 있다. 본장은 절망할 수밖에 없는 이스라엘의 백성을 향한 하나님의 위로와 약속에 이어, 우상의 허망함을 고발하고, 오직 하나님만이 유일한 경배의 대상이 됨을 강조한다. 진정 우리 인생은 이 땅에서 무엇을 믿고 의지하느냐에 따라 미래가 결정될 것이다.

✚ 묵상 : 이사야는 우상을 만들어 섬기는 무지한 자들을 어떻게 고발하고 있나요?(사44:9~20)
이사야는 불법의 죄와 우상에 이끌린 이스라엘을 향한 하나님의 뜻이 무엇이라고 선포하고 있나요?(사44:21~22)

● 요한계시록 14장 이치에 맞는 심판이 여러 천사에 의해 진행됨

이마에 하나님의 이름과 어린양의 이름을 받은 어린양의 신부 144,000 즉, 구원받은 모든 성도들은 박해와 미혹에도 불구하고 영적 순결을 지켰으므로 하늘 보좌 앞과 네 생물과 장로들 앞에서 승리의 새 노래를 부른다(1-5절). 첫째 천사가 땅에 거하는 모든 자에게 영원한 복음(심판의 때가 가까이 왔으니 창조주 하나님을 경배하라)을 전한다(6-7절). 둘째 천사는 바벨론(=우상숭배와 타락의 상징)이 무너졌음을 선포한다(8절). 셋째 천사는 짐승을 따르는 자(=복음을 거부하는 자)에 대한 형벌을 선언한다(9-11절). 성도에게는 인내가 필요하며 혹 믿음을 지키다 순교를 하게 되면 이는 복된 죽음으로써 하나님의 품에서 영원히 안식하게 될 것이다(12-13절). 구름 위에 앉아 있는 인자 같은 이(=메시야)가 성전에서 나온 천사의 사인을 받아 곡식(=하나님의 백성)을 거둔다(14-16절). 하늘 성전에 나온 또 다른 천사는 하나님의 심판을 집행한다(17-20절).

✚ 묵상 : 요한이 본 144,000은 어떤 자들이며 무엇을 하게 된다고 예언했나요?(계14:1~5)
요한은 마지막 때에 성도에게 어떤 두 가지 자세가 필요하다고 했나요?(계14:12~13)

기 도

- 주여, 말씀을 옆에 두고 주를 경외하기를 배우며 규례를 지켜 행하게 하옵소서.
- 주여, 자연만물의 조화를 보며 하나님을 송축할 줄 아는 깊은 영성을 주옵소서.
- 주여, 이 시대에 하나님의 계명과 예수에 대한 믿음을 지키는 인내를 주옵소서.

6월 13 June 대언

신18 / 시105 / 사45 / 계15

● 신명기 18장 한 선지자가 하나님의 말씀을 이스라엘에게 대언함

하나님을 섬기도록 구별된 제사장은 가나안 땅 분배 시 지파 몫의 땅을 따로 받지 않았다. 여호와께서 그들의 기업이 되시기 때문이다(2절). 하나님은 백성이 드리는 희생 제물 가운데 제사장의 몫을 구별하신다. 지방에서 올라왔더라도 레위인은 차별받지 않고 중앙 성소에서 일할 수 있다(6-8절). 이스라엘은 이방민족의 가증한 행위를 철저히 금해야 한다(9-14절). 메시야의 오심에 대한 예언이 등장한다(15절). 하나님과 이스라엘 사이에서 중보자 역할을 했던 모세와 같은 선지자가 나타날 것이다. 오병이어의 기적 이후 유대인들이 고백한다. "이는 참으로 세상에 오실 그 선지자라"(요 6:14). 바로 예수 그리스도시다.

✚ 묵상 : 여호와께서 레위지파에게 분깃과 기업을 주시지 않은 이유는 무엇일까요?(신18:1~2,5)
여호와께서 세우신 선지자가 주의 말씀을 전할 때 그 말이 여호와의 말인지 선지자 마음대로 전한 말인지를 무엇으로 알 수 있을까요?(신18:18,20~22)

● 시편 105편 시편 기자가 하나님의 하신 일을 만민에게 대언함

105편과 106편은 역사 서사시다. 105편은 아브라함으로부터 광야에서의 역사가 등장한다. 시인은 여호와께서 행하신 기이한 일들을 기억하여 감사하며 선포하라고 외친다(1-6절). 하나님은 아브라함, 이삭, 야곱과 영원한 언약을 맺으시고 그들의 여정과 늘 함께 하셨다(7-15절). 고대 근동의 대기근에서 구원하시고자 한명(=요셉)을 앞서서 애굽으로 보내셔서 나라의 지혜자로 삼으셨고 그로 인하여 야곱 일가는 애굽으로 이주하여 기근을 면할 수 있었다(16-23절). 후에 노예 신분으로 전락했지만 이스라엘 백성들은 계속 번성했으며 그들을 억압하는 바로에게 10가지 재앙을 내리셨다(24-36절). 출애굽 이후 광야에서는 만나와 메추라기, 물을 먹이시며 불기둥과 구름기둥으로 인도하셨다(37-41절). 이는 하나님이 언약을 기억하셨기 때문이다(42-45절).

✚ 묵상 : 시편 기자는 여호와께서 이스라엘 자손과 무엇을 맺었다고 말했나요?(시105:7~11)
시편 기자는 여호와께서 이스라엘 자손과 맺은 언약을 지키시기 위하여 어떤 역사를 펼치셨다고 말했나요?(시105:17~42)

통일 주제 대언 (代言, 하나님의 뜻을 말이나 행동으로 대신 전함)

연합 내용 하나님은 거룩하시다. 인간은 죄인이다. 그러므로 하나님은 대언자를 세워 친히 자신의 뜻을 전하신다. 대언자가 때로는 말로, 때로는 행동으로, 때로는 상징적 사건을 일으킴으로 주의 뜻을 대언하는 것이다.

● 이사야 45장 고레스가 하나님의 회복하심을 이스라엘에게 대언함

45장은 43, 44장과 대조를 보인다. 즉 앞의 장들이 유다를 중심으로 한 구원과 선포라면 본장은 고레스를 택하여 사용하신 하나님의 의지와 고레스를 통한 구원을 의심하는 주의 백성에 대한 격려 및 이스라엘뿐 아니라 온 세상을 구원하시려는 주의 사랑 그리고 그러한 하나님의 마음에서 확인할 수 있는 하나님의 절대성과 유일성이 소개된다.

✚ 묵상 : 여호와께서 포로된 이스라엘을 회복시키시기 위하여 누구를 세우셨나요?(사45:1~5)
이사야는 창조주 하나님이 참 신이심을 무엇으로 대언하고 있나요?(사45:13~15,18~21)

● 요한계시록 15장 일곱천사가 일곱 대접 재앙을 받아 하나님의 뜻을 대언함

일곱 나팔과 일곱 대접 재앙 사이의 중간 계시에 이어 15-18장에서는 일곱 대접 재앙이 본격화되고 있다. 그중 15장에서는 일곱 대접을 가진 일곱 천사에 대한 설명과 승리한 성도들의 찬양 및 일곱 대접을 가진 일곱 천사가 나오고 있다.

그리고 이 장의 나머지 반은 하나님께서 행하시는 분노의 사역이 가져올 준비 작업에 관하여 언급하고 있으며, 맑고 빛나는 세마포 옷을 입은 존재는 이들 천사들이 행한 심판이 정당하다는 것을 암시해 준다.

✚ 묵상 : 요한이 다시 본 하늘에 나타난 두 환상은 무엇이었나요?(계15:1~4)
요한은 네 생물 중의 하나가 일곱 천사에게 전해 주는 무엇을 보았나요?(계15:6~7)

기 도

- 주여, 레위지파처럼 세상의 것을 없게 하사 당신 곁에 두심을 알게 하옵소서.
- 주여, 선민이 출애굽을 통해 언약을 믿듯 십자가를 통해 약속을 믿게 하옵소서.
- 주여, 마지막 일곱 대접 재앙을 생각하고 구원을 이루기 위해 깨어있게 하옵소서.

6월 14 June 배려

신19 / 시106 / 사46 / 계16

● 신명기 19장 실수로 범죄한 자를 보호하는 도피성 제도의 배려

이스라엘의 번영과 행복의 관건이 하나님의 명령과 규례와 법도를 준행하는 데 달려 있음을 강조한다. 하나님이 주신 율법은 하나님 백성의 영혼과 육체와 삶을 생기 있고 윤택하게 만들어주는 생명의 메시지이다. 따라서 하나님의 백성은 하나님의 말씀인 율법을 항상 마음에 두고 그 말씀에 귀 기울이며 준행하여야 한다.

✚ 묵상 : 여호와께서 약속의 땅에 도피성을 두라고 하신 이유는 무엇일까요?(신19:2~3,6~7)
모든 악과 죄에 대하여 재판을 할 때에 어떤 원칙을 지켜야 할까요?(신19:15~19,21)

● 시편 106편 악한 이스라엘을 향해 심판을 중단하신 배려

105편에 이어 이스라엘 역사를 되짚어 보는 서사시다. 선조들의 잘못을 돌아보며, 성찰하고 회개하는 내용이다. 홍해를 건너기 전 이집트 군대에 의해 쫓길 때에 차라리 애굽의 종으로 사는 게 낫겠다고 불평했던 죄(6-12절), 이스라엘 백성의 탐욕(민 11장의 기브롯 핫다아와 사건, 13-15절), 다단과 아비람의 반역(16-18절), 송아지 우상 사건(19-23절), 계속되는 이스라엘 백성의 불평(24-27절), 바알브올에서의 음행사건(28-31절), 므리바 사건(물과 관련된 하나님 불신, 32-33절), 우상숭배(34-39절), 바벨론 유배와 해방(40-46절)이 차례로 등장한다. 그럼에도 불구하고 하나님은 그들을 거듭 용서해 주시고, 다시 회복시키신다(47절).

✚ 묵상 : 시편기자는 이스라엘이 은혜를 잊어버리고 하나님을 시험했음에도 불구하고 그들이 요구하는 것을 들어 주셨음은 무엇 때문이라고 했나요?(시106:1,7~8,13~15,21,23)
시편기자는 모세가 약속의 땅에 들어가지 못함의 원인을 어떻게 말했나요?(시106:32~33)

통일 주제 배려 (配慮, 여러 가지로 마음을 써서 보살피고 도와줌)

연합 내용 하나님의 모든 관심과 역사는 사람에게 있다. 왜냐하면 자기의 형상대로 창조한 존재이기 때문이다. 그래서 혹 연약하여 실수했을 때나 고의로 범죄하여 불순종을 했을 때에도 한없이 인자와 자비하심으로 배려해 주신다. 반면 완전타락한 자에게는 오직 심판을 행하실 뿐이다.

● 이사야 46장 패역하고 완악한 선민을 자녀같이 감싸주신 배려

바벨론의 대표적인 우상들의 파괴와 이스라엘을 구하시려는 하나님의 거룩한 섭리가 소개된다. 하나님의 심판에는 파멸과 구원의 이중적인 의미가 담겨 있다.

✚ 묵상 : 이사야는 하나님이 이스라엘을 언제부터 어떻게 대하셨다고 말했나요?(사46:3~4)
이사야는 하나님이 선민에 대하여 어떻게 행하실 것이라고 예언했나요?(사46:9~13)

● 요한계시록 16장 배려 할 수 없는 완전 타락한 자를 향한 큰 재앙

16장은 15장에 예시된 일곱 대접 재앙이 구체적이고 포괄적으로 실현되는 장면이다. 즉 16장에는 땅과 바다, 강과 해 위에 내려질 대접 재앙들과 짐승의 보좌와 큰 강 유브라데에 쏟아질 재앙 그리고 바벨론의 멸망과 언급된 일곱 번째 대접 재앙이 소개되고 있다.

✚ 묵상 : 하나님의 진노의 일곱 대접 중에 첫째 대접부터 다섯째 대접까지는 어떤 재앙이며 누구에게 임할까요?(계16:1~11)
여섯째 대접부터 일곱째 대접까지는 어떤 재앙이며 누구에게 임할까요?(계16:12~21)

기 도

- 주여, 신앙생활 중에 문제가 생기면 증인을 세우고 위증을 하지 않게 하옵소서.
- 주여, 죄를 지었음에도 삶이 형통하고 응답이 있을 때 바로 근신하게 하옵소서.
- 주여, 끝까지 회개하지 않고 마귀를 좇는 자에게 심판이 있음을 알게 하옵소서.

6월 15 June 시각

신20 / 시107 / 사47 / 계17

● 신명기20장 전쟁 앞에 있는 이스라엘이 적을 보는 시각

장차 이스라엘이 필연적으로 직면하게 될 전쟁에 관한 규례이다. 하나님 나라를 건설하기 위한 거룩한 전쟁은 무엇보다 하나님 중심의 전쟁이여야 했다. 때문에 전쟁 중에도 사랑과 긍휼과 평화의 정신을 잊어버려서는 안 되었고 무엇보다도 가증한 것에 대해서는 단호히 대처해야 했다. 이는 죄로 물든 세상에서 영적 전쟁을 수행하는 성도의 행동지침이라고도 할 수 있다.

✚ 묵상 : 모세는 제사장과 책임자들에게 전쟁에 나가기 전에 이스라엘을 향하여 어떤 말을 전하라고 했나요?(신20:1~4,5~8)
모세가 이스라엘에게 가르쳐 준 세 가지 전쟁 전략은 무엇일까요?(신20:10,16,20)

● 시편 107편 고난 중에 있는 자가 주 하나님을 보는 시각

하나님에 대한 감사와 찬양으로 가득한 107편은 하나님이 역사 가운데 베푸신 은혜를 생각한다. 시인은 당신의 백성을 속량하시고 모으시는 하나님의 선하심과 인자하심을 찬양하라고 선포한다(1-3절). 하나님은 거주할 곳이 없어 방황하는 이스라엘을 바른 길로 인도하여 성읍을 주셨으며 좋은 것으로 채워주셨다(4-9절). 백성들이 하나님을 거역할 때는 고난을 통해 겸손하게 하시고 환난 중에 부르짖을 때에는 응답하시고 말씀으로 그들을 고치시고 위험에서 건지셨다(10-22절). 광야와 폭풍 가운데서도 일하시는 하나님은 광풍을 잔잔케 하시고 평온함과 소망으로 인도하셨다(23-32절). 하나님은 언제든지 생사화복을 주권적으로 바꾸실 수 있다(33-39절). 그러므로 환경이 아닌 하나님의 뜻을 좇는 마음이 정직한 자, 지혜자가 되어야 한다(40-43절).

✚ 묵상 : 시편기자가 거듭 반복하여 하나님을 찬양하는 내용은 무엇일까요?(시107:8,15,21,31)
시편기자는 하나님이 고통당하는 자에게 구체적으로 어떻게 행하여 주신다고 했나요?(시107:4~7,9~14,20,26~30)

통일 주제 시각 (視角, 사물이나 현상을 바라보거나 파악하는 각도 또는 입장)

연합 내용 하나님의 백성은 믿음의 시각을 가져야 한다. 전쟁에서 적을 보는 시각, 고난 중에 주를 보는 시각, 미래에 일어날 일을 보는 시각이 신앙적이어야 한다. 반면 자신을 과대평가하는 시각은 멸망을 부른다.

● 이사야 47장 자기 자신을 잘못 이해하는 바벨론의 시각

바벨론을 향한 하나님의 분노와 심판 의지가 마치 장례 행렬 같은 시적 운율로 묘사되어 있다. 즉 바벨론을 향한 심판 선언, 심판받을 수밖에 없는 이유, 허망한 종교를 신봉하는 교만한 바벨론에 대한 하나님의 비웃음이 각각 소개된다. 특히 멸망한 바벨론이 노예로 또한 능욕당하는 젊은 여인으로 묘사됨으로써 그 멸망의 강도를 짐작하게 해준다.

✚ 묵상 : 이사야는 바벨론의 멸망의 원인이 어디에 있다고 말했나요?(사47:6~8,10)
이사야는 무엇들이 바벨론을 멸망에서 구원할 수 없다고 말했나요?(사47:13,15)

● 요한계시록 17장 요한이 큰 음녀와 여자와 짐승을 보는 시각

큰 음녀 바벨론의 운명에 대한 환상이다. 화려한 모습 속에 감춰진 음녀의 실체는 음란과 더러움이며, 그리스도인들을 박해하는 악의 세력이다. 음녀가 제시하는 일시적인 쾌락은 장차 받게 될 끔찍한 심판에 비할 수 없다. 성도들은 영적 분별과 영적 전쟁을 통해 이러한 미혹을 이겨야 한다. 악의 세력은 결국 멸망한다. 짐승이 아무리 강하다 해도 하나님과 어린 양의 적수가 될 수는 없다. 또한 열 뿔과 짐승이 음녀를 멸망시킨다(16-17절). 악은 스스로 자멸하게 되어 있다. 하나님이 그렇게 되도록 하실 것이다(18절).

✚ 묵상 : 요한이 본 많은 물 위에 앉은 큰 음녀는 무엇일까요?(계17:1~2,15)
요한이 본 붉은 빛 짐승과 그 것을 탄 여자는 무엇일까요?(계17:3~13,16,18)

기 도

- 주여, 세상에 나가 부조리와 불법에 대항하여 싸울 때 담대한 마음을 주옵소서.
- 주여, 범사에 여호와의 인자하심과 인생에게 행하신 기적을 찬송하게 하옵소서.
- 주여, 구원이 거짓 선지자나 세상의 친구나 동업자들에게 없음을 알게 하옵소서.

6월 16 June 제거

신21 / 시108-109 / 사48 / 계18

● 신명기 21장 선민 안에서 피살의 의구심과 불효자를 제거

이스라엘 공동체의 성결과 가정의 질서와 평화 정착을 위한 규례이다. 하나님은 죄악과 부패에 오염되는 것을 막고 오염된 자를 구제하며 백성의 삶에 평화와 질서가 유지되기를 원하신다. 따라서 성도들은 거룩과 경건에 힘써야 하며 공동체의 평화와 안녕을 위해 노력해야 한다.

✚ 묵상 : 모세는 약속의 땅에서 피살 사건이 있을 때 어떻게 처리하라고 했나요?(신21:1~9)
모세는 미움 받는 장자와 패역한 아들에 대하여 어떤 법을 주었나요?(신21:15~21)

● 시편 108-109편 이유없이 다윗을 괴롭히는 악한 자를 제거

108: 하나님의 위대하심과 권능을 의지하며 노래하는 찬양 시이다. 시인은 구원과 승리를 이미 받은 것으로 확신하며 찬양하고, 이어 구체적으로 이 역사 속에서 반드시 실천되어야 할 대적들에 대한 승리를 노래한다.

또한 다윗이 작시한 이 시의 가장 두드러진 특징은 서로 다른 두 시의 일부가 합쳐져서 구성된 혼합 시라는 점이다. 이 시의 표제는 '다윗의 찬송시'이다. 실제로 이 시는 두 부분으로 구성되어 있다. 하나는 시편 57편 7-11절이고, 다른 하나는 시편 60편 5-12절이다. 언제, 무슨 목적으로, 누구에 의해서 편집되어 이곳에서와 같이 하나의 시편이 되었는지 알 수가 없다. '다윗의 찬송 시'로 한 것은 앞에서 언급한 시가 다윗의 작품이기 때문에 그와 같이 붙인 듯하다.

109: 이 시는 다윗의 시이며 '인도자를 따라 부르는 노래'이다. 이 시를 다윗이 쓴 시기는 시므이가 다윗을 비방하고 자극했을 때로 본다. 베드로는 사도행전 1장 20절에서 이 시편 109편 8절과 69편 25-26절을 멋지게 종합해서 사용한다. 베드로가 사용한 바대로 이 시의 성격 때문에 일반적으로 이 시를 '메시야 시'라고 한다. 이 시는 여러 부분에 심판을 행하시는 재판자로서의 그리스도의 모습이 나온다. 이런 여건들이 이 시가 메시야의 시라는 확신을 더욱 심어준 듯하다.

✚ 묵상 : 다윗은 하나님이 성소에서 하시는 어떤 내용의 말씀을 들었나요?(시108:7~9)
다윗이 주께 원수를 향해 저주의 기도를 드린 이유는 무엇일까요?(시109:2~13)

통일 주제 제거 (除去, 어떤 사물이나 현상 따위를 없어지게 함)

연합 내용 하나님이 천지만물을 창조하셨을 때는 보시기에 심히 좋았다. 하지만 사람이 타락하면서 세상은 더러워지고 악해졌다. 마침내 거룩하신 하나님은 이 모든 악함, 회개치 않는 죄인, 사악한 마귀를 제거하신다.

● 이사야 48장 이스라엘과 유다의 불의와 외식의 죄를 제거

지금까지 무조건 구원의 은총을 이야기하던 것과 달리 바벨론을 향한 하나님의 분노와 심판 의지가 마치 장례 행렬 같은 시적 운율로 묘사되어 있다. 즉 바벨론을 향한 심판 선언, 심판받을 수밖에 없는 이유, 허망한 종교를 신봉하는 교만한 바벨론에 대한 하나님의 비웃음이 각각 소개된다. 특히 멸망한 바벨론이 노예로 또한 능욕당하는 젊은 여인으로 묘사됨으로써 그 멸망의 강도를 짐작하게 해준다.

✚ 묵상 : 여호와 하나님은 이사야를 통해서 자신이 배반한 이스라엘을 구원하는 이유가 무엇이라고 말씀하셨나요?(사48:8~11)
여호와 하나님은 이스라엘을 과거에 어느 나라에서 구속하셨고 앞으로는 어느나라에서 구속하신다고 하셨나요?(사48:20~21)

● 요한계시록 18장 음행과 사치를 일삼던 음녀 바벨론을 제거

큰 성 바벨론의 멸망이 선포된다. 바벨론은 악의 세력을 상징한다. 바벨론의 죄목은 우상숭배, 사치, 음행이다(1-3절). 하나님은 바벨론의 죄에 참여하지 말고 그가 받을 재앙을 받지 말라고 말씀하신다(4-8절). 바벨론의 멸망은 바벨론과 결탁한 많은 부류의 사람에게 슬픈 소식이 된다(9-19절). 그러나 하나님의 종들은 바벨론의 멸망을 기뻐한다(20절). 바벨론으로 인해 하나님의 백성들이 죽임을 당했기 때문이다(24절).

✚ 묵상 : 귀신의 처소요 각종 더러운 영이 모이는 바벨론은 어떤 죄를 저질렀나요?(계18:2~5,7)
바벨론과 함께하던 땅의 상인들은 어떤 상품을 팔고 어떤 영광을 누리다가 결국 하나님의 진노의 심판을 받게 될까요?(계18:11~13,15~19)

기 도

- 주여, 쓸데없는 의심을 품지 않게 하시고 패역한 불효자가 되지 않게 하옵소서.
- 주여, 미래를 주관하시는 하나님께 우리의 문제를 맡기오니 풀어 주시옵소서.
- 주여, 땅의 사치와 음행을 좇지 말게 하시고 오직 성도의 길을 걷게 하옵소서.

6월 17 June 통치

신22 / 시110-111 / 사49 / 계19

● 신명기 22장 이웃의 소유와 가정의 순결을 지키시는 통치

이스라엘 사회를 건하고 순결하게 유지하기 위한 규례이다. 하나님의 백성은 하나님 앞에서 영육간의 순결과 거룩을 유지해야 하며, 이웃과의 관계에서는 사랑과 관용과 희생으로 대해야 하고, 자연 만물까지 자비와 긍휼의 정신으로 대해야 한다.

✚ 묵상 : 모세는 이스라엘 자손이 일상에서 무엇을 지켜야 한다고 말했나요?(신22:1~5,8)
모세는 가정을 위해 성적인 사건을 어떻게 처리하라고 했나요?(신22:13~19,28~29)

● 시편 110-111편 권능의 규로 진실과 정의를 실현하시는 통치

110: 본시의 시대적 배경과 저작 동기는 불명확하나 그 저자는 다윗으로 알려져 있으며, 장차 하나님의 왕국을 통치하실 왕이신 메시야에 대한 예언을 그 주제로 하고 있다. 이 시에서는 구석구석마다 승리에 넘치는 그리스도의 모습을 엿볼 수 있다.

111: 본시는 작자 미상의 작품으로서 유월절, 오순절, 장막절 등의 절기에 사용하기 위하여 기록되어졌다. 하나님에 대한 감사와 경배를 주제로 하고 있는 본시는 그 주제에 맞는 즐겁고도 경쾌한 분위기가 시 전체에 흐르고 있으며, 특히 내용과 형식에 있어서 112편과 크게 흡사하여 한 쌍의 시로 불리고 있다.

이 시는 표제가 없다. 이 시도 '할렐루야'로 시작한다. 이 시의 특징은 히브리어 알파벳순으로 시의 행수가 진행된다는 것이다. 시편에는 이와 같은 시가 10편이 나온다. 저자가 누구인지는 알 수가 없다. 이 시의 다른 특징은 112편과 쌍둥이 시로 본다는 것이다. 그것은 하나님의 사역을 찬양하는 내용이 유사하기 때문이다. 전통적으로 이 시는 유월절이나 초막절에 부르는 시로, '여호와의 행사'를 찬양하는 것이 특징이다.

✚ 묵상 : 주의 권능의 날에 주의 권능의 규를 가지고 오시는 자는 누구일까요?(시110:1~3)
다윗은 여호와께서 행하시는 일이 어떠하다고 고백했나요?(시111:3~5,7~8)

통일 주제 통치 (統治,주권자가 나라나 지역을 도맡아 다스림)

연합 내용 하나님은 창조하신 모든 우주만물을 통치하신다. 자연도 다스리시고 질서를 위해 법을 만들어 인간사회도 통치하신다. 최후에는 인류의 구원과 심판을 위해 예수 그리스도를 보내셔서 우주적인 통치를 하신다.

● 이사야 49장 이방의 빛을 위해 선민을 회복시키시는 통치

주제가 비교적 단순하며 단락 연결이 비교적 평범하다. 한편 이 부분은 회복된 이스라엘과 장차 도래할 메시야와 관련된 메시지들이 집중적으로 드러나고 있다. 여기에는 두 번째 종의 노래와 이스라엘의 회복, 거룩한 시온의 재건 및 이에 앞서 실행될 바벨론 멸망에 대한 또 한 번의 확인이 소개된다.

✚ 묵상 : 이사야는 이방인의 빛이 될 누구를 부르시고 무장시키시며 일으키신다고 예언했나요?(사49:1~6)
이사야는 여호와 하나님이 이스라엘 선민을 향하여 어떤 일을 행하실 것이라고 예언했나요?(사49:8~13,15,25~26)

● 요한계시록 19장 어린 양의 혼인잔치와 백마를 탄 자의 통치

바벨론의 멸망으로 지상에 임할 7년 대환난이 종결되었고 그 환난기에 재난과 혼란을 야기하던 악의 실체들에 대한 심판이 남겨지게 되었다. 그런 맥락에서 19장에서는 하나님의 의로운 심판에 대한 찬양과 어린 양의 혼인 잔치, 그리스도의 재림, 아마겟돈 전쟁 등이 소개되고 있다.

✚ 묵상 : 하늘에 허다한 무리의 큰 음성은 어떤 노래를 불렀나요?(계19:1~2,6~8)
백마를 탄 자와 그 뒤를 따르는 희고 깨끗한 세마포 옷을 입고 백마를 탄 군대들은 어떤 일을 할까요?(계19:11,14~16)

기 도

- 주여, 이웃의 손실을 경히 여기지 않게 하시고 가정을 온전히 지키게 하옵소서.
- 주여, 주의 행하시는 일이 진실하고 정의로운 것처럼 우리도 그러하게 하옵소서.
- 주여, 예수 그리스도께서 이 땅에 재림하실 때에 기쁨으로 맞이하게 하옵소서.

6월 18 June 특혜

신23 / 시112-113 / 사50 / 계20

● 신명기 23장 하나님이 가난한 자에게 주시는 생존적 특혜

이스라엘 공동체의 거룩한 삶을 육성하고 사랑과 긍휼의 정신을 실현시키기 위한 규례이다. 하나님의 백성은 그 무엇보다 온전한 신앙과 순결한 삶으로 하나님께 영광을 돌려야 하며 동시에 자기가 속한 공동체 내에 불법과 타락을 추방하고 공의와 사랑을 정착시켜야 한다.

✚ 묵상 : 모세는 여호와의 총회에 들어오지 못할 자들이 누구이며 그 이유는 무엇이라고 말했나요? (신23:1~4)
모세는 적군을 치러 나갈 때 어떤 자들을 금하고 그 이유는 무엇이었나요?(신23:9~14)

● 시편 112-113편 하나님이 정직한 자에게 주시는 영원한 특혜

112: 본편은 '여호와를 경외하는 의인이 받을 축복'(1-9절)과 '악인의 최종적인 멸망'(10절)을 날카롭게 대조하여 표현하였는데, 이러한 면에서는 1편과 대단히 흡사하다. 본시는 하나님께 대한 신앙에 따라 인생의 성패가 결정된다는 전형적인 성경적 인생관을 제사하고 있으며, 하나님을 바로 섬김으로써 복된 인생의 행로를 걸어가는 의인의 모습을 뚜렷이 부각시키고 있다. 이 시는 표제가 없다. 초두에 '할렐루야'가 나온다. 이 시는 한결같이 여호와를 경외하는 자가 축복을 받는다는 내용을 강조하고 있다.

113: 본시는 시작과 끝이 '할렐루야'로 되어 있는 할렐루야 시로서 작자나 저작 배경은 분명히 알려져 있지 않으나 그 주제는 하나님께 대한 감사와 경배로서 하나님의 높으신 이름과 행사에 대한 경쾌하고도 즐거운 묘사가 뚜렷이 부각되어 있다. 이 시편은 표제가 없다. 따라서 저자나 쓰여진 시기, 배경 등에 대하여 정확하게 알 수가 없다. 이 시는 할렐루야 시의 한 종류이다. 처음에 할렐루야로 시작해서 끝에서도 할렐루야로 끝난다. 이 시는 찬양이 넘친다. 이 시를 유대인들은 유월절과 초막절에, 교회에서는 부활절에 흔히 부른다.

✚ 묵상 : 시편 기자는 어떤 자가 복이 있다고 했나요?(시112:1~3,5,9)
시편 기자는 여호와 하나님이 어떤 분이시라고 말했나요?(시113:5~9)

통일 주제 특혜 (特惠, 특별히 베푸는 혜택)

연합 내용 하나님은 선하시고 의로우시다. 그러므로 믿음과 소망과 사랑을 행하는 경외의 백성에게 특혜를 베푸신다. 아주 작은 생존을 위한 양식으로부터 풍성한 축복에 이르기까지, 사명을 감당할 수 있는 은사로부터 영생하는 구원에 이르기까지 꼭 필요한 때에 합당한 특혜를 베푸신다.

● 이사야 50장 하나님이 이사야에게 주시는 은사적 특혜

최악의 노예로 전락한 이스라엘의 현실을 지적하고, 이스라엘의 구원을 가져올 여호와의 종의 세 번째 노래를 소개한다. 한편 고난 중에도 끝까지 여호와의 말씀에 순종하며, 자신의 결백을 보이기 위해 여호와를 의지한 종의 행적은 현실에 쉽게 타협해버리는 현실이다.

✚ 묵상 : 여호와 하나님은 이스라엘의 어려움과 하나님께로부터 버려짐의 원인이 어디에 있다고 하셨나요?(사50:1,10)
이사야는 여호와 하나님이 자신에게 어떤 은혜를 베푸셨다고 했나요?(사50:4,5,7~9)

● 요한계시록 20장 하나님이 생명책에 기록된 자에게 주시는 특혜

무저갱의 열쇠와 큰 쇠사슬을 가지고 하늘에서 내려온 천사는 사탄을 잡아 결박하여 무저갱에 던져 넣는다. 그 후 잠시 사탄이 풀려날 것이지만(하나님의 섭리 하에 잠시 동안 활동함, 3절), 결국엔 불과 유황 못에서 영벌을 받게 될 것이다. 4-6절은 천년왕국에 관한 내용인데 ① 전천년설(천년왕국 이전 그리스도의 재림), ② 후천년설(천년왕국 이후 그리스도의 재림), ③ 무천년설(지상에 가시적인 천년왕국은 없음). 이렇게 세 가지 의견으로 나뉜다. 어느 의견이 맞느냐?보다 진실한 성도로 살고 있느냐?가 더 중요하다. 육체의 죽음(첫째 사망)을 각오하고 어린 양 예수를 따른 사람은 첫째 부활에 참여하게 되며, 둘째 사망(영원한 형벌, 지옥)을 당하지 않는다. 사탄은 완전히 패배하여 영원한 불 못에 던져지게 되며(7-10절), 재림하신 그리스도는 최후의 심판을 행하신다(11-15절).

✚ 묵상 : 요한이 말한 첫째 부활은 무엇일까요?(계20:4~6)
요한이 말한 둘째 사망은 무엇일까요?(계20:12~15)

기 도

- 주여, 작은 것도 부정하지 않게 하사 거룩하신 주의 일을 해하지 않게 하옵소서.
- 주여, 가난한 자와 궁핍한 자를 세우시는 하나님을 경외하고 찬송하게 하옵소서.
- 주여, 온 성도가 첫째 부활에 참예케 하시고 둘째 사망에 이르지 않게 하옵소서.

6월 19 June 초심

신24 / 시114-115 / 사51 / 계21

● 신명기 24장 애굽에서 종살이 하던 때를 기억하는 초심

거룩한 공동체 내에 이기적인 개인주의를 몰아내고 더불어 사는 아름다운 공동체를 만들라는 권면이다. 하나님께서는 사회적으로나 경제적으로 소외된 자들에게 깊은 관심과 사랑을 가지고 그들을 위해 법적인 보호를 마련하셨다. 이러한 하나님의 뜻을 따라 사는 것이 하나님을 사랑하고 하나님께 헌신하는 또 하나의 방법인 것이다.

✚ 묵상 : 모세는 가난한 자에게 무엇을 꾸어 줄 때 어떤 자세를 가지라고 했나요?(신24:10~13,17)
모세는 이스라엘 자손에게 형제나 객을 배려할 때 항상 전제해야 할 사건이 무엇이라고 가르쳤나요?(신24:18,22)

● 시편 114-115편 출애굽 과정에서 받은 은혜를 기억하는 초심

114: 본시의 저자나 저작 배경은 분명하게 알려져 있지 않다. 출애굽 사건이 간략하면서도 생동감 있게 묘사되어 있는 이 시는 바벨론으로부터 돌아온 이스라엘 백성에게 하나님의 구원의 능력을 확인시켜줌으로써 새로운 삶에 대한 자신감과 용기를 불어넣어 주기 위해 작시된 듯하다. 이 시는 표제가 없다. 시의 저자도, 상황도, 배경도 알 수가 없다. 이는 에스더나 모르드개가 쓴 것으로 전해지나 그에 대한 확실한 증거는 없다. 이 시는 이스라엘이 애굽에서 나온 '출애굽'의 과정이 기묘할 정도의 필치로 서술되어 있다.

115: 본시는 저자 미상의 찬양의 시로서 이스라엘의 3대 절기인 유월절, 장막절, 오순절에 사용된 할렐시(113-118편) 중의 하나이다. 본시는 여러 부분으로 구성되어 있는데 제사장 등의 선창자가 그 일부를 부르면 백성들이 다른 부분을 화답하는 형식으로 사용되었다.

이 시는 표제가 없다. 연대와 저자에 대해서도 아는 것이 아무것도 없다. 본시는 모든 영광을 하나님께 돌리며 천지 만물의 주관자가 되시는 하나님만을 의지할 것을 백성들에게 권고하고 하나님의 영광을 무능한 우상의 모습과 대조하여 선명하게 묘사하고 있다.

✚ 묵상 : 이스라엘 자손이 애굽에서 구원받은 것은 누구 때문일까요?(시114:1,3,5,7)
시편 기자는 여호와 하나님이 여호와를 의지하는 자에게 무엇이 되어 주신다고 말했나요?(시115:9~13,15)

통일 주제 초심 (初心, 생활을 하거나 일을 하는데 있어서 처음에 가진 마음)

연합 내용 아담과 하와는 초심을 잃었다. 모든 것이 하나님에게로부터 왔음을 알면서도 초심을 잃고 사탄의 유혹에 넘어가 불순종의 죄를 저질렀다. 성도는 수렁에서 건져주시고 광야에서 인도해 주신 하나님께 감사하며 찬양하는 초심을 잃지 않을 때 거룩한 성 새 예루살렘에 들어가게 된다.

● 이사야 51장 "선택 인도 위로 구원해 주심을 기억하는 초심"

이사야 선지자는 하나님이 과거에 맺은 아브라함과의 언약(창 12:1-3)을 가리킴으로서 이스라엘 민족의 구원을 확인해 준다.

여전히 고통스럽고 절망적인 현실에서 하나님은 아브라함과 사라에게 약속을 지킨 사실을 환기시키며, 만민을 심판하는 대신 자기 백성을 구원하시며 힘을 주시리라는 약속이 반드시 실현될 것을 거듭 언급하셨다.

✚ 묵상 : 하나님은 율법을 받은 백성을 어떻게 선택하시고 인도해 주셨나요?(사51:2,4,7~10)
하나님은 이스라엘 백성을 어떻게 위로하시고 구원해 주셨나요?(사51:3,6,12~15,22~23)

● 요한계시록 21장 거룩한 성 새 예루살렘에 들어가는 신부의 초심

요한은 새 하늘과 새 땅을 보았다. 하나님은 인간의 죄로 인해 망가진 세상을 새롭게 재창조하신다. 하나님이 그들과 함께 계시고, 그들은 하나님의 백성이 되리라는 언약이 온전히 성취된다. 거룩한 새 예루살렘 성은 시험과 환난을 이기고 믿음을 지킨 자들의 것이다. 거룩한 새 예루살렘 성에 대하여 자세하게 묘사하는데(9-21절), 이 성은 생명책에 기록된 자만이 들어갈 수 있다(22-27절).

✚ 묵상 : 새 하늘과 새 땅, 거룩한 성 새 예루살렘에서 하나님의 백성은 어떤 일들을 경험하게 될까요?(계21:1~4)
하나님께로부터 하늘에서 내려오는 거룩한 성 예루살렘은 어떤 모양일까요?(계21:10~21)

기 도

- 주여, 주님과 가까워지기 위해 제정해 주신 절기를 온전히 지키게 하옵소서.
- 주여, 주께서 주신 모든 재능과 특권을 바르게 사용하도록 인도해 주옵소서.
- 주여, 신성한 성품을 훈련하여 주님 강림하실 때에 참 신부가 되게 하옵소서.

6월 20 June 권징

신25 / 시116 / 사52 / 계22

● 신명기 25장 이웃을 향해 불법을 행하였을 때 내리는 권징

이스라엘 내의 공평이 실현되게 하고 건전한 가정을 육성하기 위한 규례이다. 하나님을 왕으로 모신 이스라엘은 하나님의 통치 원리와 그분의 거룩한 품성에 맞는 삶을 살아가야 한다. 따라서 하나님의 백성은 자신과 자신이 속한 공동체에 공의가 실현되도록 힘써야 하며 동시에 사랑과 긍휼의 정신을 잊지 말아야 한다.

✚ 묵상 : 모세는 계대결혼을 이행하지 않는 자를 어떻게 처벌하라고 말했나요?(신25:5~10)
모세는 장사나 거래에 있어서 가장 중요한 것이 무엇이라고 말했나요?(신25:13~15)

● 시편 116편 환난 슬픔을 당한 자가 기도할 때 내리는 권징

본편의 저자 문제에 대해서는 다양한 견해가 있으나 이 시의 내용이 압살롬의 반란 때에 고난을 당하던 다윗의 정황(삼하 15-18장)과 비슷한 것으로 미루어 볼 때 다윗의 작품으로 보는 것이 무난할 것이다(칼빈). 이 시는 표제가 없다. 이 시는 내용상 포로에서 돌아온 직후의 감사송으로 본다. 이 시편에 대한 유대인의 전승도 없다. 위기에서 건짐을 받은 자가 그 기도에서 구원을 받을 때까지의 과정을 실감나게 전개한다.

✚ 묵상 : 시편 기자는 죽음에 이르는 환난과 슬픔을 만났을 때 여호와 하나님께 무엇을 했다고 말했나요?(시116:1~4)
시편 기자는 주께 받은 모든 은혜를 어떻게 갚는다고 말했나요?(시116:12~14,17~18)

통일 주제 권징 (勸懲, 착한 일을 권장하고 악한 일을 징계함. 권선징악의 준말)

연합 내용 만물을 다스리시는 하나님은 피조물의 범사를 감찰하시고 그 선악 간에 따라 권징하신다. 선민 사이에 불법을 행했을 때, 이방민족이 선민을 괴롭혔을 때, 마지막 때 예수를 거부하고 예언의 말씀을 지키지 않으며 오히려 핍박과 박해로 악을 자행했을 때 큰 권징을 행하신다.

● 이사야 52장 사로잡혀 간 시온을 회복시킬 때 내리는 권징

영적인 무기력에 빠진 이스라엘을 향한 하나님의 위로와 회복의 약속 그리고 주에 의해 주도될 포로 귀환의 비전이 언급되고 있다. 특히 1절의 "네 힘…아름다운 옷"은 시온에게 술에서 깨어 주님이 주신 존귀와 영광의 옷을 입으라는 부름이 전해진다. 그들이 마지막으로 회복될 때는 이방 침략자들이 더는 그 성을 지배하지 않을 것이다. 그리고 후반부에는 네 번째 여호와의 종의 노래가 언급된다.

✚ 묵상 : 이사야는 절망 속에 있는 시온이 어떻게 회복된다고 예언했나요?(사52:1~3,5~8)
이사야는 하나님의 종이 나타나 어떤 모습을 보인다고 예언했나요?(사52:13~15)

● 요한계시록 22장 예언 말씀을 지키지 않는 자에게 내리는 권징

새 예루살렘의 모습은 흡사 에덴동산을 연상시킨다. 즉, 에덴의 회복이다. 생명나무가 있고, 하나님의 얼굴을 볼 수 있는 새 예루살렘에는 사망, 아픈 것, 저주가 없다. 주님은 속히 오실 것이니, 성도들은 주님의 약속을 믿고 끝까지 견디며 이겨야 한다. 그리스도인은 하늘의 상급을 사모하는 자다(12-15절). 행위대로 갚으신다는 것은 성도들이 박해와 미혹에 굴복하지 말고 어린 양을 끝까지 믿고 따르는 믿음의 행위를 보이라는 의미다. 그리스도인은 주와 함께 누릴 영원한 영광을 바라보며, 세상의 종말 및 개인의 종말을 늘 준비하며 살아가는 사람이다.

✚ 묵상 : 요한은 마지막 때에 어떤 자에게 복이 있다고 예언했나요?(계22:7,12,14)
요한은 두루마리 말씀을 더하거나 제하면 재앙을 받는다고 하면서 마지막 인사를 어떻게 했나요?(계22:18~21)

기 도

- 주여, 크고 작은 것으로 남을 속이지 않게 하시고 진실한 삶을 살게 하옵소서.
- 주여, 절망적인 환난과 큰 슬픔이 닥쳐왔을 때 오직 기도로 승리하게 하옵소서.
- 주여, 예언의 말씀을 소중히 여기고 지키며 항상 주님을 대망하게 하옵소서.

6월 21 June 인자

신26 / 시117-118 / 사53 / 마1

● 신명기 26장 큰 위엄과 이적으로 인도하신 주의 인자하심을 닮음

최후를 앞둔 모세가 가나안의 주역이 될 이스라엘 신세대에게 준 두 번째 설교의 마무리 부분이다. 모세는 하나님의 백성에게 있어 행동의 2대 지침이라고 할 수 있는 하나님의 사랑과 이웃 사랑을 다시 한 번 강조하고 있다.

✚ 묵상 : 이스라엘 백성이 약속의 땅에 들어가 소산을 얻었을 때에 반드시 해야 할 것은 무엇이었나요?(신26:2,10,12~15)
이스라엘이 여호와의 규례와 법도를 지켜 행하면 어떤 신분을 얻을까요?(신26:16~19)

● 시편 117-118편 여호와의 진실하심과 인자하심을 찬양함

117: 작가 미상으로 알려져 있는 117편 역시 할렐시 중의 하나로서 전체가 5행으로 이루어져 있는 단연시(單聯詩)이며, 본서 전체 중에서 가장 짧은 시이다. 이 시는 표제가 없다. 성가대나 회중이 예배 때에 간헐적으로 부른 시인지 추측도 해 보지만 확실하지는 않다. 바울은 로마서 15:11에서 이 시의 기본 사상을 멋지고 조화되게 하여 발전시킨다. 이 시는 그 성격상 메시야 시로 본다. 유대인들은 이 시가 메시야 나라와 관계가 있고, 두 구절로 된 이유는 하나님의 두 백성에 의해서 하나님이 영광을 받기 위함이라고 한다. 한 백성은 모세의 율법에 의한 유대인들이고, 다른 한 백성은 노아의 아들에게 준 7가지 교훈에 근거한 이방인들이다. 그리스도 안에서 이 두 백성은 한 백성이 되었다.

118: 118편 역시 다른 할렐 시와 마찬가지로 저자도 쓰여진 배경도 알 수가 없다. 표제가 없는 이 시는 할렐루야 시 중에서(113-118편) 마지막 시이다. 이 시는 다윗이 여호와의 언약궤를 다시 가져온 후 기름부음을 받았을 때에 쓴 것이다. 혹은 히스기야가 쓴 것이 아닌가 하는 추측도 해 본다. 다른 학자들은 포로 후 초막절이나(스 3:1-4), 성전의 기초를 놓을 때에(스 3:8-13) 또는 봉헌식을 할 때에 쓰여진 시로 본다.

✚ 묵상 : 시편 기자는 여호와의 인자하심과 진실하심과 선하심을 체험하고 안 후 무엇을 하고 있나요?(시117:1~2,118:1~4)
시편 기자는 에워싸임을 당하여도 무엇으로 끊을 것이라고 말했나요?(시118:10~12)

통일 주제 인자 (仁慈, 어질고 자애로움. 하나님의 속성 중에 하나)

연합 내용 하나님의 성품 중에 하나가 인자하심이다. 이 인자하심으로 이스라엘을 출애굽 하셨고 그 후 이스라엘의 긴 역사를 주관하셨다. 또한 온 인류를 구원하시기 위해 인자하심으로 독생자 구주 예수를 보내셨다.

이사야 53장 고난의 종의 구원을 위한 인자하심을 신뢰함

1절의 "우리가 전한 것을 누가 믿었느냐." 이 질문은 이 예언들과 다른 예언을 들었음에도 오직 소수만 종이 나타나실 때 알아볼 거라는 의미를 내포하고 있다.

이같이 좀 더 심화되어 종의 고난과 그 고난을 묵묵히 지고 가는 종의 희생과 사랑 그리고 종의 죽음이 가져다주는 복된 결과들이 언급된다. 한편 신약에서는 53장의 노래를 예수의 생애와 사역 및 십자가 죽음과 연관시켜 소개하고 있다.

✚ 묵상 : 고난의 종으로 오신 예수님은 우리의 구원을 위하여 어떤 길을 가셨나요?(사53:3~6)
여호와는 아들 예수를 모든 죄인을 위한 무엇으로 드리기를 원하셨나요?(사53:10,12)

마태복음 1장 임마누엘로 오신 예수의 인자하심을 신뢰함

1장은 예수님의 기원(족보)에 대한 내용이다. 마태는 예수님은 아브라함과 다윗에게 약속하신 언약의 성취를 위해 오신 분으로 설명한다. 예수님의 탄생은 메시야에 대한 약속의 성취다(12-17절). 예수님은 성령으로 잉태되어 동정녀의 몸을 빌어 이 땅에 태어나셨다. 천사로부터 특별한 수태고지를 들은 요셉은 순종하여 아내 마리아를 수용했으며 마침내 아들을 낳고 그 이름을 예수라 지었다.

✚ 묵상 : 예수 그리스도는 누구에게서 어떻게 태어났나요?(마1:16,18,20)
예수 그리스도는 누구시며 어떤 사역을 하실 것이라고 예언되었나요?(마1:21~23)

기 도

- 주여, 생활 속에서 소산을 얻으면 은혜임을 인정하고 나누는 마음을 주옵소서.
- 주여, 삶 속에서 사방으로 우겨쌈을 당하여도 주의 이름으로 승리하게 하옵소서.
- 주여, 주의 당하신 고난을 항상 기억하고 구원의 감격을 지키며 살게 하옵소서.

6월 22 June

준행

신27-28:19 / 시119:1-24 / 사54 / 마2

● 신명기 27장-28장 19절　하나님의 말씀과 명령을 준행하여 복을 받음

신명기의 결론이자 구약 율법서의 전체적인 결론이라고 할 수 있는 마지막 세 번째 설교이다. 그 중 27장은 서론부로서 이스라엘이 가나안에 입성하게 될 때 최우선적으로 행할 규례들을 다룬다. 곧 매사에 하나님의 주권을 인정하고 그분의 명령에 절대 순복하는 것이 참 생명에 이르는 길이라는 것이다. 신앙 세계에서는 중간 회색지대가 결코 용납될 수 없다.

✚ 묵상 : 모세와 이스라엘 장로들이 백성에게 명령한 두 가지 내용은 무엇일까요?(신27:1~7)
여호와 하나님은 이스라엘 자손이 약속의 땅에서 주의 말씀과 명령을 지키면 어떤 복을 주신다고 약속 하셨나요?(신28:1~8,12~13)

● 시편 119편 1-24절　여호와의 율법과 증거를 준행하여 복을 받음

작자 미상의 지혜서로서 하나님의 율법에 대한 뜨거운 열정이 잘 표현되어 있는 명시이다. 본편은 성경 전체를 통하여 가장 긴 시편으로서 그 거창한 길이만으로도 매우 특이한 시이다. 본시는 성경 중 가장 가운데의 위치를 차지하고 있는데, 이렇게 성경의 한 가운데 있는 부분이 하나님의 말씀을 주제로 하고 있다는 것은 몹시 흥미로운 일이다. 본시에서 우리는 하나님의 말씀에 대한 시인의 지극한 사랑과 말씀을 통한 하나님의 풍성한 축복을 발견할 수 있으며, 성도의 삶에 있어서 말씀의 위치가 얼마나 중요한 것인가를 깨닫게 된다.

이 시는 표제가 없다. 저작 연대와 그 배경도 여러 가지 학설이 있다. 이 시는 히브리어 알파벳 22글자를 따서, 1글자에 8행의 시로 구성되어 있는 전형적인 히브리 시의 모습을 보여주고 있다. 전체의 내용도 구분이 어렵다. 이 시는 전체 절수가 176절이다. 이곳에서 그 내용을 구분하여 살펴본다. 이 시는 다윗, 다니엘, 예레미야, 심지어 마카비 시대의 것으로 생각하기도 한다. 그만큼 난제가 많다는 표현이다. 이 시에서는 성도의 다양한 신앙 자세에 대한 표현이 멋진 시적 표현을 통해서 나온다.

✚ 묵상 : 여호와의 율법과 증거와 법도를 잘 지킬 수 있는 것은 무엇 때문일까요?(시119:4)
시편 기자가 고관들의 비방가운데서도 주의 율례들을 묵상하고 지킨 이유는 무엇일까요?(시119:14,23~24)

통일 주제 준행 (遵行, 말씀과 전례와 명령 따위를 좇아서 그대로 행함)

연합 내용 타락한 인간은 구원을 위해 법도가 필요하다. 그러므로 하나님과 예수님은 인간의 영원한 생명을 위해 말씀과 율법과 증거를 주셨다. 인간은 어떤 상황 속에서도 이 법을 준행함으로써 참된 구원에 이른다.

● 이사야 54장 하나님이 자신의 언약을 준행하여 복을 이룸

그리스도의 고난과 승귀를 예언하던 이사야는 이제 그 관점을 바꾸어 고통 받던 이스라엘의 해방과 번영을 노래하고 있다. 그러나 전자나 후자 사이에는 분명한 차이가 있다. 즉 전자는 본인은 아무 잘못이 없으셨으나 엄청난 수난을 자청하시어 백성들을 해방시키시고 본래의 삼위일체 하나님으로서의 자신의 영광을 회복하신 것인 반면 후자는 사실 모든 죄의 책임을 져야 마땅한 죄인으로서 고난 받는 종의 무조건적 사랑에 의하여 값없는 구원을 거저 받아 본래는 감히 엄두도 못 내던 영광에 동참하게 된 것이다.

✚ 묵상 : 여호와 하나님은 이스라엘에게 스스로 어떤 분이 되어 주셨나요?(사54:5,8,10)
여호와 하나님은 미래에 예루살렘을 어떻게 세우신다고 하셨나요?(사54:11~14,17)

● 마태복음 2장 주의 사자의 지시를 준행하여 예수를 보호함

이방인들이 예수님을 경배하러 온다. 그러나 유대인들은 그들의 진정한 왕, 메시야가 이 땅에 온 사실을 전혀 모르고 있다. 예수님의 오심은 유대인뿐 아니라, 모든 민족을 위한 것임을 동방에서 온 박사들이 보여주고 있다. 헤롯은 예수님을 제거하려고 했지만, 하나님은 그 뜻대로 되도록 허락하지 않으셨다. 헤롯은 유아 살해 명령을 내리고, 예수님은 부모님과 함께 이집트로 피신해 있다가 헤롯의 사후 이스라엘로 돌아와 나사렛에 정착하게 된다.

✚ 묵상 : 예수가 유대 베들레헴에서 나셨을 때 누가 무엇으로 경배를 올렸나요?(마2:1,9~11)
예수가 나셨을 때 헤롯이 저지른 가장 포악한 범죄는 무엇이었나요?(마2:13,16)

기 도

- 주여, 하나님과 예수님의 말씀을 철저히 준행함으로 약속된 복을 받게 하옵소서.
- 주여, 주의 말씀을 즐거움으로 여겨 어떤 상황에서도 읊조리며 지키게 하옵소서.
- 주여, 대속을 위해 오셨고 심판을 위해 다시 오실 예수님을 잘 믿게 하옵소서.

6월 23 June 징계

신28:20-68 / 시119:25-48 / 사55 / 마3

● 신명기 28장 20-68절 하나님의 명령을 지키지 않을 때 임하는 징계

모세는 축복의 산인 그리심 산과 저주의 산인 에발 산에서 선포한 내용을 생활에 구체적으로 적용하고 있다. 하나님의 명령에 따른 순종과 불순종은 한 개인의 행복과 불행 그리고 한 나라의 운명을 결정짓는 중요한 관건이 된다. 하나님께 대한 순종은 생명과 평안과 풍요에 이르는 지름길이요 불순종은 멸망에 이르는 지름길이다.

✚ 묵상 : 여호와를 잊어버리고 그의 명령과 규례를 지키지 않았을 때 찾아오는 우선적 저주는 무엇일까요?(신28:20~22,27~29,35,59~61)
여호와께 불순종했을 때 마지막으로 찾아오는 저주는 무엇일까요?(신28:25,32,37,49,53)

● 시편 119편 25-48절 주의 말씀을 떠났을 때 환경에 나타나는 징계

극심한 고통 가운데 빠져 있는 시인(25, 28절)은 주의 말씀대로 자신을 다시 세워달라고 간구한다(28절). 시인은 지금까지 주의 규례를 바라보며 살아왔으며(30절), 하나님의 말씀이 인도하시는 길을 신뢰한다(33-35절). 그리고 말씀에 대해 준행하며 지키겠다고 다짐한다(36-40절). 말씀에 대한 확신이 있는 자는 무엇으로도 얽매이지 않고, 참 자유를 누릴 수 있다(41-48절).

✚ 묵상 : 시편 기자는 자신의 고통이 무엇 때문에 기인했다고 생각했나요?(시119:28~29,36~37)
시편 기자는 고통을 바꾸는 힘이 무엇이라고 생각하고 결단했나요?(시119:25,31~32,39)

통일 주제 징계 (懲戒, 잘못이나 허물을 나무라서, 벌을 내리거나 제재를 가함)

연합 내용 성경에는 회개를 촉구하는 일시적 징계와 최후 심판에 따른 영원한 징계가 있다. 징계의 기준은 하나님의 말씀과 명령이다. 따라서 믿는 자는 늘 하나님을 사모하며 경외하고 그 말씀에 순종하며 살아야 한다.

● 이사야 55장 듣지 않는 자 불의한 자 악인에게 내리는 징계

종의 구속 사역과 영광스러운 왕국으로 주 앞에 나아오는 모든 자는 혜택을 받는다(53:6). 이사야 선지자는 독자에게 54장에서 설명했듯이 55장에 언급한 종의 고난으로 얻는 유익에 참여하라고 초청한다.

또한 하나님의 열심이 이뤄내실 구원의 대업을 맡을 종의 노래가 언급된 데 이어 예루살렘의 회복과 번영, 하나님의 이스라엘을 향한 깊은 사랑 그리고 예루살렘의 재건에 대한 비전이 소개된다.

✚ 묵상 : 이사야는 긍휼이 많으신 하나님의 조건 없는 초대를 어떻게 표현했나요?(사55:1~3,6~7)
여호와 하나님의 입에서 나오는 모든 말씀은 어떤 능력이 있을까요?(사55:11~13)

● 마태복음 3장 하나님께 회개하지 않았을 때 주어지는 징계

예수님의 메시야 되심이 세례 요한을 통해 증거된다. 종말이 되면 선지자 엘리야가 출현하여 이스라엘로 하여금 '주의 날'을 준비하게 할 것이라는 예언이 있다. 엘리야의 모습을 연상케 하는 모습을 하고 있는 세례 요한은 회개를 촉구하는 메시지를 전하며, 자신은 엘리야의 역할을 하고 있으며, 자신의 뒤에 메시야가 오신다고 선포한다. 예수님은 자신을 낮추시고 세례 요한에게서 세례를 받음으로 공생애를 시작하신다. 이때 예수님의 존재에 대하여 하늘이 선포한다(17절).

✚ 묵상 : 세례 요한은 바리새인들과 사두개인들을 무엇이라고 표현하며 회개하지 않으면 하나님의 무엇이 있을 것이라고 선포했나요?(마3:7~8,10,12)
예수께서 의를 이루기 위해 세례를 받으셨을 때 어떤 일이 일어났나요?(마3:15~17)

기 도

- 주여, 주의 말씀에 불순종하여 저주를 받는 일이 절대 없게 하옵소서.
- 주여, 주의 말씀의 권위와 능력을 믿고 즐거워하며 순종하게 하옵소서.
- 주여, 항상 죄를 회개하고 회개에 합당한 열매를 맺어 진노를 피하게 하옵소서.

6월 24 June 언약

신29 / 시119:49-72 / 사56 / 마4

● 신명기 29장 언약을 지키지 않은 자에게 내리시는 저주

모압에서 시내산 언약을 재확인하는 모압 언약을 맺는다. 시내산 언약이 출애굽 1세대가 하나님과 맺은 언약이라면, 모압 언약은 약속의 땅에 들어가기 전 출애굽 2세대가 하나님과 맺은 언약이다. 이스라엘 백성들은 하나님이 그들을 위해 행하신 일을 먼저 기억해야 한다(2-3절). 그들은 하나님을 위해 구별된 백성으로서(10-13절), 후손까지 이 언약의 내용이 잘 계승되어야 한다(14-17절). 이스라엘이 언약을 지키지 않을 경우에는 심판을 받게 될 것이며, 그들은 약속의 땅에서 쫓겨나 포로로 잡혀가게 될 것이다(22-29절).

✚ 묵상 : 여호와 하나님이 이스라엘 자손과 세운 언약의 두 장소는 어디일까요?(신29:1)
여호와 하나님이 이스라엘 자손과 세운 언약의 핵심내용은 무엇일까요?(신29:25~26)

● 시편 119편 49-72절 언약을 사모하며 지킨 자에게 주시는 위로

시인은 주의 말씀을 통해 위로와 소망을 얻는다(49-56절). 그는 말씀으로 위기를 극복하며(57~64절), 고난이 주는 유익을 알고 고난을 오히려 기뻐한다(65-72절).

✚ 묵상 : 시편 기자는 고난 당한 것이 자신에게 무엇이 되며 그 이유는 무엇이라고 했나요?(시119:71)
시편 기자는 주의 말씀, 규례, 율례, 법의 가치가 어느 정도라고 했나요?(시119:72)

통일 주제 언약 (言約, 하나님과 예수님이 선택한 자들에게 말씀으로 약속하심)

연합 내용 하나님은 호렙과 모압에서 선택한 이스라엘 자손과 말씀으로 언약을 맺으셨다. 또한 예수 그리스도도 갈릴리에서 선택한 제자들과 말씀으로 언약을 맺으셨다. 이 언약은 지키는 자에게 능력이요 복이 된다.

● 이사야 56장 언약을 지키는 자에게 주시는 기적적인 복

지금까지 이사야는 이스라엘의 역사 현장을 통하여 하나님의 구원과 경고를 선포하는 도중에 예언의 종말론적 의미에 있어서는 이방인들도 똑같은 원리를 적용받게 될 것이라고 곳곳에서 언급한 바 있으나 가장 강력하고, 또 선명하게 이방인의 구원 그것도 천국으로의 동참을 선포하는 부분이 바로 이 부분이다. 선민의 영역 밖에 있는 이방인들을 하나님께서 부르시는 장면과 이와 대조적으로 이스라엘 지도자들의 허물을 규탄하는 장면이 언급되어 있다. 특히 1-8절 부분은 이방인들을 향한 구원의 초청이다. 구약성경 여러 곳에서 이방인도 유대인과 동일한 은혜의 원리로 구원받을 수 있음을 말하는 부분은 별로 없다.

✚ 묵상 : 여호와 하나님은 언약을 굳게 잡고 지킨 고자들과 이방인에게 어떤 복을 주신다고 약속하셨나요? (사56:4~7)
이사야는 이스라엘의 파수꾼들과 목자들을 어떻게 비유하며 고발했나요?(사56:9~11)

● 마태복음 4장 언약으로 시험을 이기시고 제자를 선택한 예수

예수님이 공생애 시작 전 마귀에게 시험을 받으신다. 마귀는 '생존의 욕구, 자기 증명에 대한 욕구, 성공에 대한 욕구'를 앞세워 인류 구원의 길을 가는 예수님을 회유하고 협박한다. 아담과 그의 후손들이 통과하지 못한 시험을 둘째 아담이신 예수님은 통과하신다. 마귀의 시험을 이기고, 죽음을 이기고 승리하신 그리스도는 이 땅에서 마귀의 회유와 협박을 받아 늘 두려워하고 염려하며, 패배하기도 하는 우리를 늘 도우신다. 승리하신 그리스도는 마침내 우리로 하여금 이기게 하신다. 그리스도는 아담의 범죄이후 사망권세에 사로잡힌 어두운 이 땅의 빛이 된다(16절).

✚ 묵상 : 성령에게 이끌리어 광야로 가신 예수님은 마귀에게 어떤 시험을 당하시고 어떻게 승리하셨나요? (마4:1~10)
예수님이 선택한 제사들의 이름은 무엇이며 어떤 언약을 맺으셨나요?(마4:18~21)

기 도

- 주여, 하나님께서 주신 언약을 알고 지킴으로 참된 은총을 누리게 하옵소서.
- 주여, 닥친 고난으로 인하여 언약을 깨닫고 주의 은혜를 발견하게 하옵소서.
- 주여, 마귀의 시험이 다가올 때 넉넉히 이기게 하시고 사명을 감당케 하옵소서.

6월 25 June

청종

신30 / 시119:73-96 / 사57 / 마5

● 신명기 30장 선민이 모세가 전한 하나님의 계명을 청종함

심판과 저주 선포로 두려워하는 이스라엘에 전해진 소망과 위로의 메시지이다. 곧 자기 백성의 멸망을 원하지 않으시는 하나님은 회개하는 자를 회복시켜주신다. 고난은 바른 길로 인도하시려는 하나님의 사랑의 연단인 것이다.

✚ 묵상 : 모세는 이스라엘 자손이 범죄함으로 멸망하고 포로가 되었을 때 어떻게 하면 전과같이 모든 것을 회복할 수 있다고 선포했나요?(신30:1~7)
하나님이 이스라엘 자손에게 주신 명령은 감당하기에 어떤 장점이 있나요?(신30:11~15)

● 시편 119편 73-96절 시편 기자가 어떤 상황 속에서도 말씀을 청종함

시인은 하나님이 고난을 통해 자신을 만들고 세우신다고 고백한다(73절). 또한 시인은 "주를 경외하는 자들"이 자신을 보고 기뻐한다고 말한다(74절). 그것은 그가 고난 가운데서도 주의 말씀을 바라고 있기 때문이다. 시인이 하나님의 말씀으로 고난을 이겨 내는 모습은 많은 성도들에게 위로와 용기를 주고 있다. 고난을 이겨 내는 우리를 통해, 다른 이들을 세워 가게 된다. 시인은 몹시 지쳐 있으나 그럼에도 그는 주의 말씀을 바라고 있다(81절). 주님의 말씀은 영원하며, 나를 향한 주의 성실하심은 대대에 이른다(89-90절).

✚ 묵상 : 시편 기자가 하나님의 말씀을 붙잡고 사는 이유는 무엇일까요?(시119:73,86,91,93,96)
시편 기자가 하나님의 말씀을 가까이하는 방법은 무엇일까요?(시119:77~78,92,94~95)

통일 주제 청종 (聽從, 이르는 말을 듣고 잘 좇음)

연합 내용 믿는 자는 주의 말씀을 청종해야 한다. 왜냐하면 그 곳에 길과 생명이 있기 때문이다. 그러므로 잘 듣고 잘 실천해야 한다. 결국 청종의 대가는 축복과 평화이지만 청종치 않음의 대가는 저주와 멸망이다.

이사야 57장 백성이 거룩하신 주의 회복의 말씀을 청종함

우상 숭배의 조악에 심취해 있는 온 이스라엘의 악함을 고발하고, 회개하여 돌이키는 자들에 대한 하나님의 구원의 책임과 징벌은 범죄한 주의 백성을 새롭게 회복시키려는 하나님의 의로운 행동이었음을 확인할 수 있다.

✚ 묵상 : 이사야는 우상숭배자들에 대하여 어떤 표현을 사용했나요?(사57:3~4,7~9)
이사야가 가르쳐 준 여호와 하나님은 어떤 분이실까요?(사57:15~16,18~19)

마태복음 5장 제자가 예수님의 산상수훈의 말씀을 청종함

산상수훈은 새롭게 도래하는 하나님 나라의 윤리다. 우리는 세상과 다른 기준으로 살아가는 사람이며(1-10절), 예수님을 위해 박해받는 사람이며(11-12절), 하나님의 영광을 위해 사는 사람이다(13-16절). 율법의 완성이신 예수님은 율법보다 더 높은 수준의 윤리를 말씀하신다(17-26절). 예수님은 율법의 문자적인 이해를 넘어, 더 깊은 관점의 해석을 제시하신다(27-37절). "이웃을 사랑하라"는 관점에서 보복행위와 원수에 대한 태도를 규정하신다(38-48절).

✚ 묵상 : 예수님이 제자들에게 소금과 빛의 삶을 살라고 하신 이유는 무엇일까요?(마5:13~16)
예수님의 가르침 중에서 형제와 화목하라는 교훈과 악한 자에게 선대하라는 교훈의 공통점은 무엇일까요?(마5:22~24,38~42,44,48)

기 도

- 주여, 하나님의 말씀과 명령과 규례가 가까이 있음을 알고 순종하게 하옵소서.
- 주여, 하나님의 말씀을 어떤 상황 속에서도 붙잡고 살므로 승리하게 하옵소서.
- 주여, 항상 소금과 빛과 화목의 삶을 살므로 하나님께 영광을 돌리게 하옵소서.

6월 26 June 실천

신31 / 시119:97-120 / 사58 / 마6

● 신명기 31장 모세가 기록한 율법을 실천함

모세는 자신의 공적인 임무를 다시 한 번 되새김으로써 자신의 삶이 다하는 순간까지 하나님의 일꾼으로서 주어진 사역에 최선을 다하여 일하는 모습을 보여준다. 더구나 모세는 마지막 순간까지 자신이 아니라 하나님이야말로 이스라엘의 진정한 주인이요 왕이심을 일깨워주고 있다.

✚ 묵상 : 모세가 죽기 전에 마지막으로 했던 가장 중요한 사역은 무엇일까요?(신31:9,19,24~26)
모세가 후계자 여호수아에게 힘써 권면한 내용은 무엇일까요?(신31:3,7,23)

● 시편 119편 97-120절 주의 계명 증거 법도를 실천함

시인은 주의 법(율법)을 사랑한다. 주의 법을 사랑하고 묵상하는 사람은 원수보다, 스승보다, 노인보다 더 명철하다(97-100절). 말씀의 지혜는 말씀을 지키고 악한 길로 가지 않는 것이다(101-102절). 시인은 말씀이 자기 발의 등이요, 빛임을 선언하면서 주의 의로운 규례들을 지키기로 결단한다(105-112절). 우리는 두 마음(하나님 vs 세상)을 품지 않고, 주의 법을 사랑해야 한다(113-120절).

✚ 묵상 : 시편 기자는 반복해서 주의 법을 어떻게 여긴다고 말했나요?(시119:97,103,113,119)
시편 기자는 주의 계명들, 증거들, 법도들이 자기를 어떻게 능력있게 한다고 말했나요?(시119:98~100)

통일 주제 실천 (實踐, 가르침 받은 것이나 생각한 것을 실제로 행함)

연합 내용 하나님은 날마다 우리에게 참된 교훈을 주신다. 우리는 이 귀한 교훈을 경청할 뿐만이 아니라 온전히 실천해야 한다. 그렇게 함으로 하나님이 기뻐하시는 삶, 범사에 승리하는 삶, 풍성한 삶을 살 수 있다.

● 이사야 58장 주가 기뻐하시는 금식을 실천함

바벨론 이후 이스라엘 사람들 중에는 하나님과의 바른 관계와 바른 신앙에 혼동하는 이들이 많았던 것으로 보인다. 이에 선지자는 참된 신앙이 단지 형식에 얽매이는 겉치레가 아니라 온전한 마음과 삶을 통해 나타나는 실천적인 경건이어야 함을 일깨워준다.

✚ 묵상 : 여호와 하나님이 기뻐하시는 참된 금식은 무엇일까요?(사58:6~7)
구약의 안식일과 신약의 주일인 성일을 어떤 날로 지켜야 할까요?(사58:13)

● 마태복음 6장 구제 기도 금식 그 의를 실천함

구제와 기도(금식)에 대해서 다루고 있다. 우리는 바리새인이나 서기관보다 더 나은 의를 가져야 한다. 유대인에게 구제나 기도는 매우 중요한 종교적 실천 과제다. 그런데 이러한 경건의 행위가 자기 의를 드러내고, 과시하는 것에 대하여 예수님은 그 본래의 목적을 상기시킨다. 경건의 행위는 사람을 지향하는 것이 아니라, 하나님을 향해 있어야 한다. 우리는 우선순위 싸움을 계속하고 있다. 보물은 하늘에 쌓아야 하며(19-21절) 하나님을 진정한 주인으로 섬겨야 한다(22-24절). 의식주의 문제는 하나님께 있다. 진정한 제자는 의식주가 아닌 하나님의 나라를 구해야 하며, 그럴 때 이 모든 것을 더하여 준다(25-34절).

✚ 묵상 : 예수님은 하나님께 잘못을 용서받기를 원하는 자가 있다면 먼저 어떻게 해야 한다고 가르쳐 주셨나요?(마6:12,14~15)
예수님은 구제나 기도나 금식을 할 때 무엇을 조심하라고 했나요?(마6:1~2,5,16)

기 도

- 주여, 율법책과 성경책을 잘 배우고 실천하는 그리스도인이 되게 하옵소서.
- 주여, 주의 말씀을 사랑함으로 지혜와 명철과 총명과 훈계를 얻게 하옵소서.
- 주여, 참된 금식을 실천하여 주를 기쁘시게 하고 응답받는 자가 되게 하옵소서.

6월 27 June

지적

신32 / 시119:121-144 / 사59 / 마7

● 신명기 32장 모세가 이스라엘의 타락과 배반을 지적함

모세는 장래에 대한 예언으로 이스라엘의 배신과 하나님의 심판을 노래한다. 이는 범죄 할 수밖에 없는 연약한 인간의 실상을 밝혀 겸손을 촉구하고 나아가 범죄 할지라도 하나님께 돌아오면 하나님의 은혜로 구원받을 수 있음을 일깨워 준다.

✚ 묵상 : 모세가 지어 부르게 한 이 노래 안에는 모세가 이스라엘의 무엇을 걱정하고 있음을 알 수 있나요?(신32:5~6,15,17,44)
모세는 신실하신 하나님이 배반한 이스라엘에게 분노하셨으나 반드시 어떻게 하실 것을 예언하고 있나요?(신32:35~36,41,43~44)

● 시편 119편 121-144절 주의 종을 박해하고 법을 폐하는 자를 지적함

시인은 매우 곤란한 상황 가운데 처해 있다. 악인을 심판하시고, 자신을 구해달라고 간구한다(121, 126절). 그렇지만 시인은 변치 않고 주의 계명을 사모한다(131절). 하나님의 판단의 옳음과 성실하심을 찬송한다(137-138절). 절망적인 상황이 우리로 하여금 하나님의 성품과 성실하심을 잊어버리게 만들기도 한다. 우리는 다시 주의 판단과 성실하심을 신뢰하며 간구하는 자리로 나아가야 한다. 그분이 우리의 주가 되심을 경험할 때까지.

✚ 묵상 : 시편 기자는 박해를 당할 때 무엇을 의지하고 있나요?(시119:121~122,126,134)
시편 기자는 주의 말씀의 능력을 어떻게 표현했나요?(시119:129~130,138,142,144)

통일 주제 지적 (指摘, 잘못이나 허물 따위를 드러내어 꼭 집어 말함)

연합 내용 지적은 두 가지의 성질을 가지고 있다. 하나는 숨어 있는 허물을 꺼내어 정죄하는 성질이고 다른 하나는 잘못을 꼬집어 바로 잡아주는 성질이다. 하나님은 지적을 통해 회개케 하시고 용서와 구속을 베푸신다.

● 이사야 59장 이사야가 백성의 죄악과 허물을 지적함

이스라엘의 죄를 고발하라는 하나님의 지시에 따라 계속해서 그들의 죄악상을 고발하는 장면과 백성들 스스로 자신의 허물을 돌이켜 볼 수 있게 하는 장면 그리고 능동적인 하나님의 구원 섭리가 각각 소개되고 있다. 하나님은 죄악에서 돌이키는 자에게 회복과 위로의 은총을 베풀어주신다.

✚ 묵상 : 이사야는 백성의 죄악이 무엇이라고 지적했나요?(사59:2~4,7~8,12~13)
이사야는 하나님이 죄악된 백성을 어떻게 구원하신다고 예언했나요?(사59:16~18,20)

● 마태복음 7장 예수님이 거짓 선지자와 그 결과를 지적함

산상수훈의 마지막 장이다. 하나님 나라의 윤리를 따라 살아가는 사람은 남을 정죄하기보다 자신을 먼저 돌아보는 사람이며(1-6절) 구하는 자에게 좋은 것을 주시는 하늘 아버지를 신뢰하는 가운데 구하는 자이다(7-12절). 우리는 좁더라도 생명으로 인도하는 문으로 들어가야 하며(13-14절) 거짓 선지자를 잘 분별해야 한다(15-20절). 예수님을 주님으로 고백하면서, 그분의 말씀에 순종하지 않는 자는 불법을 행하는 자다(21-29절).

✚ 묵상 : 예수님은 제자들에게 무엇을 지향하며 살라고 말씀하셨나요?(마7:7~14)
예수님은 거짓 선지자들의 특징과 그 구별법을 어떻게 말씀하셨니요?(마7:15~23)

기 도

- 주여, 선택한 백성을 끝까지 버리지 않고 구원하시는 주님을 믿게 하옵소서.
- 주여, 날마다 자신의 죄악과 허물을 지적받을 때 회개하고 소성하게 하옵소서.
- 주여, 기도 쉬는 죄를 범하지 않게 하시고 좁은 문을 향해 전진하게 하옵소서.

6월 28 June 소원

신33-34 / 시119:145-176 / 사60 / 마8

● 신명기 33-34장 모세가 온 이스라엘의 축복을 간절히 소원함

33: 모세는 자신이 최후를 위해 느보 산에 오르기 전 가나안의 주역이 될 이스라엘 백성들에게 하나님의 축복을 전한다. 이는 이스라엘이 거룩한 백성이요 구별된 민족이 될 수 있었던 것은 그들의 탁월한 능력이나 기질 때문이 아니라 순전히 하나님의 절대적인 사랑과 은혜 때문이었음을 보여주고 있다.

34: 모세는 하나님의 부르심을 받고 120년의 긴 생애를 마감하게 된다. 모세의 최후를 소개하는 동시에 구약 율법서를 마무리하는 34장은 하나님이 인정하시는 삶을 산 자의 죽음이 복되다는 사실과 하나님 나라와 하나님의 거룩한 계획이 어떻게 계속되어 가는지를 보여주고 있다.

✚ 묵상 : 모세가 시므온을 제외한 11지파를 축복한 후 이스라엘을 행복한 사람이라고 선언한 이유는 무엇일까요?(신33:29)
모세가 120세에 세상을 떠났을 때 그가 남긴 것은 무엇일까요?(신34:7,9~12)

● 시편 119편 145-176절 시편 기자가 주의 말씀 지킴을 간절히 소원함

시인은 악한 자로부터 고통을 받고 있다. "악을 따르는 자들이 가까이 왔사오니"(150절). 그러나 시인은 고백한다. "여호와여 주께서 가까이 계시오니"(151절). 악인이 가까이 올수록, 주님은 내게 더 가까이 계시다는 사실을 기억하시오. 주님이 나를 변호하신다(154절). "나를 핍박하는 자들과 나의 대적이 많으나"(157절). "주의 긍휼이 많다"(156절). "주의 법을 사랑하는 자에게는 큰 평안이 있다"(165절). 요동치 않는 인생을 살게 된다. 그러므로 우리는 항상 주의 법을 즐거워하며 즐거이 행하는 자가 되어야 한다(174절).

✚ 묵상 : 시편 기자는 악인들에게서 구원이 멀어지는 이유를 무엇이라고 했나요?(시119:155)
시편 기자는 주의 법도와 규례와 계명을 사랑하는 자가 날마다 무엇을 즐겨 행한다고 했나요?(시119:164,171~172)

통일 주제 소원 (所願, 바라고 원함)

연합 내용 사람에게는 누구나 소원이 있다. 일반적으로 세상 사람들은 육신적인 소원이 크겠지만 그리스도인들은 영적이며 남을 위한 소원이 더 크다. 모든 소원의 성취는 하나님의 주권과 능력과 은혜 안에 있다.

● 이사야 60장 이사야가 예루살렘의 영광을 간절히 소원함

지금까지 심판과 경고, 약속과 위로가 뒤엉켜 진행되어 오던 본서는 60-66장에 이르러 인류 역사의 최종적 국면, 즉 종말에 있어서의 진리와 사랑과 성도의 최종 승리를 노래하고 있다. 온 세상의 죄를 몰아낼 영광의 빛이 시온에 빛나게 될 것과 풍요한 삶이 이뤄질 시온의 모습 그리고 회복될 시온의 영원함, 고통스러운 지금까지의 삶과는 비교할 수 없이 복되고 영광스러운 회복된 시온의 영광이 언급된다.

✚ 묵상 : 이사야는 예루살렘이 어떤 영광을 이루게 될 것을 보고 예언했나요?(사60:1~5,9~11)
이사야는 여호와가 이스라엘의 영원한 빛이 되어 주심으로 어떤 결과가 올 것이라고 예언했나요?(사60:19~22)

● 마태복음 8장 각색 병자가 예수께 나와 고침 받기를 소원함

예수님의 본격적인 치유사역이 시작된다. 유대사회에서 나병환자는 영적으로 부정한 자다. 따라서 나병환자를 고치심은 단순히 질병에서 낫게 하는 것에 그치지 않고, 부정함을 정결함으로 바꾸시는 예수님을 보여주는 것이다(1-4절). 자신의 하인을 위해 수고를 마다 않는 경건하고 자비로운 성품의 백부장은 예수님의 마음을 움직이기에 충분했다(5-13절). 베드로의 장모의 열병도 치유하신 예수님의 치유 사역은 이사야 예언의 성취다(14-17절). 약속된 메시야 예수 그리스도를 따름에 있어서 무엇보다 우선적 가치를 두어야 하며, 결단이 있어야 한다(18-22절). 자연도 귀신도 예수님의 권위에 순종한다(23-34절). 예수님은 하늘과 땅의 모든 권세를 가지신 분이시다(마28:18).

✚ 묵상 : 예수님은 가버나움에 사는 백부장의 하인을 어떻게 고쳐 주셨나요?(마8:5~10,13)
예수님은 자신을 따르려는 자들에게 어떤 주의사항을 주셨나요?(마8:19~22)

기 도

- 주여, 세상을 떠날 때 신앙과 철학과 사명을 남기는 사람이 되게 하옵소서.
- 주여, 말씀과 계명을 따르며 늘 찬송하는 성숙한 그리스도인이 되게 하옵소서.
- 주여, 어떤 병이라도 오직 믿음과 열심으로 치료받는 자녀가 되게 하옵소서.

6월 29 June 극복

수1 / 시120-122 / 사61 / 마9

● 여호수아 1장 여호수아가 가나안 정복 앞에서 두려움을 극복

모세의 죽음으로 40년간의 출애굽 시대가 마감되고, 여호수아를 새 지도자로 하는 가나안 정복 시대가 시작되는 구속사의 한 위대한 전환점에서 여호수아서는 시작되고 있다. 새 시대의 새로운 지도자가 된 여호수아에게 하나님께서 나타나셔서 모세를 통하여 이스라엘에게 주셨던 가나안 정복 명령을 다시 주어지고 있다(1-4절). 애굽 시대의 구속사와 가나안 정복 시대의 구속사가 서로 연결된 하나의 역사임을 알려주고 있다. 다음으로 새 지도자 여호수아에게 하나님께서 위로와 권면 그리고 동행의 약속을 주셨다(5-9절). 그리고 새 지도자로서 여호수아가 이스라엘 유사 등에게 요단 강 도하 준비를 명하는 장면(10-15절)과 이스라엘 온 백성이 여호수아의 명령에 절대 순종할 것을 맹세하는 장면(16-18절)으로 구성이 되어 있다.

1장은 구속사의 전환점에서 이스라엘 민족이 새 지도자를 중심으로 영육 간에 새 마음으로, 개인과 전민족의 자세를 바로 하고 단결을 새로이 하였음을 밝히고 있는 것이다.

✚ 묵상 : 여호수아가 강하고 담대할 수 있는 두 가지 근거는 무엇일까요?(수1:5~9)
여호수아는 어떤 지파에게 선두에 서서 싸울 것을 명령했나요?(수1:12,14~15,18)

● 시편120-122편 성도가 거짓된 입술과 혀로 인한 환난을 극복

120: 120-134편은 순례시로서 절기 시에 순례자들이 부른 노래다. 120편에서는 시인의 하나님을 향한 신뢰('내 기도에 응답하심', 1-4절)와 악인에 둘러싸여 살아가고 있는 현실(5-7절)을 고백하고 있다.

121: 천지를 지으신 여호와 하나님은(1-2절) 그의 백성을 영원토록 지키시는 분이시다(3-8절).

122: 122편은 압살롬의 반란으로 인해 예루살렘을 잠시 떠났다가 다시 귀환할 때 지은 노래로 여겨진다. 성전이 있는 예루살렘에 다시 오게 된 것에 대한 기쁨의 고백과 함께(1-4절) 하나님의 통치로 인한 진정한 평안을 간구한다(5-9절).

✚ 묵상 : 시편 기자는 성전에 오르는 자가 무엇 때문에 힘들어 함을 말했나요?(시120:2~3,6~7)
시편 기자는 성전에 오르는 자에게 여호와는 어떤 분이시라고 말했나요?(시121:3~8)

통일 주제 극복 (克服, 악조건이나 고생 따위를 없애거나 좋아지게 하여 이겨냄)

연합 내용 세상에는 많은 고난과 문제가 있다. 이를 극복하는 것은 오직 믿음이다. 그 믿음은 하나님이 함께 하시는 것과 그의 능력과 그의 개입하심을 믿는 것이다. 결국 세상을 극복하는 승리는 오직 믿음에 있다.

● 이사야 61장 가난 황폐 불의의 상황을 여호와의 영으로 극복

가장 훌륭한 성경 해석자이신 예수께서 본장의 내용을 자신에게 적용(눅 4:17-21)하심으로 본장의 내용이 자신과 관련된 것임을 명백히 보여 주셨다. 이런 사실에서 문자적으로는 본장이 하나님께로부터 권세와 임무를 위임 받은 이사야의 소명에 대해 서술하고 있지만 실제적으로는 메시야의 소명을 서술하고 있음을 알 수 있다.

✚ 묵상 : 주 여호와의 영이 기름부음 받은 종에게 임하여 가난한 자와 고통 받는 모든 자에게 어떤 아름다운 소식을 전하게 하셨나요?(사61:1~3)
이사야는 기름부음 받은 종을 통하여 회복의 역사가 일어나면 선민이 어떤 자라 일컬음을 받을 것이라고 했나요?(사61:6)

● 마태복음 9장 예수를 믿음으로 죄사함을 받고 질병을 극복

중풍병자의 치유를 통해 병의 치유뿐만 아니라 모든 질병과 고통과 사망의 근본 원인인 죄를 사할 수 있는 능력이 있음을 나타내신다(1-8절). 세리 마태를 제자로 부르신 예수님은 세리와 죄인들과 어울리시는데 이에 대해 시비를 거는 자들에게 "자신은 죄인을 부르러 온 자"라고 말씀하신다(9-13절). 경건의 한 형식이라 할 수 있는 금식이 자기 의를 드러내는 수단으로 전락하여서는 안 된다(14-17절). 예수님은 계속해서 혈루증 앓는 여인, 맹인, 귀신들린 자를 고치신다(18-35절). 예수님 3대 사역은 가르침, 천국 복음 전파, 치유다(35절).

✚ 묵상 : 예수님은 중풍병자를 고치실 때 어떻게 말씀하셨나요?(마9:2,5~7)
예수님이 열두 해를 혈루증으로 앓던 여자와 두 맹인을 고쳐 주실 때 그들의 무엇을 보셨나요?(마9:20~22,27~30)

기 도

- 주여, 임마누엘의 신앙과 오직 말씀으로 강하고 담대하게 살게 하옵소서.
- 주여, 거짓된 입술과 속이는 혀로 화평을 깨는 자들을 극복하게 하옵소서.
- 주여, 어떤 질병을 앓더라도 오직 죄사함과 믿음으로 치유받게 하옵소서.

6월 30 June 직시

수2 / 시123-125 / 사62 / 마10

● 여호수아 2장 라합이 하나님의 구원과 심판의 역사를 직시

요단강을 건너기에 앞서 백성들을 성결하게 하는 일을 마친 여호수아가 곧 시작될 정복 전쟁의 첫 번째 대상이 될 여리고 성을 사전에 정밀하게 정탐하는 사건을 보도하고 있다. 이미 하나님께서 함께 하시며 보호해 주시겠다고 약속을 하셨지만, 여호수아는 하나님의 일을 하는 데 있어서 인간으로서 해야 할 일에 최선의 노력을 다하고 있는 것이다.

✚ 묵상 : 여호수아는 약속의 땅을 침략하기 전에 어떤 일은 먼저 했나요?(수2:1)
라합은 이스라엘의 구원과 여리고의 심판을 직시하고 가족과 그에 속한 모든 사람을 살리기 위해 어떤 일을 했나요?(수2:4~13)

● 시편 123-125편 성전에 오르는 자가 여호와의 은혜를 직시

123: 안일한 자의 원래의 뜻은 부유한 자다(4절). 가난하고 힘없는 자가 부와 권력을 가진 자에게 조소와 멸시를 당하고 있는 상황에서 시인은 자신을 종으로 규정하고 주인 되신 하나님께 구원을 요청한다. 통상 주종관계에서 은혜의 요소는 찾아보기 어렵지만 주권자 되시는 하나님은 당신의 종에게 은혜와 긍휼을 베푸신다.

124: 하나님의 도우심을 간절히 구하던 시인이 위험에서 벗어나 찬송하며 나의 도움은 여호와라고 고백하고 있다(1-8절). '만약 하나님이 돕지 않으셨다면'이라는 표현을 통해서 하나님의 절대적인 도우심으로 말미암아 대적의 올무에서 벗어나게 되었음을 노래한다.

125: 시인은 예루살렘을 둘러싼 산을 보면서 산이 예루살렘을 보호하는 것 같이 여호와께서 당신의 백성을 보호하신다고 고백한다(1-2절). 시인은 악인으로부터 의인을 보호하시는 하나님께 선한 자들과 마음이 정직한 자를 선대해 달라고 요청한다(3-4절). 하나님의 사람은 굽은 길로 치우치지 말아야 한다(5절).

✚ 묵상 : 시편 기자는 은혜를 사모하는 자가 여호와를 어떻게 바라본다고 비유했나요?(시123:2)
다윗은 여호와가 우리 편에 계시므로 어떤 은혜를 누린다고 했나요?(시124:1~3,6)

통일 주제 직시 (直視, 사물의 진실한 모습을 정확히 똑바로 봄)

연합 내용 사람은 사물과 사건에 대해 주관적으로 바라보는 경향이 있다. 하지만 그 실체와 사실을 똑바로 바라보는 직시만이 바른 판단과 대책을 세울 수 있다. 소명 받은 자는 항상 역사의 상황을 직시하고 헌신해야 한다.

● 이사야 62장 시온을 세우기 위해 쉬지 않으시는 주를 직시

60장에서 묘사하던 영원한 도성 시온의 모습을 여기에서 거듭 묘사하고 있다. 이처럼 종말론적 새 시온의 모습을 거듭하여 언급하는 것은 먼저 죄와 고통으로 오염된 일그러진 현실의 시온의 모습에 비하여 새 시온의 영광이 너무도 벅차기 때문이고, 지상의 시온은 불안정하고 제한된 것이지만 하늘에서 내려온 새 시온은 다시는 버림받지 않을 완전한 성임을 거듭 강조하기 위해서이다.

✚ 묵상 : 시온과 예루살렘을 세우기까지 쉬지 않으시는 분은 누구실까요?(사62:1,4,7)
여호와 하나님이 회복시키신 시온과 예루살렘은 어떻게 불려 질까요?(사62:3~4,12)

● 마태복음 10장 열두 제자가 권능을 주신 예수님의 뜻을 직시

예수님으로 인해 절망뿐인 이 땅에 하나님 나라가 도래했다. 예수님은 하나님나라가 왔음을 선포할 열두제자를 부르셨다. 예수의 증인이 될 제자들은 세상으로부터 미움을 받고, 잡혀가기도 하고, 채찍에 맞기도 하는 등 고난과 박해가 뒤따를 것이다. 그렇기에 예수님은 "오직 몸과 영혼을 능히 지옥에 멸하실 수 있는 이를 두려워 하라"(28절)고 말씀하셨으며, "사람 앞에서 나를 시인하면 나도 하늘에 계신 내 아버지 앞에서 그를 시인할 것이라"(32절)고 말씀하신다. "성령님이 함께 하시므로 권력자앞에서 두려워하지 말고"(19,20절), "당신을 위하여 목숨을 잃는 사는 얻게 될 것이며"(39절), "자기 십자가를 지고 나를 따르라"(38절)고 말씀하신다.

✚ 묵상 : 예수님이 제자들에게 권능을 주시며 부탁하신 가장 큰 사명은 무엇일까요?(마10:7,27)
예수님은 천국복음을 전파하러 나가는 제자들에게 어떤 주의사항을 주셨나요?
(마10:9~10,14,16~17,28)

기 도

- 주여, 세상의 흐름을 파악하고 속히 가족을 구원하기 위해 노력하게 하옵소서.
- 주여, 우리를 위해 쉬지 않으시고 은혜를 베푸시는 하나님을 따르게 하옵소서.
- 주여, 회개하고 구원을 얻은 자로서 천국복음을 들고 담대히 나가게 하옵소서.